民国中国文化史要籍汇刊

（影印本）

近代稀见旧版文献再造丛书

侯杰 主编

第七卷

顾康伯 本国文化史

王其迈 中国文化史

南開大學出版社

图书在版编目(CIP)数据

民国中国文化史要籍汇刊. 第七卷 / 侯杰主编. —影印本. —天津 ：南开大学出版社，2019.1
(近代稀见旧版文献再造丛书)
ISBN 978-7-310-05707-8

Ⅰ. ①民… Ⅱ. ①侯… Ⅲ. ①文化史－文献－汇编－中国 Ⅳ. ①K203

中国版本图书馆 CIP 数据核字(2018)第 278088 号

南开大学出版社出版发行
出版人：刘运峰
地址：天津市南开区卫津路 94 号　　邮政编码：300071
营销部电话：(022)23508339　23500755
营销部传真：(022)23508542　　邮购部电话：(022)23502200
*
北京隆晖伟业彩色印刷有限公司
全国各地新华书店经销
*
2019 年 1 月第 1 版　　2019 年 1 月第 1 次印刷
148×210 毫米　32 开本　17.875 印张　4 插页　513 千字
定价：220.00 元

如遇图书印装质量问题，请与本社营销部联系调换，电话：(022)23507125

出版说明

一、本书收录民国时期出版的中国文化史著述，包括通史性文化著述、断代史性文化著述和专题性文化史著述三大类；民国时期出版的非史书体裁的文化类著述，如文化学范畴类著述等，不予收录；同一著述如有几个版本，原则上选用初始版本。

二、个别民国时期编就但未正式出版过的书稿如吕思勉的《中国文化史六讲》和民国时期曾以文章形式公开发表但未刊印过单行本的著述如梁启超的《中国文化史·社会组织篇》，考虑到它们在文化史上的重要学术影响和文化史研究中的重要文献参考价值，特突破标准予以收录。

三、本书按体裁及内容类别分卷，全书共分二十卷二十四册；每卷卷首附有所收录著述的内容提要。

四、由于历史局限性等因，有些著述中难免会有一些具有时代烙印、现在看来明显不合时宜的内容，如『回回』『满清』『喇嘛』等称谓及其他一些提法，但因本书是影印出版，所以对此类内容基本未做处理，特此说明。

南开大学出版社
二〇一八年十一月

总序

侯 杰

中国文化，是世代中国人的集体创造，凝聚了难以计数的华夏子孙的心血和汗水，不论是和平时期的锲而不舍、孜孜以求，还是危难之际的攻坚克难、砥砺前行，都留下了历史的印痕，闪耀着时代的光芒。其中，既有精英们的思索与创造，也有普通人的聪明智慧与发奋努力；既有中华各民族儿女的发明创造，也有对异域他邦物质、精神文明的吸收、改造。中国文化，是人类文明的一座巨大宝库，发源于东方，却早已光被四表，传播到世界的很多国家和地区。

如何认识中国文化，是横亘在人们面前的一道永恒的难题。虽然，我们每一个人都不可避免地受到文化的熏陶，但是对中国文化的态度却迥然有别。大多离不开对现实挑战所做出的应对，或恪守传统，维护和捍卫自身的文化权利、社会地位，或从中国文化中汲取养料，取其精华，并结合不同历史时期的文化冲击与碰撞，进行综合创造，或将中国文化笼而统之地视为糟粕，当作阻碍中国迈向现代社会的羁绊，欲除之而后快。这样的思索和抉择，必然反映在人们对中国文化的观念和行为上。

中国文化史研究的崛起和发展是二十世纪中国史学的重要一脉，是传统史学革命的一部分——传统史学在西方文化的冲击下，偏离了故道，即从以帝王为中心的旧史学转向以民族文化为中心的新史学，又和中国的现代化进程有着天然的联系。二十世纪初，中国在经受了一系列内乱外患后，千疮百孔，国力衰微；与此同时，西方的思想文化如潮水般涌入国内，于是有些人开始对中国传统文化产生怀疑，甚至持否定态度，全盘西化论思潮的出笼，更是把这种思想推向极致。民族自信力的丧失既是严峻的社会现实，又是亟待解决的问题。而第一次世界大战的惨剧充分暴露出西方社会的弊端，其文化取向亦遭到人们的怀疑。人们认识到要解决中国文化的出路问题就必须了解中国文化的历史和现状。很多学者也正是抱着这一目的去从事文化史研究的。

在中国文化史书写与研究的初始阶段，梁启超是一位开拓性的人物。早在一九〇二年，他就深刻地指出：『中国数千年，唯有政治史，而其他一无所闻。』为改变这种状况，他进而提出：『历史者，叙述人群进化之现象也。』而所谓『人群进化之现象』，其实质是文化演进以及在这一过程中所进发出来的缤纷事象。以黄宗羲『创为学史之格』为楷模，梁启超呼吁：『中国文学史可作也，中国种族史可作也，中国财富史可作也，中国宗教史可作也。诸如此类，其数何限？』从而把人们的目光引向中国文化史的写作与研究。一九二一年他受聘于南开大学，讲授『中国文化史』，印有讲义《中国文化史稿》，后经过修改，于一九二二年在商务印书馆以《中国文化史稿第一编——中国历史研究法》之名出版。截至目前，中国学术界将该书视为最早的具有史学概论性质的著作，却忽略了这是梁启超对中国文化历史书写与研究的整体思考和潜心探索之举，充满对新史学的拥抱与呼唤。

与此同时，梁启超还有一个更为详细的关于中国文化史研究与写作的计划，并拟定了具体的撰写目录。梁启超的这一构想，部分体现于一九二五年讲演的《中国文化史·社会组织篇》中。在这个关于中国文化史的构想中，梁启超探索了中国原始文化以及传统社会的婚姻、姓氏、乡俗、都市、家族和宗法、阶级和阶层等诸多议题。虽然梁启超终未撰成多卷本的《中国文化史》（其生前，只有《中国文化史·社会组织篇》等少数篇目问世），但其气魄、眼光及其所设计的中国文化史的书写与研究的构架令人钦佩。因此，鉴于其对文化史的写作影响深远，亦将此篇章编入本丛书。

此后一段时期，伴随中西文化论战的展开，大量的西方和中国文化史著作相继被翻译、介绍给中国读者。桑戴克的《世界文化史》和高桑驹吉的《中国文化史》广被译介，影响颇大。国内一些学者亦仿效其体例，参酌其史观，开始自行编撰中国文化史著作。一九二一年梁漱溟出版了《东西文化及其哲学》，这是近代国人第一部研究文化史的专著。尔后，中国文化史研究进入了一个短暂而兴旺的时期，一大批中国文化史研究论著相继出版。在二十世纪二三十年代，有关中国文化史的宏观研究的著作不可谓少，如杨东莼的《本国文化史大纲》、陈国强的《物观中国文化史》、柳诒徵的《中国文化史》、陈登原的《中国文化史》、王德华的《中国文化史略》等。在这些著作中，柳诒徵所著《中国文化史》被称为『中国文化史的开山之作』，而杨东莼所撰写的《本国文化史大纲》则是第一本试图用唯物主义研究中国文化史的著作。与此同时，对某一历史时期的文化研究也取得很大进展。如孟世杰的《先秦文化史》、陈安仁的《中国上古中古文化史》和《中国近世文化史》等。在宏观研究的同时，微观研究也逐渐引起学人们的注意。其中，中西文化交流史研究成绩斐然，如郑寿麟的《中西文化之关系》、张星烺的《欧化东渐史》等。一九三六至一九三七年，商务印书馆出版了由王云五等主编的《中国文化史丛书》，共有五十余种，体例相当庞大，内容几乎囊括了中国文化史的大部分内容。

此外，国民政府在三十年代初期出于政治需要，成立了『中国文化建设会』，大搞『文化建设运动』，致力于『中国的本位文化建设』。一九三五年十月，陶希盛等十位教授发表了《中国本位文化建设宣言》，提出『国家政治经济建设既已开始，文化建设亦当着手，而且更重要』。因而主张从中国的固有文化即传统伦理道德出发建设中国文化。这也勾起了一些学者研究中国文化史的兴趣。

同时，这一时期又恰逢二十世纪中国新式教育发生、发展并取得重要成果之时，也促进了『中国文化史』课程的开设和教材的编写。清末新政时期，废除科举，大兴学校。许多文明史、文化史的著作因非常适合作为西洋史和中国史的教科书，遂对历史著作的编纂产生很大的影响。在教科书撰写方面，多部中国史的教材，无论是否以『中国文化史』命名，实际上都采用了文化史的体例。而这部分著作也占了民国时期中国文化史著作的一大部分。如吕思勉的《中国文化史二十讲》（现仅存六讲）、王德华的《中国文化史略》、丁留余的《中国文化史问答》、李建文的《中国文化史讲话》、范子田的《中国文化小史》等。

二十世纪的二三十年代实可谓中国学术发展的黄金时期，这一时期的文化史研究成就是有目共睹的，不少成果迄今仍有一定的参考价值。此后，从抗日战争到解放战争十余年间，中国文化史的书写和研究遇到了困难，陷入了停顿，有些作者还付出了生命的代价。但尽管如此，仍有一些文化史论著问世。此时，综合性的文化史研究著作主要有缪凤林的《中国民族之文化》、陈安仁的《中国文化史》、王治心的《中国文化史类编》、陈竺同的《中国文化史略》和钱穆的《中国文化史导论》等。其中，钱穆撰写的《中国文化史导论》和陈竺同撰写的《中国文化史略》两部著作影响较为深远。钱穆的《中国文化史导论》，完成于抗日战争时期。该书是继《国史大纲》后，他撰写的第一部系统讨论中国文化史的著作，专就中国通史中有关文化史一端作的导论。因此，钱穆建议读者『此书当与《国史大纲》合读，庶易获得写作之大意所在』。不仅如此，钱穆还提醒读者该书虽然主要是在专论中国，实则亦兼论及中西文化异同问题。数十年来，『余对中西文化问题之商榷讨论屡有著作，而大体论点并无越出本书所提主要纲宗之外』。故而，『读此书，实有与著者此下所著有关商讨中西文化问题各书比较合读之必要，幸读者勿加忽略』。陈竺同的《中国文化史略》一书则是用生产工具的变迁来说明文化的进程。他在该书中明确指出：『文化过程是实际生活的各部门的过程』，『社会生产，包含着生产力与生产关系。这本小册子是着重于文化的过程。至于生产关系，就政教说，乃是权力生活，属于精神文化，而为生产力所决定』。除了上述综合性著作外，这一时期还有罗香林的《唐代文化史研究》、朱谦之的《中国思想对于欧洲文化之影响》等专门性著作影响较为深远。

不论是通史类论述中国文化的著作，还是以断代史、专题史的形态阐释中国文化，都包含着撰写者对中国文化的情怀，也与其人生经历密不可分。柳诒徵撰写的《中国文化史》也是先在学校教习之用，后在出版社刊行。鉴于民国时期刊行的同类著作，有的较为简略，有的只可供学者参考，不便于学年学程之讲习，所以他发挥后发优势，出版了这部比较丰约适当之学校用书。更令人难忘的是，柳诒徵不仅研究中国文化史，更有倡行中国文化的意见和主张。他在《弁言》中提出：『吾尝妄谓今之大学宜独立史学院，使学者了然于史之封域非文学、非科学，且创为斯院者，宜莫吾国若。三二纪前，吾史之丰且函有亚洲各国史实，固俨有世界史之性。丽、鲜、越、倭所有国史，皆师吾法。夫以数千年丰备之史为之干，益以近世各国新兴之学拓其封，则独立史学院之自吾倡，不患其异于他国也。』如今，他的这一文化设想，在南开大学等国内高校已经变成现实。正是由于有这样的文化观念，所以他才自我赋权，主动承担起治中国文化史者之责任：『继往开来……择精语详，以诏来学，以贡世界。』

杨东莼基于『文化就是生活。文化史乃是叙述人类生活各方面的活动之记录』的认知，打破朝代观念，将各时代和作者认为有关而又影响现代生活的重要事实加以叙述，并且力求阐明这些事实前后相因的关键，希望读者对中国文化史有一个明确的印象，而不会模糊。不仅如此，他在叙述中，尽力坚持客观的立场，用经济的解释，以阐明一事实之前因后果与利弊得失，以及诸事实间之前后相因的关联。这也是作者对『秉笔直书』『夹叙夹议』等历史叙事方法反思之后的选择。

至于其他人的著述，虽然关注的核心议题基本相同，但在再现中国文化的时候却各有侧重，对中国文化的评价也褒贬不一，存在差异。这与撰写者对中国文化的认知，及其史德、史识、史才有关，更与其学术乃至政治立场、占有的史料、预设读者有关。其中，既有学者之间的对话，也有学者与读者的倾心交流，还有对大学生、中学生、小学生的知识普及与启蒙，对中外读者的文化传播，及其跨文化的思考。他山之石，可以攻玉。二十世纪二十年代日本学者高桑驹吉的著述以世界的眼光，叙述中国文化的历史，让译者感到：数千年中，我过去的祖先曾无一息与世界相隔离，处处血脉流转，气息贯通。如此叙述历史，足以养成国民的一种世界的气度。三十年代，中国学者陈登原不仅将中国文化与世界联系起来，而且还注意到海洋所带来的变化，以及妇女地位的变化等今天看来都亟待解决的重要议题。实际上，早在二十世纪二十年代，就有一些关怀中国文化命运的学者对十九世纪末到二十世纪初通行课本大都脱胎于日本人撰写的《东洋史要》一书等情形提出批评：以外人目光编述中国史事，精神已非，有何价值？而陈旧固陋，雷同抄袭之出品，竟占势力于中等教育界，垂二十年，亦可怜矣。乃者，学制更新，旧有教本更不适用。为改变这种状况，顾康伯广泛搜集文化史料，因宜分配，撰成《中国文化史》，脉络分明，宗旨显豁，不徒国史常识可由此习得，即史学门径，亦由此窥见。较之旧课本，不可以道里计，故而受到学子们的欢迎。此外，中国文化的海外传播、中国对世界文化的吸收以及中西文化关系等问题，也是民国时期中国文化史撰写者关注的焦点议题。

围绕中国文化史编纂而引发的有关中国文化的来源、内涵、特点、价值和贡献等方面的深入思考，耐人寻味，发人深思。孙德孚更将翻译美国人盖乐撰写的《中国文化辑要》的收入全部捐献给因日本侵华而处于流亡之中的安徽的难胞，令人感佩。

实际上，民国时期撰写出版的中国文化史著作远不止这些，出于各种各样的原因，没有收入本丛书，也是非常遗憾的事情。至于已经收入本丛书的各位作者对中国文化的定义、解析及其编写体例、使用的史料、提出的观点、得出的结论，我们并不完全认同。但是作为一种文化产品值得批判地吸收，作为一种历史的文本需要珍藏，并供广大专家学者，特别是珍视中国文化的读者共享。

感谢南开大学出版社的刘运峰、莫建来、李力夫诸君的盛情邀请，让我们徜徉于卷帙浩繁的民国时期中国文化史的各种论著，重新思考中国文化的历史命运；在回望百余年前民国建立之后越演越烈的文化批判之时，重新审视四十年前改革开放之后掀起的文化反思，坚定新时代屹立于世界民族之林的文化自信。

感谢与我共同工作、挑选图书、撰写和修改提要，并从中国文化中得到生命成长的区志坚、李净昉、马晓驰、王杰升等香港、天津的中青年学者和志愿者。李力夫全程参与了很多具体工作，表现出一位年轻编辑的敬业精神、专业能力和业务水平，从不分分内分外，让我们十分感动。

总目

第八卷　王德华　中国文化史略
　　　　陈竺同　中国文化史略
第九卷　李继煌译　中国文化史
第十卷　姚名达　朱鸿禧　中国文化小史
　　　　范子田　中国文化小史
　　　　常乃悳　中国文化小史
第十一卷　李建文　中国文化史讲话
　　　　靳仲鱼　中国文化史要
　　　　孙德孚译　中国文化辑要
第十二卷　王云五　编纂中国文化史之研究
　　　　陈安仁　中国文化建设问题
　　　　陈安仁　中国文化演进史观

第二十卷

张星烺　欧化东渐史

郑寿麟　中西文化之关系

梁启超　中国文化史·社会组织篇

吕思勉　中国文化史六讲

顾康伯《本国文化史》

顾康伯，生卒年不详，早期跟随名师学习，后弃儒从商，经营实业，曾经经营太仓济泰纱厂。乐于投身公益事业，多次赈济灾民、抚恤孤寡，还曾资助积善会办粥厂。喜爱山水书画，热衷兴建园林，修筑精舍。

顾康伯编著之《本国文化史》，是一部可供高中普通科及师范科学生使用的教材，最初在江苏省立徐州中学使用。一九二八年开始写作，一九三一年六月成书，校订者是孟寿椿，一九三三年由上海大东书局出版。全书按照上古、中古、近古、近世的顺序分为四编，共三十二章，阐明了从部落酋长时代直至民国初年各个时代的文化特征及其变迁。书中内容涉及典章、制度、学术、宗教、生计、民风等方面，注重阐释因果异同；兼顾政治对文化的影响，因而亦有对每个时代政治情况的叙述。

王其迈《中国文化史》

王其迈编著的《中国文化史》共一册，由津师同学临时铅印会印刷，一九三六年六月一日出版。全书共有四编，有导言，无跋。导言论述了文化的定义和文化史的分期，指出中国文化史经历了『发育时代』『与印度文化融化时代』『与西洋文化沟通时代』和『与西洋文化融化时代』。正文按照这四个时代分四编加以论述。

每编采取分科文化史的方式，列出以下门类：生活要素（衣服、饮食、宫室），工具（武器、饮食工具、交通工具、农具、杂具），生业（农业、工业、商业），团体组织（家族、村落、部落、国家），伦常之道（恕、礼、教），宗教之纪念（神、巫神、神仙），学术（文字、文学、史学、哲学、实用之学、美术）和社会概况。值得注意的是，王其迈持『中国民族来源地是蒙古』的说法，但也将文化与民族的起源相区隔，认为中国文化是由自己发生，而毫无借助于他力的，在当时的中国文化史著作中可谓独树一帜。

高級中學學生用

本國文化史

編著者 顧康伯　校訂者 孟壽椿

上海大東書局印行

本國文化史例言

一、本書供高中普通科及師範科必修選修之用，每週授課兩小時，一學年可以授畢。

一、本書參照各家普通分期法，共分上古，中古，近古，近世四編。

一、編者以研究歷史之任務，在闡揚文化。故本書關於歷代之典章，制度，學術，宗教，生計，民風，必究其因果異同。凡不符本旨之材料，概從省略。

一、吾國歷史最久，文化之範圍亦極廣，因爲教授時間所限制，不能過於詳盡。且以教科書與參考書性質不同，重在條理明晰，不重在考據淵博，故節要鉤元，立爲大綱。

一、本書史料，力求適應時代潮流，注重近世，截至最近現狀爲止。

一、編者以政治與文化相爲消息，故本書述一時代之文化，必兼及其政治概況。

一、全書共三十二章，每章起訖及內容之繁簡，純以其時代之文化爲中心。不拘乎斷代，亦不拘乎平均分配。且每章之內，不細分節目，取其一氣呵成，有上下貫通之便。

一、本書編輯，費時三年，凡四易稿，現已作江蘇省立徐州中學教本。

中華民國二十年六月與化顧敦福識於江蘇省立徐州中學

本國文化史目錄

本國文化史

第一編　上古時期之文化

第一章　酋長時代之生活狀態

太古事跡荒誕之故

吾國爲世界最古之國，文化之發生，遠在五千年前。惟其時所傳事跡，或因未有書契，但憑口述，或因神道設教，誕謾無稽，以故多荒誕不足信。茲就其可信者約略述之。

中國民族之由來

吾國太古民族之主位，首推華族。華族於太古最遠之時，由西北高原，延崑崙東遷，次第蕃殖於黃河沿岸。分無數部落，各戴一人爲之長，以統御羣倫，相傳首出御世之聖人爲盤古氏。其時生活非常簡單，衣食住皆極粗陋，迨一二聖智者出，乃稍稍改進。

初民之衣食住

衣則被髮卉服，迨辰放氏作，教民衣皮，而卉服之俗漸脫。食則生食鳥獸之肉，及草木之實，

部落酋長之起源

迨燧人氏作，教民鑽燧取火，而茹毛飲血之俗漸脫。往則穴居野處，迨有巢氏作，教民構木爲巢，而穴居之俗漸脫，至於社會組織，則相率剡林木以戰，戰勝者爲之長，有長以治衆，遂成一部落。厥後勢力增盛，有結合諸部落而共戴一長者，故史家稱此時爲酋長時代。

第二章　羲農黃帝時之制作

中國文化之進步，譬諸花然，大都播種於伏羲神農黃帝之世，此時期實可謂爲萌芽時期。茲分述其時之制作如左。

伏羲之制作

伏羲之世，制作繁多，其與文化之關係特著者約有八事：

畫八卦

(一)畫八卦　上古結繩而治，大事大結，小事小結，然不能傳之久遠。至伏羲氏作，乃畫八卦以表事物。☰爲古天字，☷爲古地字，☴爲古風字，☶爲古山字，☵爲古水字，☲爲古火字，☳爲古

制嫁娶　興佃漁畜牧　製裘服　築城邑　創官制　作甲曆

雷字，三爲古澤字，是爲我國文字之濫觴。

(二)制嫁娶　伏羲正姓氏，通媒妁，以儷皮爲禮，始去知有母而不知有父之陋習。

(三)興佃漁畜牧　結網罟以教佃漁，養犧牲以充庖廚，此時社會漸出漁獵時代，而進於遊牧時代。

(四)製裘服　裘以獸之皮毛製之，用以禦寒。

(五)築城邑　伏羲和率萬民，平水土，通泉源，因水居方，而置城邑。惟用土而未用磚石。

(六)創官制　因龍馬之瑞，以龍紀官，故爲龍師而龍名。定春夏秋冬中五職。

(七)作甲曆　定周天曆數，辨日月歲時，後世天算之術，蓋基乎此。

造琴瑟
神農之制作
耕稼
製茶及油
醫藥
市易
製陶器

（八）造琴瑟　斲木爲琴瑟，繩絲爲絃，是爲中國音樂學之始。

神農時之制作，約有六大事：

（一）耕稼　神農知非穀食不足以養多數之人，乃教民斲木爲耜，揉木爲耒，樹藝五穀。此時漸由游牧時代，而進於耕稼時代。

（二）製茶及油　神農既發明耕稼，知植物爲用甚廣，故茶及油亦同時發明。

（三）醫藥　神農不忍其民之疾病死亡，苦心研究，嘗百草，明醫藥，以治民疾病，是爲醫藥之始。

（四）市易　神農爲便民計，設市廛爲聚貨之地，日中爲市，致天下之民，聚天下之貨，交易而退，各得其所，是爲商賈之始。

（五）製陶器　用水和土，以火燒之，因模型而成各物，如甕瓶等，均爲此時所發明。

鹽業

（六）鹽業　夙沙氏濱海而居，以海水味鹹且厚，乃積薪取火煮之，果得鹽，是爲發明食鹽之始。

古代民族之派別

黃帝時最重要之事，卽爲種族戰爭。我族先後自西域來居中土，其初各逐水草，以求生活。後因河山阻障，彼此失羣。至黃帝時，遂又分爲華族葷粥苗族三派。

黃帝時之種族戰爭

是時華族酋長神農氏榆罔弗德，諸侯相攻，漸趨分裂。而華族又介居於苗族葷粥之間，有腹背受敵之勢。幸黃帝出而先滅榆罔，以統一己族，然後禽戮蚩尤，北逐葷粥，使吾族之能生存至今，發揮文化者，皆黃帝之功也。

帝既統一天下，人民懷德畏威，乃尊爲天子，是爲華種建立國家之始。中國上古文化，於斯爲盛。茲舉其主要之制作如左：

官制

（一）官制　立五官以治民，置左右大監以監萬國，記事記言占天之

文字

史官

封建

井田

官，皆於是備。

(二)文字　伏羲時，雖作八卦，然爲數過少，且不適用。至黃帝時，史官倉頡，見鳥獸蹄迒之跡，作象形文字，而六書之名由是起。

(三)史官　命倉頡爲左史，沮誦爲右史，以紀事紀言，此古史之所由傳也。

(四)封建，黃帝時，統一海內，立一大政府。乃畫天下爲九州，命匠營國邑，得百里之國萬區，是爲封建制度之濫觴。

(五)井田　帝經土設井，以塞爭端。立步制畝，以防不足。使八家爲井，井開四道，而分八宅，鑿井於中。井一爲鄰，鄰三爲朋，朋三爲里，里五爲邑，邑十爲都，都十爲州，州十爲師，此制迄乎夏殷不廢。

蠶桑　衣裳　器用　宮室　醫經　天算

(六)蠶桑　帝承神農教藝之後，桑楡繁盛。乃命元妃嫘祖教民養蠶，治絲繭以供衣服，天下始不患皴瘃，且自此國家有后妃親桑之例。

(七)衣裳　伏羲雖作布與裘，然僅足蔽體，並無何等格式。黃帝始定其制，上爲衣，下爲裳，於是衣服之體制興矣。

(八)器用　帝命共鼓貨狄作舟，邑夷作車，揮作弓，夷牟作矢，玄如作甲冑，胡曹作冕，於則作履，雍義作杵臼，工業之發達，一時稱盛。而後世通用之指南鍼，亦爲黃帝所發明。

(九)宮室　帝作宮室，上棟下宇，以避風雨，而穴居之俗漸脫。

(十)醫經　帝咨於岐伯，而作內經。素問八十一篇，靈樞八十一篇。詳論人體構造，及疾病之故，於是醫學大明。

(十一)天算　帝始命羲和占日，常儀占月，臾區占星，車區占風、容成作蓋天，以象周天之形。大撓作甲子，以定歲之所在。又命隸首定數，而律度量衡，由是成焉。

音樂

（十二）音樂　帝命伶倫，以十二律，作笛，制十二筒。又命榮援鑄十二鐘，命大容作咸池之樂，至是而樂節始和。銅器亦始發明。

貨幣

（十三）貨幣　古時以物易物，流通不便。帝始範金爲貨，制金刀，立五幣，以制國用。是爲泉幣之起源。

第三章　唐虞夏商之政教

唐虞二代之事跡

唐虞二代之事，始漸有可稽，其事跡重要，而確鑿可考者，約有數端：

政術

（一）政術　堯之治天下也，克明俊德。以親九族，九族親睦。平章百姓，百姓昭明。協和萬邦，黎民於變時雍。由貴近以及疏遠，

治曆

建學校

定禮制

此乃家族政治之大綱。

(二)治曆　堯以前，無曆法。黃帝時，雖作甲子，然足以記日，而不足以正曆。至是堯命羲和治曆象，敬授人時。羲仲宅嵎夷，羲叔宅南交，和仲宅昧谷，和叔宅朔方，測算既定，期三百有六旬有六日，以閏月定四時成歲。此後舜更以璇璣玉衡齊七政，華曆之發明，至此乃大進步。

(三)建學校　黃帝以來，生活雖便，教育未興。董仲舒謂五帝之大學，曰成均，其制極簡。有虞氏襲之，立上庠於國，立下庠於鄉，以契爲司徒，主教化。又命夔典樂，教冑子，學校之重音樂，蓋始於此。

(四)定禮制　舜舉羣祀，凡上帝，六宗，山川，羣神，皆有祭。又定朝覲，及巡狩之禮。又養國老於上庠，養庶老於下庠。

修刑法

(五)修刑法　除墨，劓，剕，宮，大辟五刑外，又有象刑，官刑，教刑，贖刑等規定。遇災眚則赦，而後國法乃嚴。

定官制

(六)定官制　唐虞稽古，建官惟百。內設百揆，后稷，司徒，司空，士，共工，虞，秩宗，典樂，納言，九官分職而治，此當時中央政府之官制也。外建十二州，州立牧一人，以總其權，上置四岳，以爲諸侯之長。諸侯之爵位，以五等分，諸侯之親疏，以五服分，方岳之下，遠近諸侯，各率其屬而來朝，皆所以籠馭而震讋之，此當時之地方官制也。

錫姓氏

(七)錫姓氏　大封諸侯，錫以姓氏，所以釐封建之制也。三代之裔，蓋皆出於此。

唐虞二代之文學

即就文學而論，亦漸以萌芽，因其時發明筆與漆，書文字於竹簡，中國文學，實開端於此。其可見者爲詩歌，觀尚書大傳之卿雲歌，帝王

唐虞二代之民本主義

夏禹之治績

治水

世紀之擊壤歌，是爲我國最古韻文發達之證也。

此時尚有一大事，足爲千古模範者，則民本主義是也。堯不傳丹朱而傳舜，舜不傳商均而傳禹，其故以當時洪水滔天，民生困苦，諸侯權大，不易制御，必擇才德兼備者乃可也。且堯之在位也，設諫鼓，立謗木，使天下得攻其過。舜之在位也，明四目，達四聰，使天下得通其情。純取民本主義，爲我國數千年政治道德之基礎，亦卽今日民治思想之源泉也。

禹受舜禪而爲天子，其治績多與古異，茲舉其與人生及政治有重大之關係者如次：

（一）治水　中國洪水，不知起於何時，至堯舜而爲害最盛。帝典稱洪水滔天，浩浩懷山襄陵，其水之大可知。是時禽獸偪人，民無寧居，營巢營窟，非復人類之世界。鯀受舜命治水，不能順其就下之性，而築堤防以障之，故一朝潰決，爲害滋甚，此其所以無功也。舜乃殛鯀以謝天下，復命禹治水。禹承鯀後，謀幹父蠱，復念災黎之衆，乃毅然以治水自任。居外十三年，三過家門不入，其堅忍可想見矣。其在外也，陸行乘車，水行乘舟，泥行乘橇，山行乘檋，以從事於鑿山通道。疏九河，瀹濟漯，決汝漢，排淮泗，俾汜濫之水，得歸正流。於是水患乃大治，四境乂安，疆理天下，奠九州，而正五服，其區劃如左列之圖表：

九州表

州名	界畫	今地	附註
冀州	三面距河	山西河北	帝都所在

兗州	濟水以北河水以南	河北東南山東西南	
青州	海以西泰山以東	山東東境	
徐州	海以西泰山以南淮以北	山東南江蘇北及安徽東北	
揚州	淮以南海以西	江蘇安徽南及浙江西北	一說兼有閩廣贛地
荆州	荆山以南衡山以北	湖北南境及湖南北境	
豫州	荆山以北河水以南	湖北北境及河南南境	
梁州	華山西南黑水以東	陝西南境甘肅東南及四川	此黑水卽雲南之怒江
雍州	黑水東北河水西南	陝甘北境及嘉峪關外地	此黑水卽甘肅張掖河之上流

五服圖

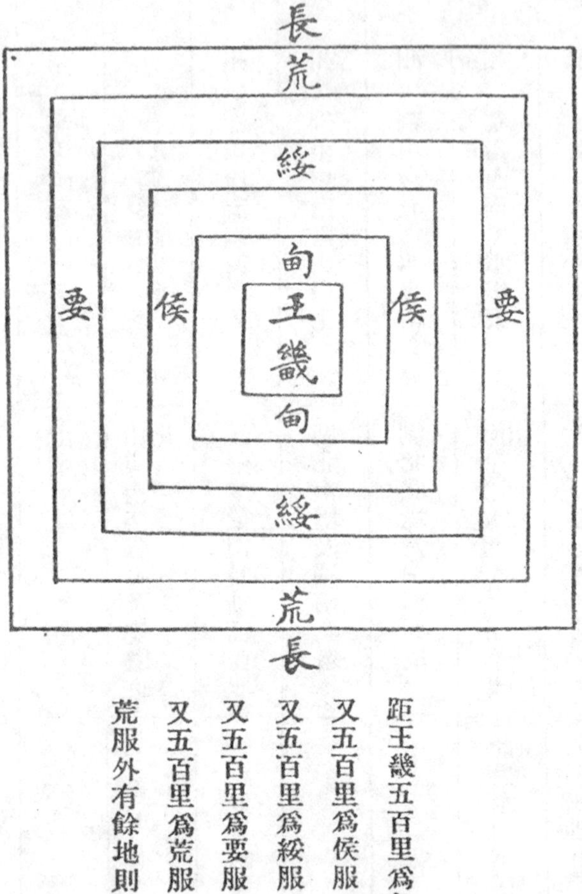

距王畿五百里爲甸服
又五百里爲侯服
又五百里爲綏服
又五百里爲要服
又五百里爲荒服
荒服外有餘地則建長以統率之

(二)封建　夏之封建，爵分五等，公侯伯子男是也，封地分三等，公侯皆方百里，伯七十里，子男五十里。

官制　田制　學制　器用　君權　傳子

(三)官制　夏世有三公，九卿，二十七大夫，八十一元士之制。

(四)田制　夏用貢法，每夫授田五十畝，各以其五畝所得，納於公家，所謂貢法也。

(五)學制　夏之大學曰東序，小學曰西序，養國老於東序，養庶老於西序，更立學於鄉曰校。

(六)器用　禹以治水故，加桅及帆檣篷碇於舟。洪水既平，又鑄九鼎，以象九州之物，鑄幣以濟民用。他若儀狄作酒，烏曹作磚，昆吾作瓦，叔均作耙作犁，公劉作戽斗，而交通之具，工商之業，飲食之品，耕稼之方，賴以繁興。

(七)君權　禹即位後，一會諸侯於塗山，執玉帛者萬國，再會諸侯於會稽，防風氏後至，戮之，由是中央集權，威信樹於內外。

(八)傳子　當時臣民，以禹有治水功，遂以君位酬報其子孫，啓因繼禹即位，君主世襲自此始。

夏代之文章

至夏代文章，視堯舜時更發達。如書之堯典，舜典，禹貢，爲夏史官所作，氣極渾厚，實有可觀。且禹貢一篇，記山川田野物產貢賦，與禹治水經始之跡，可謂羅織九州而無餘蘊。爲周官職方氏掌四海之地理，辨九州之分國所本，而後世研究水利之興廢，田賦之升降，其學術亦必本乎是。

商代之政治學術

夏傳四百年而商興，湯以伐桀救民而得天下，開諸侯革命之局。自此歷六百餘年，其間賢聖之君六七作，故累盛累衰。其政治學術，視夏代又一進步。略述如左：

封建

(一)封建　商代封爵封地，與夏略同，惟因諸侯既互相兼併，天子復滅諸侯以示威，而國數大減，大數祇有三千國矣。

官制

(二)官制　殷代建二相，（左相右相）六太，（太宰太宗太史太祝太士，太卜）五官，（司徒司馬司空司士司寇）六府，（司土司木司水司草司器司貨）六工，（木工土工金工石工獸工草工）諸官。其制非唐虞之舊，而爲周官之導源。

田制

（三）田制　殷復井田之制，以六百三十畝，畫爲九區。每區七十畝，中一區爲公田，餘八區爲私田，以授八家。八家各出其餘力，助耕公田，而私田則免其稅，所謂助法也。

學制

（四）學制　殷之大學曰右學，小學曰左學，爲養老及學六藝之所。於夏之鄉校外，復立學於州曰序。

製棺

（五）製棺　古無棺槨，人死則委之溝壑。後稍進化，厚衣以薪，葬之田野。至舜時，始用瓦棺，至商乃易瓦而爲木，此葬事進化之沿革也。

商代之學術思想

殷代如伊尹，海鳩，汝房，（湯臣）伊陟，臣扈，巫咸，（大戊之臣）巫賢，（祖乙之臣）傅說，甘盤，祖己（武丁之臣）及紂時微子，比干，箕子，膠鬲諸人。其學術必有可觀，惜記載無傳焉。伊訓說命，係古文僞書。未足爲據，可據者獨箕子告武王洪範一篇耳。洪範九疇者，書所記，一曰五行，二曰五事，三曰八政，四曰五紀，五曰皇極，六曰三德，七曰稽疑，八曰庶徵，九曰五福六極是也。書嘗稱水，火，金，木，土，穀爲六府，正德，利用，厚生爲三事，洪範五行與六府相近，皇極五事三德與正德相近，蓋皆以人生必需之事，及與社會結合人類之法而發爲文章也。

商代之文章

詩歌歷夏至殷，亦稍進步。觀於詩經商頌之駿發而嚴厲，孔子删詩，所以既取周詩，而復上取商頌，即此可知其一斑。

夏商二代之民風

夏商二代之民氣，亦各各不同。夏尚忠，商尚質，殷人信鬼，民愚而性樸。其愛國心亦至重，故周既滅商，沿及成康，而其遺民思商者不絕。

周公之制作

封建

第四章　周公時代之政治經濟及其禮教文藝

我國文化發生於羲農黃帝時代，而大進步於周初。周初之政治所以修明，禮樂之所以美備者，賴有周公。周公思兼三王，以施四事，興禮樂，改制度，封同姓，一代典章，燦然大備。孔子之前，黃帝以後，一人而已。就其制作之最有功於文化者述之如左：

(一)封建　自天子諸侯，各有定分，不得逾越。天下之勢，如身之使臂，臂之使指。分天下爲九州，以中央一州爲王畿，餘八州封諸侯。王畿方千里，大國方百里，次國方七十里，小國方五十里。每州置大國三十，次國六十，小國百二十，凡二百一十國。王畿之內，天子自封其臣，有大國九，次國二十一，小國六十三，凡九十三國。故周初天下諸侯之數，都千七百七十三國。

官制

中央官制

(二)官制 周損益二代成法，官制益備。太師太傅太保，謂之三公，因於夏也。少師少傅少保，謂之三孤，周所創也。是二者不必備，惟其人，蓋論道經邦，燮理陰陽，爲天子輔弼之官，而不與政事也。其有政事之實權者，曰六官。六官之長曰卿，其下有大夫士等屬官六十，故周代總官，號曰三百六十，以象周天之度，其職掌如左：

官長	職掌	
天官大冢宰	掌邦治統百官均四海	財政
地官大司徒	掌邦教敷五典擾兆民	選士
春官大宗伯	掌邦禮治神人和上下	祭祀五禮
夏官大司馬	掌邦政統六師平邦國	兵賦

秋官大司寇　掌邦禁詰姦慝刑暴亂　刑法

冬官大司空　掌邦事居四民生百物　民政

地方官制

其官名皆因前代之舊，而稍改之。如冢宰，即殷之太宰，宗伯，即殷之太宗之類是也。至地方官制，皆屬於地官。有閭胥，（二十五家爲閭）有旅師，（百家爲旅）有黨正，（五百家爲黨）有州長，（二千五百家爲州）有鄉大夫，（萬二千五百家爲鄉）皆大小相屬。蓋周初立法，集上下相和、君民共治之政體。

王畿以外之地，五國爲屬，屬有長。十國爲連，連有帥。三十國爲卒，卒有正。二百一十國爲州，州有伯。天下共九州，自王畿以外，有八伯，各率其屬，以分隸周召二相。自陝以東，周公主之。自陝以西，召公主之。

爵祿

(三)爵祿　爵祿之制，自天子以至庶人，皆有一定。天子之爵，居諸爵之最高，而非超絕於臣民之外者。君臣上下，各有定祿。故當時之制，天子一位，公一位，侯一位，伯一位，子男同一位，凡五等。君一位，卿一位，大夫一位，上士一位，中士一位，下士一位，凡六等。天子之制，地方千里，公侯皆方百里，伯七十里，子男五十里，凡四等。不能五十里者，不達於天子，附於諸侯，曰附庸。天子之卿，受地視侯、大夫受地視伯，元士受地視子男。大國君十卿祿，卿祿四大夫，大夫倍上士，上士倍中士，中士倍下士，下士與庶人在官者同祿。（食九人）次國君十卿祿，卿祿三大夫，大夫倍上士，上士倍中士，中士倍下士，下士與庶人在官者同祿，小國君十卿祿，卿祿二大夫，大夫倍上士，上士倍中士，中士倍下士，下士與庶人在官者同祿。其祿計耕者之所獲，一夫百畝之分，上農夫食九人，上次食八人，中食七人，中次食六人，下食五人，庶人在官者，其祿以是爲差，祿足以代其耕也。

(四)田制　周代田制，採均貧富，薄賦斂之意。行井田之制，一夫授田百畝，年二十而授田，六十而還田。受田必長子，未成年者爲餘夫，僅受田二十五畝，俟其壯而有室，乃更受百畝之田。方里而井，井九百畝，其中爲公田，八家皆私百畝，同養公田。公田之中，以二十畝爲廬舍，一家得二畝半，八家共耕八十畝，是爲什一之賦。凡人民不得私有田宅，其受田又有定額。故人各有田，無失業之游民，而亦無甚貧甚富之差。

夏田

50	50	50
50	50	50

商田

70	70	70
70	70	70

周田

100	100	100
100	100	100

制

50	50
50	50

制

70	70	70

制

100	100	100

稅法

(五)稅法　周用徹法，徹，通也，謂通用夏商二代之法也。都鄙用貢法，以地狹人衆也，鄉遂用助法，以地廣人稀也。八家共耕公田，通力合作，計畝均收，大率民九而公一，卽粟米之征也。此外有力役之征，男子自二十始，至六十五止，皆須服役，而有一定之時日。有布縷之征，命民間納絹布，以供公家之用。後世租庸調，卽濫觴於是三者。又有關市之征，山澤漆林之征，周時租稅，不過如是。

兵制

(六)兵制　周代採用通國義務兵之制，寓兵於農，凡農民皆有當兵之責。其徵集之法，大概方里爲井，(八家)四井爲邑，(三十二家）四邑爲邱，（一百二十八家）四邱爲甸，（五百一十二家）邱出戎馬一匹，牛三頭。甸出戎馬四匹，兵車一乘，牛十二頭，甲士三人，步卒七十二人，運輜重者二十五人。卿大夫采地之大者，提封萬井，除出山川沈斥城池邑居園囿術路，以六千四百井計，出戎馬四百匹，兵車百乘，故稱百乘之家。諸侯之大者，提封十萬井，以六萬四千井計，出戎馬四千匹，兵車千乘，故稱千乘之國。天子畿方千里，提封百萬井，以六十四萬井計，出戎馬四萬匹，兵車萬乘，故稱萬乘之主。服役年限，在二十歲至六十歲之間，大抵終身不過就役一次，或二三次。王畿之民，半歲而更替。諸侯之民，一歲而更替。簡閱之法，連帥比年簡車，卒正三年簡徒，羣伯五年乃大簡車徒。

周代兵制第一表

軍（五師）

中大夫率之：師（五旅）　師（五旅）　師（五旅）　師（五旅）　師（五旅）　一萬二千五百人

下大夫率之：旅（五卒）　旅（五卒）　旅（五卒）　旅（五卒）　旅（五卒）　二千五百人

上士率之：卒（四兩）　卒（四兩）　卒（四兩）　卒（四兩）　卒（四兩）　五百人

中士率之：兩（五伍）　兩（五伍）　兩（五伍）　兩（五伍）　百人

下士率之：伍（五人）　伍（五人）　伍（五人）　伍（五人）　伍（五人）　二十五人

周代兵制第二表

王	六鄉六遂	六軍七萬五千人（此舉正卒言下同）
大國公侯	三鄉三遂	三軍三萬七千五百人

次國伯	二卿二遂	二軍二萬五千人
小國子男	一鄉一遂	一軍萬二千五百人
伍伍人	伍長下士	一軍伍長二千五百人 六軍共一萬五千人
兩二十五人	兩司馬中士	一軍兩司馬五百人 六軍共三千人
卒百人	卒長上士	一軍卒長百二十五人 六軍共七百五十人
旅五百人	旅帥下大夫	一軍旅帥二十五人 六軍共一百五十人
師二千五百人	師帥中大夫	一軍師帥五人 六軍共三十人
軍萬二千五百人	軍將卿	一軍一人 六軍共六卿

（七）學校　中國歷代之教育，以周爲最普及，學校之科學，亦以周爲最完備。京師大學曰辟雍，諸侯大學曰頖宮。地方學校，閭有塾，黨有庠，州有序。大概以八歲入小學，十五及十八入大學。其修業年限，以九年計，比年入學，中年考校，至九年而大成，

始得入官。不率教育，則有懲戒遷謫之刑。其教科，庠以上有禮樂射御書數等科，旁及格致誠正修身齊家治國平天下之要道。庠以下課家室長幼之序，灑掃應對之節，及孝弟謹信愛衆親仁文字諸科。是周之設科。蓋有一定之秩序也。

（八）選舉　命鄉論秀士升之司徒，曰選士。司徒論選士之秀者，而升之學，（大學）曰俊士。舉於司徒者，免鄉役，不給社事，供田賦。舉於學者，免司徒之役，不赴軍旅，奉祭祀。俊士既舉於學而免役，曰造士。大樂正論造士之秀者以告於王，而升之司馬，曰進士。司馬論定官材，舉進士之賢者，以告於王，而定其論，論定，然後官之。任官，然後爵之。位定，然後祿之。其由鄉學進者，鄉大夫掌之，大司徒用爲鄉遂之吏。由國學進者，大樂正掌之，司馬用爲大夫士。

選舉

（九）刑法　其刑名，於前代墨，劓，剕，宮，大辟之五刑，及流刑，扑刑外，又有刖，髡，桎梏，焚，灸，徒，贖等刑，皆以示懲惡之意。惟關於刑事之重者，常多寬厚之典。甲、罪人不孥。乙、年七十以上者不加刑。丙、犯罪由於不知過誤遺忘者，皆得宥恕輕減。丁、刑王族及有爵者及婦人，皆不於市。戊、士大夫與老弱者，不使服徒刑。其關於民事之訟者，特重實證。甲、涉於人事之訟，以鄰人爲證。乙、涉於土地之訟，以鄰國之本圖爲證。丙、涉於買賣之訟，以約劑爲證。丁、涉於貸借之訟，以證劵爲據。聽訟日，有史官記原被告之問答。聽犯罪之訟，有先入劵書與鈞金之例。聽貨財之訟，有使入束矢之例。出訴之期限，不論刑事民事，因地而有一定之法，過期不理。歲終，則將一年間斷定獄訟集之，名曰法例，藏之天府。

周公時之實業政策

(十)實業　周公於實業極重，法亦極詳，不僅爲政治家，亦大經濟家也。其設施如左。

農業

1.農業　周承后稷公劉之遺俗，最重農業。天子有籍田祈穀勞農諸農政，又設專官以督田圃，故農學益有增進。其時以土會之法，辨五地之物生。以土化之法，使物地相宜。又以獸骨製汁，相土宜以施之，名曰糞種。是周世業農者，於地質學化學肥料學，均有所發明。

工業

2.工業　周代工業，製作精巧，如武王時，作羽扇，置於車後，用以招涼。宣王時，邢夷作墨，書字於帛等，是也。五方之民，於工藝各有所長，遷地則弗能爲良。又工必有官，凡考工記，所謂某人者，皆以事名官也。且分工之制，亦始於周。如同一車也，而爲之者，有輪人，輿人，車人等諸官。卽分工之證。

3. 商業　周代典商有官，統於司徒。司市掌市之治教政刑，禁華靡，去詐僞。肆長使陳列貨物，不得美惡混淆。賈師定貨物之價值，不使貴賤無常。其他諸官，皆有督治商業之職。其時又有旅商，出入關門，必以璽節，司關掌之，其制殆猶今之護照。周代之商政，可謂備矣。

周之學術發達，始自文王。商紂拘文王於羑里，文王演易作彖辭，是能研究哲學者也。武王克商，訪遺臣，得夏洪範九疇，以敍於時。周召望散諸公同輔王室，學之有裨於世者，如太公六韜，可決其爲後世兵學之祖，惜不傳於今耳。其傳於今者，惟周公之著作而已。周公鑒於夏商之文物典章，損益折衷，增減伸縮，以成一朝之制度，於是周禮儀禮諸書出焉。

周代詩歌，亦大有進步。周世學校皆教以詩，且有太史之官，採取鄉里之歌謠，上之王庭。當時之詩，或四言，或五言，雖句之長短不定，然善述寫景，非若後世之浮華纖巧也。

周代於學術文章外，與文化有絕大之關係者，一爲禮制，一爲宗教。

（一）禮制　周公本人情以制禮，曲爲之防，事爲之制。以人類有男女之別，妬忌之情，爲制婚姻之禮。有交接長幼之序，爲制鄉飲之禮。有哀死思遠之情，爲制喪祭之禮。以禮義之始，至於正容體，齊顏色，順辭令，於是乎有冠禮。以進退周旋之間，可以觀人德行，於是乎有射禮。此外行於天子諸侯間者，更有燕饗朝聘之禮，大射之禮。凡所以別貴賤，和上下，定民志。當時有禮儀三千，周末，諸侯惡其害己，而皆去其籍，故今不詳。

（一）宗教　我族一貫之宗教儀式，則爲祭神祀鬼。念宇宙之大，必有創造之主宰，於是乎信仰上帝而祭天，燔柴於泰壇，祭天也。念國家生存，必有開化之歷史，於是乎追念先烈而祭祖，禘嘗於宗廟，祭祖也。推之日月星辰，民所瞻仰也，則祭之。山林川谷邱陵，民所取材用也，則祭之。於是乎有百神。法施於民則祀之，以死勤事則祀之，於是乎有社稷。非此族也，不在祀典。因禮制宗教之繁重，使文化上生絕大之影響者，則文藝美術與人民之風氣是也。

（一）文藝美術　文藝美術之發達，大都起源於宗教。故詩先樂頌，而後有風雅。器先祭器，而後有養器。建築先宗廟，而後有明堂。衣服先祭服，而後有燕服。周代之文藝，六經可得而考焉。音樂一科，周代列爲大學主科，貴族子弟，無不嫻習，故尤爲發達。此外宮室有宗廟明堂之美，器皿有犧尊象罍之精，車馬衣服有大路繁纓龍袞黼黻之華。蓋其時繪畫雕刻鍊冶刺繡塗漆織物諸藝，均已發達。

民風

(二)民風　孔子曰，周尙文，又曰周監於二代，郁郁乎文哉。是周人日進於文明，乃周公制禮作樂之效果也。惟禮讓太過，民氣漸柔，故周末不免有文勝之弊。

第五章　春秋時代政治之劇變與管子之治齊

周室東遷而後，中央集權之制廢，羣雄割據之事起，其間二百四十年之事跡，皆錄於孔子筆削之春秋，故稱是時代爲春秋焉。其時諸侯存者，僅百六十餘，而其最有關係者，又祇十餘國而已。此十餘國中最占勢力者，厥爲當時之霸國。

春秋大勢

春秋時，諸侯有霸國之資格者，舊史向稱五霸，齊宋晉楚秦是已。然有名不列五霸，而國勢亦强者，爲吳越。亦有名爲霸，而實不足以稱霸者，爲宋。而霸國之中，又以晉楚爲最强。晉在北，楚在南，南北相爭，而適當其中樞，爲戰爭之旋渦者，厥惟鄭。於是鄭之向背，恆視晉楚强弱爲轉移。

霸者號召之名義

當時霸主之所以號召天下諸侯者，不外乎尊王攘夷二途，故尊王攘夷之說，恆爲圖霸者所利用。蓋非是則名不正，名不正，不能使諸侯聽命也。

春秋時之治內政策

霸王之治內政策，一方用道治主義，一方漸進於法治主義，此亦中國政治思想變遷之趨勢也。當時用此政策以治齊，使齊一躍而致於富强，開春秋霸業之先聲者，則管子是也。

管子之政治

管子相桓公，致富强，一匡天下，九合諸侯，其事業足爲後世法，不可勝數，舉其大者如左：

任官

(一)任官　管子云，德義未明於朝者，則不可加以尊位。功力未見於國家者，則不可授以重祿。臨事不信於民者，則不可任大官。又曰虧令者死，益令者死，不行令者死，留令者死，誠任官之要義，黜陟之良規也。

官制

(二)官制　近世中央官制，多分內務外交財政農商司法陸軍等部，觀管子之中央官制，頗類近世，列表如左：

相	大諫	高等顧問
	將	陸軍總長
	理	司法總長
	田（虞師司空工師）	農商總長
	行	外交總長
	鄉師	內務總長

管子之地方制度，寓兵於民，其自治制，亦兼軍政民政二事，所謂

武政聽屬，文政聽鄉是也。今以家爲單位，以國爲最高位，圖其系統如左：

家……軌（五家）
- 都邑之制：里（十軌）　連（四里）　鄉（十連）　縣（三鄉）　屬（十縣）
- 郊野之制：邑（六軌）　卒（十邑）　鄉（十卒）　縣（三鄉）　屬（十縣）

……國大夫（五屬）

（三）教育　管子之教育方鍼，在整齊其民，一其道德，使無由於淫非之地。其法制國爲二十一鄉，一鄉之中，四民異處，居異處則事專，事專則業精，無見異思遷之弊，有觀摩切磋之效。

（四）理財　管子之理財，不重在國家財政，而重在國民經濟。

1. 獎勵生產　管子曰，辟田疇，利壇宅，修樹藝，勸士民，勉稼穡，修牆屋，此謂厚其生。發伏利，輸滯積，修道途，便關市，愼將宿，此謂輸之以財。導水潦，利陂溝，決潘渚，潰泥滯，通鬱閉，愼津梁，此謂遺之以利。大旨主於盡地利，勸農商，與尋常之政治家之論旨無以異。

2. 撙節消費 管子極奬勵勤儉儲蓄。觀其言曰，國侈則用費，用費則民貧，民貧則奸智生，奸智生則邪巧作。又曰商敗而不務本貨，則民偷處而不事積聚，是管子以奢爲大戒也。

3. 調劑分配 管子曰，貧富無度則失，又曰甚富不可使，甚貧不知恥，其意以貧富不齊，日言生產無益也。

4. 減輕稅率 管子曰，民予則喜，奪則怒，民情皆然，先王知其然，故見予之形，不見奪之理，故民愛可洽於上也。租籍者所以强求也，租稅者所慮而請也，王霸之君，去其所以强求，廢其所慮而請，故天下樂從也。管子無稅主義之說如此，然鹽與鐵皆歸政府專賣，後世以鹽鐵爲官業，管子作之也。

外交

軍政

(五)外交　管子曰，强國衆，合强以攻弱以圖霸，强國少，合小以攻大以圖王。蓋當時衆强並立，勢均力敵，管子以是爲稱霸之時。

(六)軍政　管子實施之軍政，則作內政而寄軍令也。以五家爲軌，軌爲之長，有戰事則五人爲伍，軌長率之。十軌爲里，里置有司，有戰事則五十人爲小戎，里有司率之。四里爲連，連之爲長，有戰事則二百人爲卒，連長帥之。十連爲鄉，鄉有良人，有戰事則二千人爲旅，鄉良人率之。五鄉一帥，故萬人爲一軍，五鄉之帥帥之。是管子軍制，取通國皆兵主義。

第六章　戰國時代之國際情勢與商鞅之治秦

霸主至越王勾踐而終，遂轉入戰國之世，戰國之世，七雄新起，即

秦國獨強之故

燕楚齊趙韓魏秦是也。而七雄之中，秦又最强，卒能幷吞六國，統一天下，考其故蓋有數端：

(一)春秋之末，中國諸侯，會盟征伐，擾攘不定，獨秦以休養爲務。

(二)秦地帶河阻山，四塞以爲固。而六國之地，概屬平衍，形勢遠不如秦。

(三)秦任客卿，國以富强；而六國皆不能用賢。

(四)秦用商鞅變法，以致富强。六國不能變法，卽變法亦不能如秦之收效大且久。

(五)六國合從，有連雞不能俱棲之勢。不如秦之連横，易於集事。

(六)秦民樸僿堅悍，有首功好武之風。

(七)秦擁關中之腴壤，地宜於農，其人又習於農，後商君實利用此

商鞅治秦

變井田

闢土田

督耕稼

業，以爲國人之富源。

秦以種種原因，故獨占優勢。而商鞅以法治主義强秦，幷吞六國，實爲凌駕管仲之一大政治家也。商君當戰國時代，其一切內治，皆實行其帝國政略。今本此意以察其行政之次序。

(一)變井田　周襄以來，井田之法，日卽弛墜。疆界慢亂，輕重旣失，勢不可行。商君廢井田，開阡陌，與國民以產業自由，務使地盡爲田，田皆出稅。

(二)闢土田　商君以秦地廣而人寡，晉地狹而人稠，乃誘三晉之人耕地。任其所耕，不限多少，而使秦人應敵於外。

(三)督耕稼　民有二男以上，不分異者，倍其賦。大小皆僇力於本業，耕織致粟帛多者，復其身。事工商末利，及怠而貧者，舉以爲收孥。

行警察　獎武功　定兵制　改官制　軍爵

(四)行警察　五家爲保，十家爲連，一家有罪，九家共舉發之。若不糾舉，十家連坐，不告姦者腰斬，告姦者與斬敵首同賞，匿姦者與降敵同罰。（誅其身沒其家）

(五)獎武功　有軍功者受上爵，爲私鬪者各以輕重被刑，宗室非有軍功，亦除其籍。

(六)定兵制　商君定三軍之制，曰壯男爲一軍，壯女爲一軍，老弱爲一軍，此之謂三軍。壯男之軍，使盛食厲兵，陳而待敵。壯女之軍，使盛食負壘，陳而待令。是乃舉國皆兵之制也。

(七)改官制　戰國之世，封建制度已破壞。商君所定官制，意在除封建之弊者也。其官制，一曰軍爵，一曰地方官吏。

1.軍爵　秦爵共二十等。二十徹侯，十九關內侯，十八大庶長，十七駟車庶長，十六大上造，十五小上造，十四右更，十三中

地方官吏

制法令

政制教俗

更，十二左更，十一右庶長，十左庶長，九五大夫，八公乘，七公大夫，六官大夫，五大夫，四不更，三簪裊，二上造，一公士。凡此二十等，固皆軍爵，以賞戰功者也。

2. 地方官吏　秦始皇分天下爲三十六郡，其實郡縣之制，實創始於商君。商君幷諸小都鄉邑聚，定爲四十一縣。分國內之土地，畫爲政治區域，使之直隸於中央政府，而郡縣之制始完。大縣萬戶以上者置一令，不及萬戶者則曰長。令長之下，皆有丞尉，丞尉皆受命於君主。

(八)制法令　商君以法律最重平等，無貴賤遠近之別。公子虔，貴族也，其犯約也，則劓之。太子嗣君也，其犯法也，則黥其師傅。是以法令嚴明，人莫敢犯。

他若修明市政，則平斗斛，權丈尺。改良風俗，則嚴爲男女之別。

無不修理齊整

謀臣策士應運以起

合從

舉一國之政制教俗，靡細靡鉅，無不修理而整之齊之。行法十年，秦民大悅，道不拾遺，山無盜賊，家給人足，鄉邑大治。彼其所以致此者，固有由也。

秦既富强，亟謀東向，以兼併天下。六國亦謀所以自衞，謀臣策士，乃乘時應運以起，各抒政見，以遊說王侯。而對外發生二大政策，一曰合縱，一曰連衡。

(一)合從　時秦國富强，殆有制天下之勢，故六國訂攻守同盟，名曰合從。從者縱也，南北爲縱，當時六國位置，列於南北，故六國同盟曰合從。始倡合從之說者，爲蘇秦。先說燕，次及趙，遂勸其餘四國同盟，而身爲之長，并相六國。以六國之將相，會於洹水之上，約曰秦攻一國，則五國各出銳師以撓秦，或救之。有不如約者，五國共攻之。自是秦不敢窺函谷關者，十五年。然未幾，齊魏背盟，從約遂解。

(二)連衡　秦乘諸侯恐怖，頻出遊士，使說合從之不利，而言連衡之利。衡者橫也，東西爲橫，當時秦在西，六國位於其東，故六國服事秦，曰連衡。專倡連衡之說者，爲張儀。儀爲秦說降六國。其說魏曰：『合從者，一天下，約爲昆弟以相堅，而親兄弟，同父母，尙爭錢財，而欲恃詐僞反覆蘇秦之餘謀，其不可成亦明矣』。其說楚曰：『夫合從者，無異驅羣羊而攻猛虎，今王不事秦，秦劫韓取魏以攻楚，楚危矣』。其說他國，大都類是，無非設爲恫嚇之詞，竟降六國。

第七章　春秋戰國之學術思想及其社會狀態

春秋戰國之政治，固已別開生面，其學術思想，尤爲可驚。當時學

發達之原因

者輩出，各有發明。考其發達之原因，蓋有數端：

（一）王室衰微，百官失職，相與聚徒講學。

（二）春秋以往，言論著作思想，皆得自由。

（三）戰國時代，各國爭講富強，材智之士，盡力招致。

以是諸子百家雜出，概言之，曰儒家，道家，墨家，法家，農家，兵家，名家，陰陽家，縱橫家，雜家，小說家，凡十一類。

儒家

（一）儒家　儒家者流，出於司徒之官，而儒家所宗者，厥惟孔子。孔子名丘，字仲尼，魯人，生於周靈王二十一年冬十一月庚子，（夏正八月廿七日）出世稍後於老子。嘗仕於魯，其生平事業，在周遊列國，以求行道，聚徒講學，以求傳道，世不見用，遂歸而傳易，删詩書，修春秋，定禮樂。周敬王四十一年卒，年七十三。時弟子從遊者三千人，通六藝者七十有二，其賢者皆能傳授一經，尊崇師說。至孔子之政治觀念，以大同小康爲志望，而從撥亂反正入手。修學宗旨，以治國平天下爲本領，而從修身齊家入手。倫理思想，則注重實踐道德，而以孝弟爲要件。其學說蓋集羣聖之大成，遂爲數千年來社會之中心人物。後世以其五倫之說，本於大司徒之五教，推爲儒家之主，相傳爲北派大宗。孔子既歿，微言中絕，七十子傳其大義，更相授受，降至戰國時代，已分孟荀兩派。

孟子

1. 孟子　孟子學於子思，主性善，以仁義禮智孝弟忠信，皆爲人類天性中所固有。其學術崇先王，說仁義，言必稱堯舜，大中民貴君輕之論。惟戰國時，好武功而重私利，伸君權而輕民命，與孟子之學說，適相反。因此所至不合，道不可行。然卒不肯變其宗旨，以阿世隨俗，故退而著書講學。

荀子

2.荀子　荀子爲子夏五傳弟子，故其學長於詩禮易春秋。主性惡，以人性本惡，必以仁義禮智孝弟忠信矯正之，乃可爲善人。二者支派雖分，歸宿則一，其學其說，至今繼續不墜，是皆可謂儒家也。惟後世儒家推崇孔子，而治術疏闊，泥古不化，孔道殆久已失傳矣。

道家

(二)道家　道家者流，出於史官，其宗曰老子。老子姓李，名耳。其學說宗黃帝。慨周室之衰，而有懲於當時文敝，於是任自然，尙無爲，棄禮教，薄仁義，齊一萬物，歸眞返樸。初爲周藏書史，見周衰而去，著書五千言，述道德之意，名道德經，遯世不知所終。其理想之社會，在乎大同，則與孔子無異，相傳爲南派大宗。當時從之游者，則有關令尹楊朱孔文子等。越百年而祖述其說者，則有列禦寇莊周田駢等。而楊朱唱爲我之說，拔一毛而利天下不爲，其說最盛行於戰國之時，是名曰道家，其後巫覡者流，謬妄緣飾，變爲道教，則失老子之眞傳，而非老子所及料矣。

墨家

(三)墨家　墨家者流，出於淸廟之官，其宗曰墨子。墨子名翟，出於孔子後，嘗仕宋。學說宗大禹，著有墨子七十一篇。如修身，親士，尙賢，節用，貴義諸說，宗旨與儒家不甚相異，惟兼愛一說，則與儒家大殊。其弟子甚衆，楚國攻宋，弟子赴難而死者七十二人，相傳爲中派大宗。其弟子各爲派別，戰國時，有勝綽禽滑釐夷之隨巢胡非子等，皆祖述其說。自是而後，學說漸衰。惟其爲書，有合於近世理科者，故所說於近世頗尊顯。

法家

(四)法家　法家者流，出於理官，以信賞必罰爲宗旨。如管仲相齊，李悝相魏，皆本此而致富强。其後申不害說術，商鞅說法，及韓非出，則合法術而一之，遂爲法家之大成。

農家

(五)農家　農家者流，出於農稷之官。戰國時，有許行者，爲神農之言，創並耕之說，理有可取。當時從之游者，有陳相兄弟，惜其學說見於孟子外，未有稱述之者。

兵家

(六)兵家　兵家者流，出於司馬之職。春秋戰國之際，精此學者，國各有人。當時最有名者，則有司馬穰苴孫武吳起三人，後人集三人之書，曰孫吳司馬法。而范蠡文種孫臏龐涓尉繚魏無忌之徒，亦以知兵稱，皆有書行世。

名家

(七)名家　名家者流，出於禮官。東周而後，節文繁縟，莫定指歸。鄧析於是綜核名實，著書二篇，是爲名家之始。其後惠施公孫龍等私淑之，而爲堅白異同之說，不免流爲詭譎。

陰陽家

(八)陰陽家　陰陽家者流，出於羲和之官。初本敬順昊天，曆象日月星辰，敬授人時也。洎春秋時，宋司星子韋，戰國時鄒奭鄒衍等出，不免牽於禁忌，拘於卜數矣。

縱橫家

(九)縱橫家　縱橫家者流，出於行人之官。戰國時，縱橫家洞觀天下之大勢，而利用於各國之外交。其時以蘇秦張儀爲最，而蘇代蘇厲公孫衍魯仲連等，亦以多權變，善遊說，見稱於當時。

雜家

(十)雜家　雜家者流，出於議官。如伍子胥尉繚子，兵家也。尸佼爲商君之師，法家也，而皆列爲雜家。

小說家

(十一)小說家　小說家者流，出於稗官。班孟堅之言曰，街談巷語，道聽途說者之所爲也。蓋學術之淆亂，莫甚於衰周，而思想之發達，亦莫盛於衰周。秦漢去古未遠，禮失而求諸野，班氏之言，或有取於是乎。

春秋戰國之文章

春秋戰國之世，不獨百家雜出，學說繁多，卽文章亦迥非後人所能及。蓋其時文明大起，學術日昌，瑰奇之士，各本其理想，發爲文章。若管子之勁拔，老子之高古，論語之渾厚，莊子之飄逸奇譎，孟子之簡勁，荀子之富贍，墨子之切著，韓非國策之奇峭，左傳國語之浮華，離騷之深遠，不遑枚舉。後人得其一二，卽爲名家，故世稱春秋戰國時，爲文章極盛時期。

春秋戰國社會狀態劇變之原因

是時社會狀態，亦起急劇變動。蓋周初制度，至春秋而變，至戰國而再變。其時狀態，一切與古相離，其故有四：

一　周制精神，過於整齊繁密，不適用於羣雄割據之時勢。

二　階級制度，太不自然，反動之力極大。

三　生齒日繁，生活之競爭，漸趨劇烈。

周末社會之變動，其原因既如上述，具絕大勢力，無可抗免。茲分述其大要如左：

官制之破壞

徵法之破壞

兵制之破壞

井田之破壞

戰術之改革

(一)官制之破壞　自楚國僭用王制，沿及春秋，諸侯設官，多與古異。逮戰國時，益復自爲風氣，其間如丞相將軍等稱，與秦漢官制漸近矣。

(二)徵法之破壞　周代稅法用徹，至魯宣公時，以國用浩繁，初行稅畝（十徵其二）之制，於是稅法先行破壞。

(三)兵制之破壞　周制，每甸出甲士三人，魯自成公作邱甲之法，哀公用田賦之制，舊法由是蕩然。他國多有次國而出三軍者，其徵集之法，大抵皆因時制宜矣。

(四)井田之破壞　魏用李悝盡地力之教，秦用商鞅開阡陌之法，奇零之地，任民耕種，俾餘夫皆得盡力於畎畝，受田之法遂廢。

(五)戰術之改革　春秋時代，武士皆尙用車戰，而戎狄皆用騎戰，車戰利於平原，而不便於山險。自趙武靈王以胡服騎射，卻敵而制勝，於是車戰之法漸廢。

工商業之發達

（六）工商業之發達　周末，生齒日加，餘夫無田可耕。加之戰役頻仍，田野荒廢。而貴族奢侈之風日盛，珠玉狗馬之用日繁，農民既難安於畎畝，乃不惜棄其先疇，而從事工商。

貴族階級制之打破

（七）貴族階級之打破　古代甚重世系，至春秋時，王室衰微，諸侯卿大夫，漸多僭竊，上流社會之階級，先自破壞。自齊用管仲，楚用孫叔敖，秦用百里奚，優秀之士，往往得居高位。至戰國，秦用客卿而致富強，各國君主貴族，爭相效之。齊宣王稷下談士，多至數千，魏文侯燕昭王太子丹，亦致客無數，齊之孟嘗，魏之信陵，趙之平原，楚之春申，門下食客，均以千計。甚至雞鳴狗盜之士，廣爲收羅，蘇秦張儀，均以微賤一躍而爲卿相。此時遊士日衆，操縱王侯，中流社會之階級，因之破壞。工商業既漸發達，富商巨賈，得挾其珠玉狗馬之好，以交通王侯，下流社會之階級，亦開破壞之端。

刑法之破壞

（八）刑法之破壞　自春秋至戰國，君權愈張，刑網愈密。其刑法有劓，刵，椓，黥，鬼薪，城旦，執，放，殺等名。最酷者，如秦有腰斬，車裂，鑿顚，抽脅，夷三族，七族，九族等刑。齊有烹刑，楚有冥室，櫝棺，滅家等刑。

周初制度，至春秋戰國，蕩然無存，既如上述。卽其民風，禮制，宗教，亦多與古不同，茲略述如左：

民風

（一）民風　周雖尙文，然至春秋時代，諸侯擅權，風氣亦因地而異。若齊人儇慧，秦人勁武，楚人輕果是也。逮戰國之世，則更顯活潑有爲之氣，邦無一定之交，士無一定之主。至若豫讓專諸荆軻聶政之流，則急公好義，殺身成仁，且開後世義俠之風矣。

禮制

宗教

(二)禮制 春秋時，貴族制漸破壞，禮制多異於古。至戰國時，則封建之制幾廢，成周之禮文，無復有行之者。

(三)宗教 周末時代，陰陽五行各家雜糅，遂成種種迷信，而卜筮術數之書，亦故神其說。歷秦迄漢，言封禪，言讖緯，其起因皆在是矣。

第二編　中古時期之文化

第一章　秦始皇之變古

秦代變古之原因

秦滅六國，統一神州，雖自始皇併天下，至二世而亡，僅十五年，時代甚促。然古人之遺法，無不革除，後世之治術，悉已創導，實古今之大界也。秦之政皆出於李斯，斯蓋以變古爲宗旨者。故秦之所爲，無一不與古異，其變古之最有關於文化者，有四大端：

稱皇帝

（一）稱皇帝　始皇自以德兼三皇，功高五帝，自稱曰皇帝。又欲子孫世世王天下，故稱曰始皇帝，嗣後可二世三世，以傳之無窮。

廢封建

（二）廢封建　封建時代，各君其國，各子其民。迨秦始皇出，乃設郡縣，分天下爲三十六郡，尺土一民，均直隸於中央政府，是爲一統政治之發端。

定官制

(三)定官制　始皇以行政兵馬監察三大權，嚴爲區別。丞相總掌行政之權，太尉總掌兵馬之權，御史大夫總掌監察之權，三者鼎立，爲中央政府最高級之官。都以外之制亦然，郡制守尉監各一人，守以治民，尉以統兵，監以監察，而皇帝上統此三大權，專制政體，至此而更密矣。

築長城

(四)築長城　戰國時，燕趙秦各國，因北地山險，築長城以備胡戎。秦始皇滅六國，乃首尾聯絡之。使蒙恬將十萬衆，北擊胡，悉收河南地，因河爲塞，築四十四縣城，臨河徙謫戍以實之，而通直道。起臨洮，至遼東，凡五千四百四十餘里。匈奴强横，賴長城爲之限，其遺址至今猶存。

焚書坑儒

始皇所爲，惟以專制爲極則。於是用愚民政策，以期爲所欲爲，而焚書坑儒之事以起。當時學者厭新喜舊，論議紛紜，轟於朝野。始皇用丞相李斯言，下挾書之禁，收民間詩書百家語，悉詣守尉雜燒之。謂諸生或爲妖言亂黔首，收四百六十餘人，坑之咸陽，以威壓人心。此學術界之一大浩劫也。

遣使求神仙及不死之藥

始皇旣內抑民權，外禦匈奴，於是無所顧忌。乃一意求長生不死，以長享此安樂，而方士之術遂興，詭怪之說以起。有謂海中有三神山，名瀛洲蓬萊方丈，藏仙人及不死之藥，因使徐福入海求神仙及不死藥，至是乃折而入於上古鬼神術數之說。

秦代創文字

秦代所改定之新文字，有補於學術之進步亦不少。茲略述如左：

始皇時李斯作蒼頡篇，趙高作爰歷篇，胡毋敬作博學篇，皆取籀氏大篆，稍省其字形，改其字體，所謂小篆是也。而秦時法令嚴峻，獄訟紛紜，文書奏進者日繁。雖以小篆之簡易，猶嫌其複雜而難就。御史程邈創作隸書，以期施諸徒隸，故謂之隸書。自有此隸書，而中國最新之

秦世文藝　音樂　繪畫　雕刻　建築

文字，最簡之字體，乃通行於世：

秦世文藝，亦略有可觀，述之如次。

(一)音樂學　秦時樂法散佚，音樂不傳。上古廟樂存者，惟大韶大武而已。

(二)繪畫學　秦始皇統一天下，西域美術漸次輸入。騫霄國畫家烈裔來吾華，所繪見重一時。且當時大築阿房宮，於繪畫亦多進步，蓋遠過三代。

(三)雕刻學　始皇巡遊天下，刻石頌德，可知石刻已盛行。

(四)建築學　始皇所築之長城，爲世界最大建築物之一。又作阿房宮於渭南，極其壯麗，東西五百步，南北五十丈，上可坐萬人，下可建五丈旗。並建離宮於天下，凡七百所，皆窮極侈麗。又大治馳道，屢巡天下，其建築之盛可知。

文具

(五)造文具　舜時之筆，製法不可考，然其粗陋不適用無疑。至秦之蒙恬，始改良之，以柘木爲管，鹿毛爲柱，羊毛爲被，制法較前爲精美，而寫字遂便利，文化益易於傳播矣。

秦時社會狀態

秦之政體，既主專制。不特學術受其影響，卽社會情狀，亦爲所支配。

一、秦政內以伸張君權爲主，箝制言論，故士氣衰弱。

二、秦政外以發揚國威爲主，兵戈不息，故民俗剽悍。

三、秦以農爲本業，以商爲末利，故商業不興。

秦代速亡之原因

秦自井田廢後，田地爲人民之私產，得以自由買賣。於是富者連阡累陌，貧者至無立錐。且始皇舍地稅人，其徵稅仍依井田之意，其苛暴無理如是。恆產既無，而國家又屢興徭役，加以嚴刑暴斂，困則思亂，鋌而走險，秦故二世而亡。

第二章　西漢之文治武功及王莽之改制

漢高祖之政策

秦亡而漢興，漢高祖以一泗上亭長，起兵破秦滅楚，五載而成帝業，實開匹夫受命之局。惟其起自匹夫，自危愈甚，不得不謀所以萬世久遠之策，於是行左之政策：

行封建

(一)行封建　高帝承項氏分封之後，鑒秦之孤立而亡，且其初欲賴諸豪傑之力，以取天下，故不惜高爵厚祿，以博其效死。迨天下既定，又懼其逼己，旋卽芟夷鋤滅之，極其殘忍，而封同姓子弟於要地，以屏藩王室，所以防異姓而遏亂萌也。郡縣之天下，又兼用封建之制度矣。

定制度

(二)定制度　高帝之政尙專制，與秦世固無不同，故其制一本於秦惟於秦制亦多所變更，茲略述如左：

朝儀　官制　稅制

1. 朝儀　諸侯羣臣，概起自匹夫，嘗與帝共艱苦，未嫻君臣之禮，帝寖厭之。於是博士叔孫通勸帝起朝儀，長樂宮成，諸侯羣臣朝賀，謁者治禮，引諸侯王以下，以次奉賀，莫不振恐肅敬。禮畢，置法酒，御史執法，舉不如儀者輒引去，莫敢喧嘩失禮者。由是君日尊，而臣日卑矣。

2. 官制　仍秦之舊，而稍改革之。丞相改名爲大司徒，有左右之分，太尉或置或省，御史大夫改名爲大司空，是爲三公。又有比公者，大將軍驃騎將軍是也。外官有京兆尹，爲京師地方行政之官。都尉爲列郡典兵之官，州牧爲各州行政最高之官，太守爲列郡行政之官，縣令長爲各縣行政之官。

3. 稅制　自秦廢井田，貧富懸殊。漢察人民疾苦，特詔減稅率爲十五分之一，後又減爲三十分之一。於是佃作者多，地主亦頗受益。

4. 兵制　漢初兵制，取其彼此相制。京師有南北軍，地方之兵，有車騎，材官，樓船。其調兵之法，則民年二十三，至六十五爲正卒。赴京師爲南北軍一年，預爲郡國兵一年，乃歸田里，以待調發。

5. 刑制　高祖入關，與父老約法三章，殺人者死，傷人及盜抵罪，餘悉除去。乃一時權宜之計，不可以行之久遠。天下大定，即命蕭何次律令九章，即就三章擴充之也。其刑名，有腰斬，棄市，腐刑，髡，鉗，笞，箠等。其所定者，亦皆雜秦制。

6. 學制選擧　天下粗定，未遑庠序之教，其公卿多起自武夫。其後取士漸廣，由郡國擧者居多。其目有三，曰賢良方正，孝廉秀才，博士弟子。惟擧貢必以人口爲差，其法頗爲畫一。

高祖所行之政策，無非以鞏固帝基，擴張君權爲目的。其於學術文藝，尚未能有以發展，故無可稱述。高帝而後，惠帝享年不永，文帝尚黃老之學，景帝重名法之治，皆不用儒術，文化未能發達。其能發揚吾華族之民性，而發揮吾華族之文化者，其惟孝武帝乎？

武帝之功業 武帝雄才大略，發揚國威，開拓疆土，其時版圖之大，視高惠文景之朝，幾增一倍。且使張騫通西域，闢滇黔，荒遠僻陋之地，皆被中國文化。其武功之大，不可勝言。

武帝之政治 武帝不特以武功著，其所行政治，亦多有使後世不能出其範圍者，列敘如左：

一、帝卽位紀年曰建元，帝王之有年號自此始。

二、詔舉賢良方正直言極諫之士，上親策問以古今治道，擢董仲舒爲天下第一，臨軒策士自此始。

三、從董仲舒言，表章六經，罷黜百家，崇尚儒術自此始。

四、帝以頻年用兵，國用不足，詔令民得買爵及贖禁錮免贓罪。置賞官，名曰武功爵，級十七，直三十餘萬金，賣官自此始。

五、吏通一經以上者，詔皆選舉以補右職，以儒術爲利祿之途自此始。

六、李少君以祠竈卻老方見帝，帝從之，天子親祠竈自此始。

七、女巫楚服等，教陳皇后祠祭厭勝，挾婦人媚道，事覺，陳皇后廢居長門宮，巫蠱自此始。廢后自此始。

八、太初元年五月，造漢太初曆，以正月爲歲首，色尚黃，數用五，後世以正月爲歲首，色尚黃，自此始。

九、元封元年春正月乙卯，封泰山，丙辰禪泰山下阯東北肅然山，封禪自此始。

觀武帝所行事，無不與後世有關係。其尙儒術，好文學，尤有關於文化。

武帝好神仙

武帝功浮於過，其生平失德最大者，則好神仙求長生是已。武帝以好神仙故，方士巫覡之屬，聚居京師，以幻術遊公卿間，卒釀巫蠱之禍。自此迄東漢，方士術數之說不衰。

宣帝之政教

武帝晚年，賦斂繁重，盜賊蠭起，天下已有紛亂之象。竟不致蹈亡秦之覆轍者，宣帝之功也。宣帝之政策，在課吏重農恤刑三者。故當時民安而豐，號稱中興治世。其時循吏之多，爲三代下之最。且其講求經學，尤有功於文教。

成帝時校讐古籍

成帝求天下遺書，詔劉向校經傳諸子詩賦，任宏校兵書，尹咸校數術，李柱國校方技。每一書成，劉向條其篇目，撮其指意錄奏。向歿，哀帝使其子歆繼父業。歆總羣書，而著七略，王莽之亂，書籍燒失，學術又爲之不振。

王莽以外戚而行篡竊，自居周孔，事輒效古。舉凡官制田賦貨幣，及其他一切制度，概以周禮爲師。不察時勢之所宜，而泥古强行之，周禮適以亂天下也。玆述其變更之最著者如左：

(一)改封爵官制　漢之諸王皆降公，後皆奪其爵爲民。倣虞周之制，更定官爵，置四輔三公四將，悉封王氏子弟以侯伯子男。

(二)復井田　當時貧富之懸隔殆甚，莽用周初井田之制。收天下之田爲王田，一夫不得過一井，以嚴法行之，於是天下騷然。

(三)制貨幣　改鑄大小二錢，並用漢之舊錢，於是商業紛擾。

(四)增租稅　設六筦之法，凡鹽鐵銅冶酤酒賒貨，及採取名山大澤之物，皆課租稅，於是百貨沸騰。

以上所舉，大都不便於民，且與古意多所背謬。其餘所行政治，類

王莽泥古改制

改封爵官制

復井田

制貨幣

增租稅

制度紛更

皆朝行暮改，無一定宗旨，一郡至五易名，而復還其故，吏民不能記，每下詔書，輒繫其故名。以是吏緣爲姦，民受其毒，莽之制度紛更如此，宜其亡之速也。

第三章　東漢之政術及其各種勢力

光武實爲創業

東漢諸帝，惟光武開國之政術最著。光武名爲漢之宗室，實起自布衣，在漢爲中興，在光武則爲創業。光武之崛起閭閻，有似高祖，而即位之後，政教修明，治績茂美，則遠過之。茲舉其政術之奏效當時，影響後世者，如次：

保全功臣

（一）保全功臣　昔高祖以殘酷險鷙之手段，菹醢功臣，光武反之，以用柔道。百戰之功臣，皆以列侯就第，終得保其令名。至王命之出納，籌機之敷陳，皆專任於三公。故光武之世，無功臣跋扈

休兵息民　崇尚儒術　獎勵名節

之禍，亦無誅戮功臣之慘，皆所以善全之也。

(二)休兵息民　帝在兵間久，厭武事，且知天下疲耗，思樂息肩。自隴蜀平後，非警急未嘗言軍旅。勤約之風，行於天下。故內外匪懈，百姓安息，循吏之多，不減漢宣之時，皆帝啟之也。

(三)崇尚儒術　帝即位之初，首起太學，修明禮樂，立五經博士，各以其家法教授。晚年起辟雍明堂靈臺，以宏學術，封孔子後，以明聖德。又設小學，以教授貴戚之子弟，一時世家貴冑，皆循循恭謹，不敢踰越法度。進用臣工，恆取其重厚而質直者。東京二百年間，清介之士，所以前後相望者，帝之崇儒重道，有以啟之也。

(四)獎勵名節　王莽時，士吏諂諛成風。光武力獎名節，徵處士周黨嚴光至京師，黨光皆不屈，帝皆以優禮處之，各聽其志。時有

改制度
官制
稅制
兵制
刑制

王霸逢萌者，亦被徵不至，誠足以廉頑立懦，扶植風化，宜當時多循吏，而末世多節義之士也。

(五)改制度　王莽篡位，事事紛更，無非病民之政。光武中興，改從漢舊，使大漢文物，光復舊觀，誠盛事也。舉其大要如左：

1. 官制　卽位後，卽幷省官職，費減億計。以太傅太尉司徒爲三公，而殺其權，因王莽爲三公而篡也。事歸尚書臺，下置太常光祿衞尉太僕廷尉鴻臚宗正司農少府爲九卿，外官則與前漢同。

2. 稅制　詔改田租十一之制，爲三十稅一，視前漢爲寬大矣。

3. 兵制　光武重文事，不尚武功，其兵制無損益。南北軍如故，惟罷郡國都尉，無都試之法。

4. 刑制　一依前漢之舊，帝務爲安靜，屢下省刑薄罰之詔。

學制選舉

5. 學制選舉　光武偃武修文，卽位後，卽修太學，尊儒重道。東京公府辟召，最爲儒者之榮。其郡國之常貢，則孝廉及賢良方正科盛行。

光武信讖緯

光武固爲中興令主，然其生平事蹟，不免爲盛德之累者，獨信讖一事耳。讖者起於哀平之際，附會天文五行之說，以預定後事。王莽甚崇信之，天下希其意旨，爭僞造讖文，稱爲符命，以助成篡逆。光武卽位，儒生首奉赤伏符，帝信之，殆過於莽。官人行政，多以符命決疑。及平天下，封禪泰山，宣布讖書於國中，令學者讀之。自此讖緯之學，遂與儒學並行。

道教之起源

漢世道教之興，卽成於方士神仙之說。時張道陵講長生術，入蜀之鶴鳴山，著道德經二十四篇，因倡道教。至東漢之末，其支流餘裔，乃爲張角之徒。漢之亂亡，實肇於此。

光武以後，承平之治，厥推明章二帝。明帝重儒術，章帝除苛政，皆可為後世法。

自光武至孝章，凡六十餘年，海內無事，紀綱大張，國勢之威隆揚於內外，實為東漢極盛之時代。在此時代中，不特中國文化發達，即印度文化，亦於此時傳入，佛教是也。

佛教輸入中國

秦漢以前，中國無佛教。佛教東漸之始，實在漢明帝時。帝夢見金人長大，頂有白光，飛行殿庭，以問羣臣，傅毅以佛對。其事雖涉怪誕，然夢由神經之印象而生，殆明帝已習聞金人之名，遂因感想而幻成夢境，亦未可知也。帝因傅毅之言，乃遣蔡愔等，使天竺求佛法，及釋迦之像，與沙門迦葉摩騰竺法蘭二人同歸。歸時以白馬馱經，因建白馬寺於洛陽雍門，使二僧譯經於寺中。迦葉摩騰譯經四十二章，竺法蘭又譯十住經，是為設立佛寺翻譯佛經之始。

東漢時代之各種勢

明帝以降，社會之思想界糅雜，無純一之趨勢。漢室由是紛擾，而

力

文化亦因以衰頹，其最大之原動力如左：

佛教

（一）佛教之勢力　自明帝時輸入佛教，因果輪迴之念，漸印入人民腦中。

鬼神術數

（二）鬼神術數之勢力　自光武信讖緯，方士之說不息。至桓靈時，政治腐敗，不逞之徒，假符呪之術，以收拾人心。於是無告之民羣趨之，而大亂以起。有張角者，以符水呪說療病，十餘年間，衆徒數十萬。訛言蒼天已死，黃天當立，著黃巾起事，此爲人民藉宗教作亂之始。

外戚

（三）外戚之勢力　外戚專政，由母后臨朝，母后既臨朝，不得不引用其兄弟，而外戚專政之局起。前漢之亡，亡於外戚也。後漢和帝以後，六代之間，亦爲外戚專政時代。至桓帝時，梁氏之勢燄尤甚。

宦官　黨人　州牧

（四）宦官之勢力　宦官爲中國之奴隸制，迄漢高祖受命，循而不改。宏恭石顯爲患於宣元之間，然尚未如東漢時之盛也。東漢明章以降，鄭衆開弄權之始。李閏江京，烜赫一時。孫程等十九人，則皆封列侯。甚至乳母亦預政權，尤覺黯無法紀。卒之外戚爲所誅除，太學諸生被其禁錮，君主槪幼弱，更聽其玩弄，而無所顧忌。及董卓入京，宦官之禍雖除，而漢亦亡矣。

（五）黨人之勢力　桓靈之間，主荒政謬，國命委於閹寺之手，士子羞與爲伍。於是匹夫抗憤，處士橫議，一倡百和。太學諸生得社會之信仰，遂有三君八顧八及八廚之稱。究之時艱未補，而禁網先羅，遂成黨錮之禍。

（六）州牧之勢力　漢末，天下大亂，議者以爲由於刺史威輕。乃改刺史爲牧伯，以列卿尚書爲之，於是州郡之權始重。

漢末社會上政治上之結果

因以上種種勢力，使治平之天下，一變而為混濁之時代。致使社會上政治上受莫大之挫折，其結果如左：

一、一般人民皆抱厭世思想。雖如諸葛武侯之才智，其初伏處南陽，亦謂『苟全性命於亂世，不求聞達於諸侯』，其他概可知矣。

二、時勢紛擾，桀驁者乘機而起。如袁紹董卓曹操袁術輩，皆肆其陰毒險鷙之手段，以圖篡竊。

秦火後圖書之厄

卒之天下大亂，生靈塗炭，及董卓遷都，（劫獻帝都長安）吏民擾亂，圖書縑帛，盡為武人所取，甚至以為帷囊。王允收圖書西行，裝載重滯，道路艱難，不得已而捨其半，此秦火後圖書之厄也。

第四章　兩漢三國之學術思想及其社會生活狀態

自秦以來，歷代文化遞嬗之迹，可得而尋。如經學文學史學哲學醫學，皆後人所依爲準則者也。茲更分述如左：

(一)經學　自秦始皇焚書坑儒，學者詮伏，載籍蕩然。至漢惠帝卽位，除挾書之禁，遺經漸出，經學遂有復興之望。迨武帝表章六經，置五經博士，廣弟子員，各有專經，設科射策，勸以官祿，於是經學勃興。宣帝詔諸儒講五經同異於石渠閣，蕭望之等平奏其職，上親稱制臨決焉。

光武中興，立五經博士員凡十有四，各以其家法教授。章帝建初中，大會諸儒於白虎觀，考詳同異，帝親臨稱制，如石渠故事，庶幾斌斌者矣。

綜漢代經學，名家輩出。惟諸儒多重口授，聲訓相異。就經學總計之，凡三種，卽註疏學，訓詁學，校讎學是也。

因其解說文字，各本師承，各守家法。同一經而有諸家之學，列

詩經　書經　禮記　易經

舉如左。

1. 詩經　漢初言詩者凡四家，魯有申培公，齊有轅固生，燕有韓嬰，趙有毛萇，各傳其徒，於是有魯詩齊詩韓詩毛詩之別。

2. 書經　自秦火後，伏勝口授尚書，是爲今文尚書。後魯恭王壞孔子壁，得蝌蚪文尚書，是爲古文尚書。自是有今文古文之別。有歐陽氏之學，有大小夏侯氏之學，（勝爲大夏侯　建爲小夏侯）三氏之學，共立學官，後亡於西晉之亂。傳古文之學者，賈逵馬融鄭玄，其學至西晉之亂亦亡。

3. 禮記　秦政焚書，禮經缺壞。漢興，魯高唐生傳其學。景帝時，河間獻王得古禮獻之，凡二百四十篇。其後慶氏禮大戴禮小戴禮，先後立博士。

4. 易經　漢興，言易者凡六家，施讎孟喜梁邱賀京房之學，頒之學官。費直高相之學，行之民間。

5. 春秋 孔子筆削之後，有公羊高穀梁赤左邱明三家，各爲傳以釋經。漢興，武帝立公羊於學官，宣帝立穀梁，光武立左氏。東漢以降，惟左氏之傳最盛行。

諸經傳授，集其大成者，則推鄭玄，蓋諸經多爲鄭玄所註也。玄馬融之門人，深通諸經，嘗註解周禮儀禮禮記及詩書等，又孔安國尚書何晏論語王輔嗣易服虔杜預左傳之解釋，均稱最善。

(二)文學 秦世不尙文學，文章至漢始盛。漢代文章之盛，肇於武帝之時。前乎此者，賈山之至言，賈誼之治安策過秦論，皆一洗戰國囂張之習，開西京風氣之先。而董仲舒之天人三策，路溫舒之尙德緩刑書，樊準之勸興儒學疏，劉向之極諫外家封事，皆有功當世之作。揚雄班固馬融蔡邕孔融等，亦皆各樹一幟，負一代制作之才。至三國時，諸葛武侯前後出師表，誠足與伊訓說命諸篇相表裏。洎建安七子出，而文氣漸靡弱，皆恣肆少雄渾。若夫吳賀邱之諫孫皓書，韋曜之博奕論，由散入駢，此又六朝浮薄之弊所由滋也。

詩之最者爲五言，始於蘇李之贈答，謂之蘇李體。七言始於漢武帝柏梁臺聯句，謂之柏梁體。在上古之時，凡詩歌皆譜之於雅樂。至高祖時，唐山夫人作房中詞，是爲風之變。其後鼓吹曲用於朝會，橫吹曲用於軍中，是爲雅之變。而司馬相如等所定十九章之歌，以正月上辛用事，又爲頌之變。詩與樂府於是分矣。東漢以降，詩譽之最著者，則有曹植陳琳王粲阮瑀應瑒劉楨徐幹等，雖爲建安七子，要皆不及孔北海之高古。

西漢以降，司馬相如枚皐東方朔揚雄班固馬融等，皆以工賦名。

史學　史記　漢書

或設主客以引首，或極聲貌以窮文，斯又別於詩矣。

(二)史學　史學最著者，為前漢之史記，後漢之漢書。分述如左：

1.史記　武帝時，司馬談官太史，嘗合左傳國語戰國策諸書作史記，未成而卒。其子遷繼父志，而卒成之。自黃帝以迄漢武帝，上下數千年，通古為書，別為五類，曰本紀，曰表，曰書，曰世家，曰列傳，記傳體所自昉也。蓋此體格為司馬氏所創設，後世稱正史者，均無不標準於茲。劉向稱其『善敘事理，具有良史才』，司馬氏於史學，可謂大勳勞矣。且其文辭矯健，才華縱橫，於文學上亦大增價值。

2.漢書　光武中興，班彪作史記後傳六十五篇，業未盡而卒。子固繼之，自高帝至王莽十有二世，為漢書百卷。和帝初固坐竇憲事，卒於獄，帝詔其妹昭與馬融等續成之。故天文志古今人物表貨殖傳等，多與本書不類。然贍而不穢，詳而有體，誠一代之大著作也。世以馬班或遷固並稱，豈不宜哉。

哲學

（四）哲學　漢有天下，與民休息，文景以後，國力充裕。於是上下娛樂，獨立之思想缺乏，降而傾向迷信，老莊之說乃大行。至武帝內興土木，外事戰爭，國家社會，多所改革，老莊之學大挫，而孔孟之教義代興。

武帝卽位之年，先詔舉賢良方正直言極諫之士，董仲舒對策，以起大學，擯異說，養士尊儒爲言。丞相衞綰奏請，亦以申韓張蘇之學，悉罷之。於是罷斥百家，表章孔孟，置易詩書禮春秋之五經博士弟子員。吏通一藝以上者，卽得補左職。皆所以獎勵儒術也。

自此以尊儒爲統治之良策，王莽之篡漢也，先法周公。光武之中興也，首建明堂。迄於漢末，大學諸生，尙能本其所學，演劇烈之政變。

天文學

醫學

洎乎佛教輸入，中國思想界，遂生一大變動矣。

漢代學術，固極發達，其科學藝術亦與之俱進，舉其著者如左：

(一)天文學　漢時研究曆學之士漸衆，前漢有唐都李尋。後漢有蘇柏郎雅光，均以通天文名。又張衡製候風動地儀，武帝時之洛下閎，能造渾天儀，以考曆度。蔡邕譙周，亦各有撰著之書，故天文學之進步甚多。

(二)醫學　西漢有淳于意，擅方術，司馬遷史記詳載之。東漢有張機，通黃帝內經扁鵲難經，及神農本草之旨。而張機所著之傷寒諸病論，及金匱玉函經等書，爲中國醫家之祖。三國時，醫家以華陀爲首。陀之治疾，若遇針藥所不能及者，先令以酒服痲沸散，猶今之服痲醉藥也。既醉，無所覺，因刳剖腹背，抽割積聚，若在腸胃，則斷裂煎洗，除去污穢，既而縫合，傅以神膏，猶今之用手術解剖也。既治，四五日而愈，一月而復平，是蓋醫之神者。

音樂學

(三)音樂學　漢高祖時，叔孫通制宗廟之樂。武帝時，特立樂府，以李延年爲協律都尉，舉司馬相如等論律旨，調八音，作歌十九章。張騫自西域還，得胡樂，延年從之作新聲二十八解。後漢明帝時，又分大予樂周頌雅樂黃門鼓吹樂短簫鐃歌樂等，亦可見斯學之盛矣。

圖畫學

(四)圖畫學　前漢歷代諸帝皆好畫。漢宣帝畫功臣十一人於麒麟閣，元帝時名家輩出，而以毛延壽爲最著。後漢畫學猶盛，光武畫功臣二十八人於雲臺。明帝雅好丹青，設畫官，圖名將。且因佛教傳入，佛教畫亦大興。其後名家相繼而起，如張衡蔡邕劉褒趙岐，皆傳頌至今不朽也。漢代武梁石室，及孝堂山石室之畫，今日猶存，於當時畫體，可見一斑。

（五）書法　漢有古文奇字篆書蟲鳥六書，王莽頗改古文，今已不可考。東漢時，最多石刻。靈帝時，詔諸儒正五經文字，使後學取正，此以之寫經者也。楷書創於上谷太守王次仲，蓋與隸法相似者。行書創於潁川劉德昇，草書之體，秦已有而未通行。元帝時黃門令史游作急就章，以草書書之，後漢張伯英改爲一筆草。又有飛白體者，變楷書爲之，輕微而不滿，蔡邕最工此書，亦字學中之一變也。自此一變，而眞草隸篆四體備矣。三國時，以字學名者有劉表，爲書家之祖。然惜其遺跡絕無存者，鍾繇胡昭同受其書，昭得其肥，繇得其瘦，然繇傳名千古，而昭少傳者，貴瘦勁也。

（六）建築學　漢武帝時，大營宮觀，其樓臺有高四十丈者。仙掌露盤，嵯峨雄峻，此亦建築學發達之徵也。

兩漢社會之生活民風，亦多受政治之影響，而有特殊之現象。茲分述如左：

農民生活

（一）農民生活　井田廢後，漢初貧人無立錐之地。自政府迭減稅率，武帝又創代田法，並作田器，民始用牛耕，農民用力少，而後耕地多，農業遂漸發達。

商民生活

（二）商民生活　漢初以商業爲末利，嘗禁賈人不得衣絲乘馬，不得任官。至武帝時，榷酤，課鹽鐵，算車船，算緡錢，設均輸法，與民爭利，而商民益困。後漢又用桓譚言，下重農抑商令，商民生氣索然矣。然國外交通，則遠過前代。前漢張騫旣通西域，所過小國，皆遣子弟入貢。後漢班超，復以三十六人使鄯善，降服五十餘國。更使其部將甘英使大秦，（羅馬）抵條支，（阿剌伯）臨大海（波斯灣）而還，遂與羅馬間接交通。羅馬久慕吾國之絲，至比之於黃金，稱吾國曰瑟里加，Serica 產絲國之謂也。每從安息（波斯）輸入中國之絲，惟以安息遮道，未能直達中國。其後更破安息，取波斯灣地，其王安敦彪士，Andonius Pius 遣使經印度洋，自安南以通於漢，時東漢桓帝之世也。他若光武帝時，馬援征服交趾，又開與後印度交通之路。漢之國外交通，可謂盛矣。

（三）工業製造　漢之工業，亦頗進步。其發明如琵琶渾天儀地動儀等，皆前代所無。而尤有利於文化者，則蔡倫造紙是也。東漢以前，寫字者多用帛，或用竹簡，而簡重帛貴，均不甚便。故蔡倫別創新意，用樹皮麻頭及敝布等，以造爲紙，學者便之，遂名之曰蔡侯紙，以示不忘也。至三國時，魏馬鈞作翻車及桶，以利灌溉。蜀漢諸葛武侯作連弩矢，及木牛流馬，以利戰爭。是中國機械學進步之徵也。

(四)民風　戰國之世，士氣甚盛。西漢承其後，餘風未泯。游俠者以武犯禁，反抗專制，故時扞當世之網，而君主每深惡之。景武二帝所以摧殘游俠者，遷徙殺戮，無所不至，卒致朱家劇孟郭解而後，俠客之風，泯絕無聞。自武帝表章六經，儒學雖盛，而大義晦矣。故新莽居攝，頌德獻符者，遍於天下。光武中興，尊崇氣節，敦勵名實，所舉者莫非經明行修之人，而風俗為之一變。逸民一傳，高風清德，卓邁百世。至其末世，朝政濁亂，國事日非，而當時名士，及大學諸生，依仁蹈義，捨命不渝，道德高尚，風俗淳美，蓋無有尙於此時。桓靈無道，黨獄迭興，正士既盡，漢祚亦傾。自曹操得政，知節義之士，必不肯附合其奸謀，乃收召有才無行之徒，華歆董昭輩，皆平步而致青雲。其時節義之士，碩果僅存者，惟一孔融，遂誣以罪，而加以赤族之誅。於是士氣銷沈，不可復振矣。

第五章　兩晉南北朝之種族戰爭及其政治概況

晉承三國分裂之後，內而元氣未復，復遭八王之禍。外而異族侵入，繼釀五胡之亂。卒之南北分裂，百餘年後，始能統一。此時代種族與宗教，皆極複雜，兩者相爲表裏，遂使文化摧殘，實爲文化最衰落之時代也。

西晉衰亂亡之原因

晉世統一不過數十年，卽行覆滅，其致亂之由，皆肇於武帝之時。武帝初政，頗勵精圖治。及統一後，日事聲色，耽於遊宴，而國事遂不可問矣。綜其一生行事，兆後世亂亡之禍者，蓋有數端：

（一）行封建　武帝卽位之初，懲魏氏獨立之弊，乃大封宗室，授以職任。又詔諸王，皆得自選國中長吏。當時諸王遍於天下，無不擁强兵，據廣土，與西漢之初無異。其或入居端揆，外作岳牧，則漢初猶不及此，其矯魏之弊，可謂過深矣。迨帝崩而八王亂作，骨肉相殘，亙十六年之久。卒召外寇以殺同胞，五胡之亂，所由起也。

（二）去州郡兵　平吳後，悉去州郡兵，大郡置武吏百人，小郡置五十人。交州陶璜上言，州兵未宜約損，以示單虛。僕射山濤亦言不宜去州郡武備，帝皆不聽。而諸王則大國三軍，兵五千，次國二軍，兵三千，小國一軍，兵千五百，兵勢反强於畿內。故倫冏輩，得藉以稱亂。東渡後，調兵不出三吳，大發不過三萬，每議出討，多取奴兵烏合之衆，何足言整軍而經武耶？

清談之由來

封建行而內亂生，州兵去而國力弱，亂亡之禍烏得免？此皆物質上之原因也。至其精神上之委靡，及士大夫之尙清談，尤足以致亂。考清談之習，實起於魏何晏王弼之徒。至西晉時，士大夫清談之風益盛。如王澄阮籍阮咸王衍樂廣輩，皆沿習之。降至東晉南朝，其風未改。自上及下，皆放達任情，故樸實厚重之人甚鮮，無復有一人憂國事者。惠帝時，立學官之制，欲矯其弊，然王澄阮咸輩，任放成性，雖樂廣有名教中自有樂地之語，而其性沖約清遠，絕無補於學風。

五胡亂華之由來

政府之政策，既自取亂亡，士夫之習尙，復忘情國事。至惠帝時，而五胡乘機以起，外族之勢力，乃瀰漫於中國，茲一述其源委。

戰國之末，諸戎懾中國之武力，皆逸出塞外。漢初種族繁衍，漸爲內地患。及武帝通西域，以斷匈奴左臂，其勢復衰。至宣帝時，呼韓邪單于遂內降。東漢之初，南匈奴亦歸漢，當時降者，皆遷之內地，委以候望。趙充國擊西羌，徙之於金城郡。（甘肅蘭州）光武以南匈奴數萬衆，徙居西河美稷，（山西汾陽）後轉至五原。（漢屬幷州今吳喇忒西北）故東漢之季，匈奴種族，皆至山西塞內，與漢人雜居。歷久滋甚，益難控御。曹操憂其強大，分左右中南北，以殺其勢，亦無裨於事。晉初匈奴餘衆，相率歸化，武帝皆居之塞內。其他諸族之與漢人雜居者日益衆，曰羯，匈奴之別種也。曰鮮卑，東胡之苗裔也。曰氐，曰羌，皆西戎種也。故郭欽上徙戎之疏，江統著徙戎之論，時皆不用。惠帝時，五胡種族，紛紛興起，其最兇暴者，匈奴與羯也。自匈奴內犯，懷愍蒙塵，而中原無尺寸乾淨土，直至隋文統一，乃告肅清，故由晉以迄隋初，實漢族中衰，而異族強盛之日也。

東晉衰亂之由

懷愍被虜後，元帝卽位建康，史稱之曰東晉。偏安江左百餘年，君主旣多昏幼，臣工又皆驕恣，門第之積習未除，老莊之餘波未息。故雖

列國大勢

有山濤王導卞壼溫嶠陶侃祖逖謝安謝玄等，糾正時俗，亦莫奏其功。

是時五胡之亂，有十六國，又屬於漢族者五國，共二十一國。其初最强者爲後趙，前秦繼之，版圖尤廣，幾一北方。自前秦瓦解，北方分裂，較前益甚。至後魏崛起，乃復統一。自有史以來，中原之紛擾，無有甚於此者。然捨短取長，前秦較爲可取。

王猛治秦

前秦至苻堅而始强，堅博學多藝，交結英豪，有經濟才。得漢人王猛，比之如孔明，言聽計從。猛性剛明清肅，氣度宏遠。當國後，勸農桑，練軍旅，恤困窮，立學校，旌節義，繼絕世，官當其才，刑當其罰，由是國富兵强，戰無不克，秦國大治。然猛卒未幾，而堅亦敗亡矣。

南北朝之大勢

晉滅於宋，十六國滅於魏，乃成南北朝分裂之勢。南朝宋，齊，梁，陳，仍屬偏安之局。士大夫惟以詩文相尙，委靡不振。北朝爲後魏，本胡族，政治風俗，雖與南朝異，而實有同化之趨勢焉。

後魏政俗之興革

後魏爲跖跋氏，出自鮮卑，本無文化可言。及其久居中國也，亦漸慕華風。觀元魏太武帝，旣定都邑，（都平城今山西大同）立太學，置五經博士，徵盧元高允，儒術大興。至孝文帝，文教益興，稱爲北朝第一令主。帝時古禮修明，百廢俱舉。復嫌本俗之陋，謀變易之，乃用王肅謀，行左之政策。

（一）以平城地寒，風沙常起，乃用武之地，非可文治。託爲南征，移都洛陽，所以吸收中原文化也。

（二）禁胡服胡語，令人民易漢服，學漢語，所以變風俗也。

（三）爲諸弟娶中州名族女，而以前妻爲妾媵，獎勵國民與漢人通婚，所以和種族也。

（四）自以系出黃帝，以土德王，因下詔，言土者黃中之色，萬物之元也。宜改姓元氏，其改從漢姓。則又所以消除胡漢之意見，而破其畛域也。

凡此皆傾向中國之文明，而欲使其同化也。然強健武勇之風，漸次消滅，隱兆他日之衰弱焉。

第六章　兩晉南北朝之制度學術思想及其社會生活狀態

兩晉南北朝時，制度典章亦屢有變更。大抵晉代制度，多仿自曹魏，而曹魏又仿自漢世，至南北朝又視晉稍有損益，分述如下：

(一)官制

晉京官有八公，三省，九卿，八公位最尊。然不僅爲優禮大臣之虛號，或係他官兼職。三省則皆秦漢中官之職，而晉則爲樞要之官，尙書省有尙書令，掌庶政。中書省有中書監令，掌詔敕。門下省有侍中侍郎，掌侍從擯相等事。九卿之制，與漢無大差異。

南朝大率沿晉制，惟於三省之外，建祕書集書二省，其他則略有損益耳。北朝官制改革甚多，後魏初別設各省，孝文帝時，有王肅者，來至南朝，始改效南朝官制。又後魏分爲東西，其制亦有異同。蓋東魏多沿後魏之制，西魏自宇文泰執政，從蘇綽言，仿效成周，設六官，分掌諸政，至北周亦從其制。

至地方官制，晉初郡國並置，略與漢同，沿至南北朝無甚變更。

田制

(二)田制　晉初因兩漢之民，貧富懸殊，設均田法，有井田遺意。因男女老幼之別，各授以田，其後亂離相繼，民戶耗減，田多曠廢。南朝田制不詳，北朝後魏孝文好儒，更從李安世言，行均田之法。北齊北周，稍有差異。

兵制

(三)兵制　晉平吳後，州郡兵備大弛，以致盜賊之起，無以守禦，遂釀大亂。其後州郡長吏，外募民兵以自衛，於是兵柄旁落，而州郡之勢轉重，亦非善制也。

北朝後魏孝文置宿衞十五萬，以固京師根本。後至武夫凶悍，劫戮大臣，朝廷不能制，魏政遂衰。西魏宇文泰於國內設百府，以持節都督統領之，頗合古代寓兵於民之意，是爲隋唐府兵之基。

(四)刑制　晉初作刑律，删前代苛虐之刑，亦刑法上之一進步也。魏初刑制頗酷，至北齊北周，除重罪外，皆可論贖。惟齊律有十惡之名，爲後世所沿用。

(五)學校選舉　西晉置太學國子學，凡學生數千人。劉石亂起，遂致流散，古代書籍亦多煨燼。東晉雖設學舍，置諸博士，及殷浩當國，以時方用兵，罷遣生徒，學校竟廢。南朝以宋重玄學，梁重佛教，學校皆無成績。北朝後魏孝文，力效華風，學校特盛。至於選舉制度，晉仿魏制，置州郡中正，以九品取人，南北朝亦有行之者。

觀是時之制度，紛更已極，政治不良，學術難望其發達矣。比而較之，文學經學，差勝其餘。茲略述如左：

(一)文學　文學自漢魏後所流行者皆詞賦，而又日趨於華美。故歷兩晉南北朝，文章皆尙排偶，諧聲韻，文辭絢爛，斐然動人，後世稱之爲六朝文。然文章雖發達，而祇競才華，不關義理，故不切於實用。惟當時詩歌則高華典雅，富於風神，而於五言爲最妙。至排律於茲實開其端。若阮籍嵇康張華潘岳陸機陸雲左思郭璞等，均屬作手，其後陶淵明，作詩獨尙沖淡淵雅，故其志操，著於劉宋之世。

南北朝之詩文學，北遜於南，南朝詞章日趨華美，其最著者，宋則有顏延之謝靈運鮑照，齊則有謝朓王融孔稚圭，梁則有沈約任昉江淹范雲。朓爲宣城太守，吟咏最盛。稚圭北山移文，無語不新，有字必雋，六朝文章之眞面目，盡在此矣。徐陵庾信行輩較後，皆以駢儷稱，而徐不如庾。若梁昭明之文選，實創總集之體，劉勰之文心雕龍，實創論文之體，鍾嶸之詩品。實創詩話之體，徐陵之玉臺新詠實創詩選之體，皆至今不廢。惟江左文風，本以浮豔著，陵夷至於陳後主，以江孔爲狎客，益流於淫靡，而南朝之局以終。

北朝如魏之邢巒溫子昇，齊之祖鴻勳邢邵顏之推，亦一時之矯矯者。同時王暉素稱子昇爲陵顏轢謝，含任吐沈，亦北人自誇之言。而邵與之齊名，時謂之溫邢。魏收雖天才駿發，而年事則在二人之後。子昇死後，方稱邢魏，之推家訓，稍有實用。然史稱其好飲狂縱，不修邊幅，則亦一行不踐言者耳。

至於詩學，在梁以前，詩歌平仄皆通用。至沈約爲四聲之學，而詩之限制始嚴，律絕之體。由是而生，詩之分類，由是而繁矣。

（二）經學　晉初漢魏遺儒，通經者甚衆。最著者爲杜預。備成一家之學。至東晉則各置博士，如王弼之易，孔安國之古文尙書，鄭玄之尙書毛詩周官禮記論語孝經，服虔杜預之左傳，皆傳於世。惜自劉石亂後，經籍散失，漢時經學宗派，遂多失傳。六朝諸儒，地分南北，所以章句好尙不同。北朝經學，視南朝爲盛。後魏時，習經學者，大郡千餘人，小郡猶百數十人。徐遵明爲經學大家，通諸經，最精三禮。嘗講學山東，出其門下者。多以經學得名。如李鉉盧裕等，皆負重名。南朝專門經學家不多，而通經學者，亦不乏人。如王儉皇侃等，皆卓然可稱，然較之北方，究有不逮。

書法

畫學

是時藝術尤爲發達，後之書畫家，皆不出其範圍。

(一)書法　晉時以書得名者，有衞瓘索靖，俱善草書。衞瓘得張伯英之筋，索靖得張伯英之肉，汝陰太守李矩妻衞夫人，最善隸書，王羲之嘗師之。羲之與鍾繇齊名，其書稱古今第一。篆隸眞草行及飛白諸體，無不精妙，故能總百家之能，兼衆體之妙。其諸子俱工書，而以獻之爲最。

南北朝時，書法亦頗進步。大抵南人長於書帖，北人長於書碑。北人筆意主方，近人謂之魏碑。南人筆意主圓渾，近人謂之六朝體，各有異趣。就中顏之推得二王之祕，因以書法擅名南北。

(二)畫學　晉主中國，紛爭幾無寧日。及南渡後，文化及於江南。且世尚華采，美術尤其所長。其時山水畫，日趨發達，以顧愷之爲最。衞協亦精繪事，稱爲佛畫之鼻祖。

南北文化各異，畫學亦自有別。南朝富風流縕藉之趣，北朝有雄大奔放之風。南朝著者，有陸探微，張僧繇。北朝有曹仲達楊子華。

(三)音樂　自五胡亂華，樂器與律均失，古樂乃不可復矣。惟阮咸作月琴，宋識作拍板，流傳至今，亦樂器中之一助也。

南北朝思想界之趨向，各有特點，卽南朝尚佛學，北朝尚道教是也。

(一)佛教　佛教自東漢而後，勢力日盛，而西僧之東來者亦日衆。晉惠帝時之衞道安，後趙時之佛圖澄，後秦時之鳩摩羅什，皆一時名僧，頗得中國人之信仰。至南朝則更盛焉。宋時迦濕彌羅僧求那跋摩來，立戒壇，爲僧尼受戒，是爲中國有戒壇之始。蕭齊惠文太子與竟陵王子良，並好釋氏，時瓦官寺有玉像，可謂盛矣。

。而梁武帝，則信佛之尤著者也。帝三捨身於同泰寺，以求福利，持齋念佛，宗廟去牲，皆以麪代之。惟帝雖信佛，而未得其道，徒襲其名耳。時印度僧菩提達摩，自海路來廣州，帝召至宮中，與言佛理，達摩知帝不能領其宏旨，乃往居於魏嵩山少林寺以修禪，是爲中國禪宗之第一祖。至陳有眞諦三藏寺，崇信益盛。

（二）道教　道教自漢張道陵首倡。東晉時，葛洪著書，推明其理，其說漸盛。至北魏時，則直以道教爲國教，其流毒深入人心矣。太武帝時，有寇謙之者，隱於嵩山，修道術，自言遇神人，授以圖籙眞經，詣闕上之，崔浩力贊其說，勸帝招致其弟子四十餘人，起天師道場，因廢佛教。及謙之卒，韋文秀由嵩山被召，亦受禮遇。自後諸帝咸如之，道教與佛教，由是並行於中國。

此二種思潮何以生，一言以蔽之曰，厭世觀念也。大抵生於亂離之後，動極思靜，偷生苟安之現象耳。

兩晉南北朝，爲吾國文化最衰落之時代。而社會生活狀態，亦大受其影響。茲就其生業及民風，分述如左：

農業

(一)農業　西晉歷年未久，且自永嘉以後，南北爭峙，兵無寧日，民不聊生。而農業較能維持者，以政府知所注重故也。其農政如左：

水利

1.水利　水利一事，爲當時所特重。如晉時沛縣苦澇，燉煌苦旱，因其地官吏講求水利，故收穫皆豐。

均田

2.均田　兩晉南北朝，皆行均田制。後周且立均田司，以掌田里之政。

勸農

3.勸農　後漢時，有司以每歲春月親蒞郊野，巡視農民之勤惰，督民互相爲助。必令地無遺利，人無游手而止。

屯田
農書
工業
宮室
寺塔
鍛鍊

4\. 屯田　後魏於緣邊之地，堪以開墾者，皆營屯田，設子使以統督之。(每一子使領田五十頃)。歲終，考其收入，以爲褒貶。

5\. 農書　後魏高陽太守賈思勰撰齊民要術。

(二)工業　工業亦以天下離亂之故，民力疲敝，不安其業，概無足觀。其公家之建築，私家之製造，稍著者如左：

1\. 宮室　晉建景福聽政諸殿，而最奇者，爲梁州牧張駿所起之謙光殿。殿之四面，各起一殿，窮極珍巧。至如宋之玉燭殿，齊之芳樂殿，玉壽殿，陳之臨春，結綺，望仙三閣，皆極壯麗。

2\. 寺塔　統南北朝寺塔，不下數萬。其最著者，惟宋之一柱觀，北魏之永寧寺，及寺之九級浮圖。

3\. 鍛鍊　晉之嵇康向秀，皆善鍛鍊，北齊綦母懷文，造宿鐵刀尤有名。

製造

4. 製造　晉杜元凱作連機水碓，以利農事。北魏太武時，有月氏國商人到京師，鑄石爲五色琉璃。

商業

（三）商業　自五胡亂華以來，中原概入戰事漩渦，人民不安其居，土著者少，大都舍農而務商。其國內國外貿易皆盛，惜幣制變更無定耳。

國內貿易

1. 國內貿易　晉自武帝開國，至於南朝諸帝，皆事奢靡，臣民化之，故商人得挾貲蘊積，以營其利。淮水之北，大市百餘所，小市十餘所。政府設官課稅，貿易不可謂不盛也。北朝自孝文遷都洛陽，商業之進化，亦奔軼絕塵。

國外貿易

2. 國外貿易　晉時之日南交州，南北朝之交趾永昌，皆時有中西貿易之跡。晉書稱倭人（日本）大宛康居大秦等國，皆來貢獻，可知其中外貿易之盛矣。

3. 幣制　西晉用魏錢，東晉用吳錢，概少更創。至南朝時，則屢有鑄造，且質皆輕薄，私鑄尤多。嶺南諸州，尚有用鹽米布者，北朝概用五銖錢，冀州以北，尚用絹布。

兩晉南北朝之更迭頻仍，民風各自不同，分述如左：

(一)晉之民風　晉世風俗浮靡，其弊有三。

1. 流品混淆　士大夫不講廉恥，其病自魏武獎偏短之士，求見笑之行開之。

2. 門第界限過嚴　晉初州郡中正，以九品取人，惟計門閥官資。且士庶不通婚，其實士庶亦無他長，惟雍容令僕，裙屐相高而已。

3. 海內崇尚清談　憂國之士，不可多覯。若陶侃之甓，祖逖之楫，蓋僅見矣。

南朝之民風

(二)南朝之民風　南朝承東晉餘習，亦尙清談、重門第，而門第之見尤甚。宋齊而下，冑姓多綺靡成風，不顧名節。且其時盛行葬術，以是著名者，有孔恭高靈文等，風水迷信之說，由此啟矣。

北朝之民風

(三)北朝之民風　北朝風俗質樸，士多耐勤習勞，人民又習勇武，兼勤農業。惟魏孝文篤慕華風，其後漸與漢人同化，獨於早婚之俗，未能革除耳。

第七章　隋代統一後之事功

自晉懷帝以來，五胡雲擾，垂三百年。迨楊氏起，而車書復歸一統。困苦憔悴之百姓，至是乃能稍息。

文帝之政教

隋文帝既一天下，勵精圖治，愛養百姓，勸課農桑，輕傜薄賦，其自奉養，務爲儉素，天下化之。故開皇仁壽之間，衣食滋殖，倉庫盈溢。惜乎晚年猜忌，不悅詩書，惟以文法自矜，學術未能振興也。

煬帝承天下昇平之後，慨然慕秦皇漢武之故事。內則大興土木，外則屢勤遠略。文化事業，亦多發展。雖其時有民窮財困之象，其功亦有不可沒者。

煬帝之功業

（一）定制度

定制度

（一）定制度　隋制名雖定於文帝時，實則至煬帝時，多所變更。其制度或依漢魏，或仿北周，組織至爲完善。

官制

1.官制　除六官之制，一依魏晉之舊外，變後魏九品之制，而曰正曰從。分十八階，截然而不可紊，遂爲後世所沿用。外官則刺史分三等，縣令分九等，其上又有總管，卽都督諸州軍事之改名也。

稅制

2.稅制　多本於後周，文帝在位，屢次減輕。民年十八以上爲丁，從課役。六十爲老，乃免役。田租輸粟，桑土調絹絲，痲土

兵制　刑制

調布。煬帝在位，猶以戶口繁富，府庫充盈，除婦人及奴婢之課。後以征伐巡遊，帑藏不給，稅乃增重。

3. 兵制　兵制以府兵爲最善。其制區爲平時，臨時二種。其平時之兵，京師則掌於十二衞，地方統於刺史都尉。其臨時之兵，有左右十二軍等名。唐之兵制，卽就此而改進者也。

4. 刑制　文帝定刑律十二篇，煬帝卽位增十八篇。五刑之內，降從輕典者，二百餘。綜其刑名，分五等，大概如左：

隋刑制表

律名	名例　衞禁　職制　戶婚 廐庫　擅興　賊盜　鬭訟 詐僞　雜律　捕亡　斷獄
罪	謀反　謀大逆　謀叛　惡逆 不道　大不敬　不孝　不睦

名
不義　內亂

刑名				
笞	杖	徒	流	死
自一至五十	自六十至一百	自一年至三年	自二千里至三千里	斬絞

5. 學制　文帝既平寰宇，令自京邑，達乎四方，皆啓黌校。齊魯趙魏學者尤多，負笈從師，不遠千里。及晚年，不悅儒術，專尙刑名，遂廢太學及州縣學，僅留國子學生七十人，改爲太學。煬帝卽位，復開庠序，國子郡縣之學，盛於開皇之初，徵辟儒生，遠近畢至。

6. 選舉　隋制中惟選舉之制未能完善。且使後世承其弊，而莫能

設進士科

賤工商

興學術

禁讖緯

改革。其缺點有二：

1. 設進士科　自魏晉以來。九品中正之制，叢弊為甚。煬帝始建進士科，士得投牒自進，而鄉舉里選之法，遂不復行。

2. 賤工商　開皇七年。制諸州歲貢三人，工商不得入仕。由是工商不得與齊民齒，宜工商之不能發達也。

(二)興學術　煬帝在位，不特政制卓著，即其時學術，亦有足稱者。即位後，學校宏開，英髦畢集，劉焯劉炫號為通儒。焯於九章周髀推步日月之道，量度山海之術，靡不窮究。炫於詩書論語春秋孝經，亦均注說。又王通者，亦隋人也。門人私諡曰文中子，曾著文中子一書。自晉宋以後，聚徒講學，自王通始。

(三)禁讖緯　讖緯之說，起自周末，盛於兩漢。魏晉南朝，雖代有闕禁，卒未能絕其根株。至隋煬帝即位，乃發使四出，遍搜海內

鑿運河
拓疆土

圖讖燒之，是則大有裨於文化者也。

（四）鑿運河　帝聞江淮之地，繁華甲於天下，欲巡幸之。而建都長安，與江淮間乏通舟大河，交通頗不便。故爲南遊計，須鑿運河。乃發丁百萬，開通濟渠。又發民十萬，開邗溝。尋又更發河北諸軍百餘萬，開永濟渠。後又穿江南河。計自天津，達杭州，長凡二千二百餘里。此外所至鑿河，令舟行自兩京直達江南。中國南北風氣，賴以調和。

（五）拓疆土　帝遣人引致西域諸胡商，啗之以利，勸令入朝，厚賞賜之，以示中國豐饒。於是西域諸胡，相率來朝者，四十餘國。又南服林邑，西擊吐谷渾，東征琉球朝鮮。於是隋之疆域，東南皆至海，西至且末，北至五原，東西九千三百里，南北萬四千八百里，聲威赫赫，四表震驚，是以文化能遠播也。

築長城

（六）築長城　秦代長城，僅自臨洮至遼東。其西北兩邊，則未之有也。至煬帝，欲耀威於突厥，乃增築之。大業三年，發丁百餘萬築長城，西踰榆林，東至紫河，由今河套歸化城南。四年發丁六十餘萬築長城，自榆林而東。五年發丁五萬，於朔方靈武築長城，東至黃河，西至綏州，南至勃出嶺。（在今綏德北界）煬帝之豐功偉烈，實不在始皇下也。

惜帝遇事驕奢，大兵大役，二者並興，天下苦驛騷，息肩無日，大亂以起，而國亡於唐。

第八章　唐代之文治武功及其各種勢力

隋興不滿四十年，天下復分裂，至唐興乃能統一，且能致天下於太平。高祖之世，國事粗定，百廢未興，文化發達，當自太宗始。

太宗功業卓絕之故
勤約
用賢

太宗之功業，所以卓絕千古者，一由勤約，一由用賢，一由興學。

（一）勤約 太宗天資英敏，才兼文武，且力戒驕侈。即位之初，命縱禁苑鷹犬，罷四方貢獻，出宮女三千人，後又復出三千人。帝尤留心民事，詔五命以上，各舉堪爲縣令者以聞。又使李靖巡察長吏賢不肖，及民疾苦。又寬刑罰，嘗親錄繫囚，縱使還家，約其至期就死，後如期皆至，無一人逃者，可見其德化之深。

（二）用賢 帝即位，用房玄齡，杜如晦爲左右僕射。玄齡善謀，如晦善斷，史稱房謀杜斷。臺閣規模，一代典章。皆出二人之手。二人忘身殉國，同心輔帝，知無不爲。終唐之世，稱賢相者，必首推房杜焉。又以魏徵爲諫議大夫，徵狀貌不逾中人，而膽智無敵。與文皇討論政事，往復應對，凡數十萬言，匡過弼違，能近取譬，皆前代諫臣所不敢言者。

興學

（三）興學　帝爲秦王時，以杜如晦，房玄齡，虞世南，褚亮，姚思廉，李元通，蔡元恭，薛元敬，顏相時，蘇勖，于志寧，蘇世長，薛收，李守素，陸德明，孔穎達，蓋文達，許敬宗，爲文學館學士。分爲三番，更日直宿。太宗暇日，輒至館中，討論文籍，或至夜分。使閻立本圖像，褚亮爲贊，號爲十八學士，士大夫得預其選者，時人謂之登瀛洲。既卽位，置弘文殿，聚四部書，二十餘萬卷。置弘文館於其側，選天下文學之士，與講論前言往行，及商榷政事。又於東宮置崇文館，增創學舍，增置生員。其時國學之內，生徒亦衆，多至八千餘人，爲從古所未有。

唐之武功

當是時，海內昇平，人民各安其居，至於外戶不閉，路不拾遺，故貞觀之治，比美三代。唐初武功，亦非秦漢所能及。太宗高宗之時，西定突厥，北服鐵勒，南討南越，開拓版圖，爲亙古所罕有。政令所及，東自朝鮮滿洲，北並內外蒙古，西自天山南北兩路，包中亞細亞，至後印度諸國，亦多爲唐之屏藩。因置六都護府以統之，列表如左：

名稱	所屬	所治地	管轄區域
單于都護府	關內道	山西大同西北之雲中城	內蒙古
安西都護府	隴右道	天山南路之焉耆	天山北路及中亞細亞
北庭都護府	隴右道	天山北路之庭州	天山北路
安東都護府	河北道	初治朝鮮之平壤後移遼河旁之遼東	滿洲朝鮮
安南都護府	嶺南道	嶺南之交州	南海諸國
安北都護府	關內道	初治鬱督軍山南狼山府後移陰山麓之中受降城	外蒙古

太宗高宗兩朝，洵爲唐代極盛之時。凡百典制，亦大都定於此時。

其制度多本於隋，而視隋實爲完備。今述其特異者如左：

（一）中央官制　唐之中央政府，上置三師三公，一如古制。然無實權，實權操之尚書門下中書三省。尚書省掌典領百官，會決衆務，承而行之。其長爲尚書令。其下有吏，戶，禮，兵，刑，工六部，部各有長，爲尚書。門下省掌侍從獻替，規駁非宜，審而覆之，其長爲侍中。中書省掌獻納制册，敷揚宣勞，揆而議之，其長爲中書令。自此制定，三省之名，至宋元不廢。六部之政，迄明清沿用。雖其間不無變更，然大致不出此範圍也。列表如左：

- 三省
  - 尚書省（尚書令）
    - （左僕射）
      - 左丞
        - 吏部（吏部尚書）
        - 戶部（戶部尚書）
        - 禮部（禮部尚書）
    - （右僕射）
      - 右丞
        - 兵部（兵部尚書）
        - 刑部（刑部尚書）
        - 工部（工部尚書）
  - 門下省（侍中）
  - 中書省（中書令）
    - 門下省、中書省：（同中書門下三品）（同中書門下平章事）

（二）府兵之制　初府兵之置也，無事則耕於野，歲時番上宿衞京師而已。若四方有警，則命將帥以出征，事平解散，將歸於朝，士散於野，士不失業，而將帥無握兵之重，所以防微杜漸也。列表於左：

唐代府兵制表

名號	數目	人數	官長
府	一	一八〇〇	折衝都尉一人果毅都尉二人
團	六	三〇〇	校尉一人
隊	三六	五〇	隊正一人
火	一八〇	一〇	火長一人

（三）租庸調之制　租，田稅。調，戶賦。庸，口錢。卽古所謂粟米之征，布縷之征，力役之征也。大抵唐制計畝而稅之，令少，計

戶而稅之，令多，以其時計。依戶口授田，故不必履畝論稅。第逐戶稅之，而田稅自在其中。定天下戶爲九等，於編審尤密，每三年造鄉帳，每一歲造計帳。是唐制以人丁爲本。有田則有租，有身則有庸，有戶則有調，法良意美。版籍瞭然，無騷擾隱匿之弊。

內外學制

（四）內外學制　唐始受命，卽詔有司，立孔子廟於國學。其學校之名，京師有國子學，太學，四門小學，專門學校有律學，書學，算學。其京尹府縣，亦皆有學。又有崇文宏文兩館，爲宗室功臣子弟所學。他如元武，屯營，飛騎，亦設博士授之經。無何，新羅，高昌，百濟，吐蕃，高麗，日本，並遣子弟入學，凡八千餘人。國學之盛，古所未有。

登庸人才之法

（五）登庸人才之法　太宗時，立宏文館，並興州縣諸學，以養成人物，故登進悉皆才俊。後又開禮部試，四方策名委贄之士，不遠千里，翔集京師。唐世宗尚儒學，內自京師，外至州縣，有司常選之士，以時舉行。而天子又自詔德行才能文學之士，或高蹈幽隱，不能自達，以至軍謀將略，翹關拔山，絕藝奇技，莫不兼取，謂之制科。其爲名，隨一時人主所欲。而尤秀異者，則博學鴻詞，賢良方正是已。此外則天子巡狩行幸，輒集四方之俊秀於行在而試之。

(六)刑制　唐之刑律，爲後世所宗法，所謂唐律是也。其刑書凡四，曰律，令，格，式。其用刑有五，一依隋舊。並設十惡之目，若犯罪，先付平議，可宥者宥之，所謂法外施仁者也。太宗時，且除鞭背刖足等刑，其決死刑之日，減膳撤樂以矜之，不失愼刑之意。

唐代之國外交通

太宗高宗兩朝之制作，已如上述，茲更述其國外交通，以明大唐文化遠播之情況。

日本

（一）日本輸入中國文化　日本人之留學於中國，始於隋，而盛於唐，與遣使互相關係；當時留學之日人，大概分爲兩途，一爲習儒學，稱曰學生。一爲習佛學，稱曰學僧。其來學則隨所遣之使同來，歸國則隨所遣之使同歸，或隨鄰國之使以歸。其時學生中著名者，如惠濟，普光，福因等。學僧中之著名者，如道昭，最澄，空海等是也。其歷朝皆置遣唐使，出聘之車，冠蓋相望。由是日本之學術風俗，無一不取法於大唐，禮儀文物，居然大備。

西藏

（二）西藏輸入中國文化　唐之吐蕃，卽今之西藏也。土地高曠，山谷阻深，未嘗與中國通。太宗時，棄宗弄贊普君其國，太宗征服之，妻以文成公主，贊普大喜。自是慕中國服飾禮儀之美，自襲華風，遣諸豪子弟，入唐國學，習詩疏，又請儒者典章疏，華夏文明，因以西被。

（三）陸路交通　東西陸路之交通，起於隋，而盛於唐。唐初征服東西突厥，於是闢天山南北，葱嶺東西孔道，橫絕中亞細亞，唐境乃得與波斯接壤。西域諸胡商之東來者因日多，中國人之商於昭武九姓波斯天竺等地者亦日衆。又吐谷渾吐蕃等國，被唐征服，於是自青海西藏，經尼泊爾，可直達中天竺，唐人與印度之交通，亦由是滋密。

（四）海路交通　唐初征服琉球林邑，印度洋之航路大通。中國估舶益形便利，或由錫蘭，傍西印度，而入波斯灣，或循阿剌伯海岸，而抵紅海灣口之亞丁，時錫蘭爲世界商務之中心。當唐盛時，阿剌伯人之通市於我沿海諸港，若廣州，泉州，杭州者良夥。唐

陸路交通

海路交通

於諸港，例置提舉市舶官，徵收課稅，爲歲入一大利源。

玄宗時之政治

高宗之後，武韋亂政，國事殆不可問，至玄宗而中興。玄宗開元數十年間，亦唐室極盛之時也。究其致此之由，則玄宗勵精圖治，與姚崇宋璟之悉心輔導，有以致之也。

玄宗勵精圖治

(一)玄宗之勵精圖治　帝卽位之後，勵精圖治，其所行善政，不勝枚舉。如出宮人，黜酷吏，汰僧尼，敦骨肉，銷金銀玩器，以供軍國之用，焚珠玉錦繡於殿前，設侍讀官，創麗正書院，幸孔子宅，修常平倉法，起病坊，其時政簡刑清，百姓殷富，故唐代之治，前稱貞觀，後稱開元。

姚崇宋璟

(二)姚崇宋璟之悉心輔導　崇之爲相也，持大體，而不苛細務，尤長於吏事，政先有司，處決略無淹滯，罷冗員，修制度，官人授職，各當其才。三爲宰相，常兼兵部，屯戍斥堠，士馬儲胥之數，無不諳記。由是天子責成於下，而權歸於上矣。璟爲人耿介有大節，風度凝遠，人莫測其涯際。其爲相也，務淸政刑，隨才受任，使百官各稱其職，刑賞無私，犯顏正諫，而不爲赫赫之功。史稱崇善應變，以成天下之務，璟善守經，以持天下之正，道不同，而同歸於治。此姚宋之相業，所以繼房杜而並稱也。

玄宗時之國威

自高宗晚年以來，唐內亂疊起，國威中替，大食吐蕃回紇諸國，屢乘隙擾邊，至是威弧復張，聲教遠被，失地盡復。乃置十節度使，俾總軍旅，顓誅殺，以備邊，凡鎭兵四十九萬人，馬八萬餘匹，於是唐威復振於塞外。

玄宗晚年廢弛

惜帝在位年久，天寶而後，漸肆奢欲，耽宴樂，內則寵楊貴妃及高力士，外則以李林甫爲相，楊國忠判度支，國事置於不問。及安祿山用事，唐室遂一蹶而不可復振。

唐末四大勢力

觀有唐一代之治世，惟太宗可稱完善。高宗以後，國事日非。其尤足以阻害文化之發達者，實有四大勢力。

女禍

(一)女禍　武后驕縱於前，韋后荒淫於後，繼之以太平公主之謀叛，與楊貴妃張良娣之棼亂，唐之女禍，為前代所無。

藩鎮

(二)藩鎮　自高宗以後，邊備廢弛。玄宗為防邊計，於是置節度使於朔方隴右河西等處，以數州為一鎮，故節度使統數州之刺史，盡為其所屬，大者連州十餘，小者猶兼三四。且節度使多兼按察按撫度支使，以掌握土地財賦甲兵之權，自安史發難，方鎮之勢，乃不可制。肅代以後，兵驕則逐帥，帥强則叛上，始則據土，繼則稱王，終以李希烈朱泚之稱帝，而為禍烈矣。

宦官

(三)宦官　唐書稱玄宗時宦官，黃衣以上三千人，衣朱紫者千餘人，其稱旨者，輒拜三品，將軍列戟於門。其在殿供奉，委任華重，持節傳命，光燄赫赫，所至郡縣，奔走獻遺，至以萬計。國家之縱任宦官若此，以故宦官盤據於內，往往變生肘腋，禍起宮禁，所弒之君二，所立之君八。至其末季，不得已假外兵以誅之。迨禍患既去，而國祚亦移。

(四)朋黨　文宗之世，宰相論奏，諠爭不已，是非蠭起，帝不能決。益以廷臣有朋黨之爭，其原始於穆宗時，一為牛僧儒李宗閔，一為李德裕，各率其黨，互相排擠，以爭政權。時或借助宦官，使宦官收漁人之利。自文宗歷武宗至宣宗，垂四十年，黨禍始已，而唐亦垂亡矣。

第九章　唐代之學術思想及其社會生活狀況

中國學術之發達，漢以外當推唐世，各種學術，無不面目一新。自宋元明清，以迄近代，皆受其賜。

文學

唐代詩學

（一）文學　唐初文學，沿魏晉南北朝之舊習，猶用駢體。如楊炯王勃駱賓王盧照鄰，皆工駢體文，稱爲四傑。論其復古之功，斷推獨孤及元結及韓愈。愈從獨孤遊，其所爲文，雄厚雅健，遂起八代之衰。同時柳宗元以雋傑廉悍稱，足與韓抗，張籍李翺皇甫湜，爲韓門之高弟子，亦以能文稱。若陸贄奏議，剴切詳明。一掃浮靡之習。

唐時詩學尤著，有初盛中晚之別，其中以盛唐爲最著。如沈佺期宋之問，皆以能律詩知於上。玄宗時，詩人若李白杜甫，均有獨到之詣，白詩高妙而飄逸，杜詩悲壯而沈鬱。同時若王維岑參韋應物等，亦各能詩，故唐之詩歌極盛。韓愈柳宗元亦能詩，愈詩奧衍，宗元詩溫雅，亦稱大家。同時有李賀者，詩思艱深，於詩學中別樹一幟。稍後有元稹白居易，其詩皆以平易著名。尋又有杜牧李商隱溫庭筠輩，詩名亦不下於元白。最後有韓偓者，其詩獨以香奩體得名，亦晚唐之特出者也。

哲學

(二)哲學　唐承六朝信佛之後，佛教流行全土。其始也勢力微弱，其繼也與儒教頡頏，其終則名僧輩出，佛理精深，且能與儒教調和。由是佛教認儒教之原理，儒教許佛教之儀式，二者遂能一致混和矣。惟佛教表面上雖盛，實際上則甚微弱，論其勢力，僅能促宋代理學勃興之機運耳。

史學

(三)史學　唐代史學，自太宗命房玄齡褚遂良許敬宗等撰晉書，姚思廉魏徵等撰梁陳書，李百藥撰北齊書，令狐德棻岑文本崔師仁陳叔達等撰周書正史，皆奉詔勅編纂，而後正史始完備。至若隋書，則顏師古孔穎達撰傳記，于志寧韋安仁李延壽令狐德棻撰諸志，可稱完善。當時私家撰述，與官修之書並列者，李延壽撰南史與北史，刪繁補缺，過本書遠甚。

當時編纂歷史者雖多，而能具史家之識見者，則以劉知幾所著之史通爲首。又唐世歷朝有實錄，以韓愈所著之順宗實錄爲首。又如吳兢之貞觀政要，裴廷裕之東觀奏記，亦爲史家集錄之書，堪備正史之闕略。惟其間能使數千年來之典章文物制度沿革興亡得失，有所稽考，不致遺忘者，則有杜佑之通典，爲空前絕後之作。

(四)經學　唐初右文興學，命讎正五經訛闕，頒行海內。惟當時學者頗有異同，王肅之學，行於江南，鄭玄之學，盛於河北。唐太宗時，命孔穎達等折衷南北兩派，撰五經正義，由是諸家經學，得所折衷，然士宗一義，經學之進步亦少。

(五)天算　唐時天算大家，前有李淳風，後有僧一行，淳風造麟曆，著法象書七篇，及諸算經，又製渾天儀，頗稱精妙，一行推算周易大衍之數，撰開元大衍曆，及算經，皆馳譽於世。玄宗時，有九執曆出於西域，詔太史監瞿曇悉達譯之。其算皆以字書，不用籌策，卽近日之筆算也。

(六)書法　唐時重考試，故工書之人甚多。若虞世南褚遂良歐陽詢張旭顏眞卿柳公權等，其尤著者也。虞世南有秀逸趣，褚遂良有蕭散風，歐陽詢姸緊，尤善小楷，張旭意態縱橫，最善草書，顏眞卿遒勁秀拔，頗似其人。柳公權出自顏氏，然亦別出新意，自成一家。

(七)繪畫　唐世善畫者甚多，概分南北兩派。李思訓好畫金筆山水，筆格遒勁，爲北派之祖，思訓子道昭，亦以山水名，有吳道玄者，曾於大同殿寫嘉陵江，一日而畢。時思訓亦奉命寫嘉陵江，經數月始畢。玄宗見而歎曰：『思訓數月之功，道子一日之跡，皆極其妙』。同時有王維者，亦工於畫，嘗畫破墨山水，雲峯山色，意態逼眞，是爲南派之祖。

音樂

（八）音樂　唐初開國無暇及於音樂，故猶仍隋之舊。後海內既平，乃命太常寺少卿祖孝孫正雅樂，斟酌南北，參考古音，作大唐雅樂，凡十二和樂，四十八曲，又作七德九功兩舞。玄宗時，分樂部爲坐部立部兩伎，並置左右春坊，教授俗樂，當時教坊有生員二千人，太常樂工至萬餘戶。至宣宗時，太常樂工猶有五千餘人，俗樂一千五百餘人。

醫學

（九）醫學　唐時醫學家最著者，有孫思邈，所著千金方翼一書，有功於醫道甚深。同時有王燾者，著外臺祕要，所言方證符禁甚詳

唐代宗教

回教

景教

。又有甄權者，作脈經鍼方明堂人形圖，皆有功於醫道。陸贄罷職，貶忠州別駕，集古方書五十篇，後世重之。

唐代宗教思想，亦較前代爲複雜，如回，景，祆，摩尼等教，皆於此時輸入中國者也。今並述於左：

(一)回教　隋大業中，回教徒來中國，建懷聖寺於番州，(廣州)是爲回教東來之始。高宗時，阿斯曼Osman始遣使通好於唐，後來者益多，其教盛行於中國。

(二)景教　爲耶教之一派，唐太宗時，波斯人齎其經典來長安。太宗遣房玄齡迎之，留之禁中，使翻譯經典。且命有司於兩京諸州，作波斯寺，度景僧二十一人。高宗更於諸州置寺院，其教由是漸行。玄宗亦頗獎勵之，至天寶四年，改波斯寺爲大秦寺。肅宗更廣建寺院，代宗亦崇奉其教，郭子儀爲之修景寺。至德宗時，長安大秦寺僧景淨，謀立景教流行碑，後沒於土中，至明末碑始出土，得知當時景教流行之狀焉。

祆教

(三)祆教　夙爲波斯國教，大食國興，其教徒輒被苛罰，故多移住東方，於是其教乃流行於葱嶺以東，而入中國。唐高祖武德四年，置祆寺，立祆正等職，可知其教之盛行矣。

摩尼教

(四)摩尼教　唐初似已由波斯傳入，回紇人夙奉是教。中葉以後，常借回紇兵以平亂，故回紇人多移居內地。德宗貞元時，以久旱，曾令祈雨，憲宗元和初，詔從其請，於河南太原府，置摩尼寺，與大秦寺祆寺，並稱三夷寺云。

此等教雖漸流行中國，然勢力尚未發展，在唐代思想界感化力最强者，厥爲佛教及道教．並述於左：

佛教

(一)佛教　唐初對於佛教，不加崇奉，並禁僧尼私度。自名僧玄奘出，於貞觀三年，發中國，取道天山南路中亞細亞，以入印度，經十餘年歸國。當時齎還者，有經典六百五十餘部。太宗嘗留居禁中，從事翻譯。前後共譯七十四部千三百三十八卷。玄奘因爲太宗及高宗所重，由是佛教勢漸盛。高宗咸亨二年，又有義淨三藏者，亦發中國航南海入印度，二十五年始歸國，最爲武后所信。造寺度僧，歲無虛日，因之耗蠹無限。至玄宗時，印度僧善無畏三藏，金剛智三藏，不空三藏，相繼而來。是爲開元之三大士。又慧日三藏遊印度還，爲當時名人所重，故其勢益盛。方是時，每三歲作僧尼籍，由祠部官給度牒，是爲官給度牒之始。至是日盛一日，惟至武宗時，抑佛毀寺，遭一大劫。至宣宗時，復解其禁。然當唐末爭亂，信之者希，其勢漸不振。唐代佛教宗派有八，曰律宗，三論宗，天台宗，賢首宗，慈恩宗，禪宗，密宗，淨土宗，是也。

道教

（二）道教　道教以老子爲宗，老子姓李，唐室亦姓李，唐室因推崇老子，並尊道教。高宗上老子尊號，曰太上玄元皇帝。詔王公以下，皆習道德經，由是道教日盛。凡爲道士者，多免賦役。中宗時，命各州縣作道觀一所。睿宗時，以西城隆昌二公主爲士冠，自是皇女有入道者。玄宗令士民家藏道德經一卷，並設道舉。宰相李林甫等皆捨宅爲觀，以祝聖壽，帝悅。肅代德憲之際，道教之盛，稍遜於佛。後武宗專信道教，斥佛之議行，而道教乃復盛焉。

唐代人民之生活，亦頗充裕。茲一述其實業之概況如左：

農業

（一）農業　有唐開國，農業大有可觀，其善政頗多。

1. 勸農　高宗玄宗皆躬耕籍田，爲天下先。

工業
建築
製造

2.行班田制　凡丁男年十八以上者，皆給田百畝，無甚貧甚富之差。

3.行租庸調法　人民之擔負平均。

(二)工業　唐代工業，亦有進步，其可見者如左：

1.建築　高祖時之披香殿，玄宗時之華淸宮，皆極壯麗。又唐代尊尙道教，西京之太淸宮，東京之太微宮，諸郡建紫極宮，爲前代所罕覯。

2.製造　陶工中以昌南窰，越州窰爲著。木工中之新發明者，有逍遙座，折背樣，百寶案等。染色之最佳者，爲雜花夾纈。繡工之最佳者，爲神絲被。機械亦多發明，如內庫所藏之十二時盤，以及楊思齊所作之傀儡，殷文亮所作之木妓，楊務廉所作之木僧，皆極奇巧。軍器之製造，皆由官造標準，先題工人之

商業　婚姻　奴婢

姓名，然後始許販賣，亦制禮防變之意也。

(三)商業　唐之版圖，旣擴於四方，故國外貿易，較盛於邊境。設互市監，以司理國外貿易。國內貿易則不然，因唐代賤商故也。然利民之政，亦未嘗無之。如都會設市，有上中下三等，以辨別貨物之眞僞，而平均物價之輕重，蓋無損於商，有利於民，商民稱便。

至於唐之民風，則猶有南北朝之遺俗，今綜其大概述之。

(一)徵之婚姻之制　自晉以後，社會婚姻，爭尙門第。太宗詔謂「新官豐富之家，競慕氏族，結爲婚姻，多納貨賄，有如販鬻。或貶其家門，受屈於姻婭。或矜其舊俗，行無禮於舅姑」。此則唐初仍尙氏族之證也。

(二)徵之奴婢之制　唐時區平民爲兩級，其良者曰農工商，其賤者曰雜戶番戶奴婢。代宗時，有罷斥邕府歲貢奴婢之詔。嶺南一隅，又有以人質錢，過期不贖，沒爲奴婢之俗。貴賤之別過嚴，有害於社會之進化甚大。

其他非南北朝之遺俗，而自成風氣，則重科舉，乏節義是也。

(一)重科舉　當時天下人心所注射，不離乎科舉，而科舉又以文詞取士，故開元以後，士無賢不肖，恥不以文章達。

(二)乏節義　以投牒自進之故，多不尙氣節。安史之亂，親貴皆甘心從賊，求如顏常山張睢陽輩，不可一二數也。

重科舉

乏節義

第三編　近古時期之文化

第一章　五代時之黑闇社會

五代名稱之由來

唐室既滅，天下土崩，先後佔中原者，惟梁唐晉漢周，史家稱之爲五代（又稱五季）。是時生靈塗炭，中原糜爛，實中國社會之黑闇時代也。茲就其文化不能振興之原因而略述之。

五代文化不能振興之故

國祚極促

(一)國祚極促　五十六年之間，更易五代八姓十三君。享國久者不過十餘年，甚者三四年而亡。兵戈之禍，無歲無之，其紛擾可知。

武人政治

(二)武人政治　梁之太祖，唐之莊宗，既皆以藩鎮登大位。嗣是若唐明宗，若唐廢帝，若周太祖，若宋太祖，無一不起自藩鎮。其欲圖僭竊而未果者，尚不在此數。他若岐蜀以及割據之十一國，亦均由藩鎮而分離獨立，武人之縱橫，至斯已極。

國土分裂

(三)國土分裂　自唐亡後，羣雄割據，稱帝稱王者，凡十二國。五代建都，惟在汴京洛陽間，範圍頗爲狹隘。梁祗有汴京之地，晉漢則爲契丹所乘，故五代以梁晉爲最小。唐滅燕梁，幷岐蜀，故五代以後唐爲最大。周則恢復河北，幷取江北，小於後唐，而大於晉漢。要之，五代之疆域，實爲藩鎮割據之變相。

因以上種種原因，五十餘年間，兵亂相繼，中外相蹂，學術爲之消歇。其間堪以稱述者，獨唐明宗周世宗兩世而已。

唐明宗

(一)唐明宗　後唐明宗卽位時，年逾六十。用安重海爲政，頗能爲治，盡改莊宗之所爲。平生不好聲色，不事遊畋，故明宗在位，年穀屢豐，兵革罕用，海內粗安，較於五季，麤爲小康。

周世宗

(二)周世宗　周世宗在藩，多務韜略。及卽位，破高平，人服其英武。御軍號令嚴明，人莫敢犯。攻城對敵，矢石落其左右，略不動容。應機決策，出人意表。故能伐契丹，取瀛莫易三州，瓦橋關以南地，悉入周，其武功故稱五季第一。其文治之美，如尙儒術，定制度，制貨幣，行均田法，不特五季所無，亦漢唐所僅見也。

周世宗之人才王朴

世宗時，人才寥落，而碩果僅存者，則王朴。世宗平淮右，全用王朴平邊策。朴之學術，非詹詹小儒所可擬。且朴於陰陽律曆之學，無所不通。嘗推步爲欽天曆，又考正雅樂，十二律互吹，難得其眞。乃以京房爲律，準以九尺之絃，設十三柱，依長短之分寸，七聲用均，樂成而和，後世遵之。蓋通五季而獨步焉。

五代之制度

五季篡竊相尋，更迭頻仍，其制度之紛更，更不堪問。茲舉其弊政之大者如左：

稅制

兵制

刑制

學制選舉

(一)稅制　梁唐晉各有輕重。後漢隱帝時，王章所創之省耗，省陌，尤爲病民之政。因舊制田稅每斛輸二斗，謂之雀鼠耗。乃令更輸二斗，謂之省耗。舊錢出入，皆以八十爲陌。乃令入者八十，出者七十七，謂之省陌。其聚斂甚矣。

(二)兵制　其特殊者，如梁置六軍，晉置天威軍，周募壯士，充殿前護衞。惟晉之天威軍，皆以鄉民充之，教練年餘，竟不可用，遂罷。而無賴之徒，不肯復事農業，遂多聚山林而爲盜賊。

(三)刑制　五季亂世，刑制均極嚴酷，漢與周爲尤甚。本無刑章，動以族誅爲事。當時有腰斬，斷舌，決口，斮筋，折足之刑。不問罪之輕重，理之是非，但云有犯，即處極刑。非法之刑，於茲極矣。

(四)學制選舉　五季之學制，概重斂錢。入學時，須納束脩錢，至

發明印刷術

五代之士氣委靡

馮道

工商無足觀農業亦

及第後，收光學錢，以致生徒品格苟賤。至於選舉，名分三禮，三傳，學究，明經等科。而無學者多營謀入選，其應選之人才可想。

當五代文化中衰之世，而發明一種傳播文明之利器，則印刷術是也。後唐明宗長興三年，宰相馮道請令判國子監田敏校正九經刻板印賣，而監本自此始。歷朝皆仿其故事，自印刷業興，而文化大進。

五季之學術既不振，五季之士氣尤委靡。是時廉恥道喪，古所未有。至於馮道歷事五姓，共十一君，不以亡國爲辱，而惟知保全祿位，實可謂非人類矣。雖然，如梁王彥章，唐裴約，吳劉仁贍，抑何矯矯也。而鄭遨張薦明之超然物外，石昂之不屈於勢利，李自倫之六世同居，其高義亦未可幾及，不可謂非中流之砥柱也。

五季兵無寧日，民不安業，工商概無足觀，農業亦敗壞不堪。當兵

敗壞

連禍結時，民之流離失所者，已不堪設想。而一切軍費，又皆取償於民，於是田賦驟增，而兩浙之農病。牛亦輸租，而湘湖之農病。耕器有稅，而河北之農病。政府橫征暴斂如此，尙望其無惰農乎？

第二章　宋初政治上之興革

太祖用趙普謀

唐末以來，節度使各於藩鎭，有民治財政兵馬三大權。五代時，天子多係其部下兵士所擁立。因而威嚴不重，節度使益輕朝廷，卽租稅亦靳不上輸。節度使之勢力，更賴其部下兵士，故兵士尤跋扈。於是太祖欲一掃宿弊，用宰相趙普謀，採用左列諸策：

削兵權

(一)削兵權　太祖故人有功者，多典禁兵。趙普數以爲言，一日因飲酒酣，從容婉諭之，明日諸將稱疾，乞罷典兵。

用文臣

(二)用文臣　太祖用趙普謀，漸削藩鎭之權。或因其卒，或因遷徙致仕，或因遙領，皆以文臣代之。至太宗以後，節度使遂爲優禮親王，及將相大臣之虛榮，而毫無職權矣。

收政權

(三)收政權　節度使向所轄之州郡，令直隸朝廷，得自奏事，不屬諸藩。朝廷於諸州置通判，凡民政之事，皆統治之，得專達，與長吏均禮，大州或置二員，自是武臣漸失行政之權。

理財政

(四)理財政　五代藩鎮强橫，率令部曲主場務，厚歛以入己，而輸貢有數。太祖命諸州度支經費外，凡金帛悉送汴都，無得占留。每置缺，卽令文臣代主所在場務。凡一路之財政，轉運使掌之，自是武臣失財政之權。

重禁兵

(五)重禁兵　立禁旅更代之制，選諸道兵以入衞，使往來道路，習勤苦，均勞逸，將不得專兵，兵不至驕惰，自是兵士橫暴之弊亦除。

正刑法

（六）正刑法　太祖令自今諸州決大辟，錄案聞奏，付刑部詳復之，不得專決。由是武臣失司法之權。

太祖卽位後，卽令武臣讀書，於是臣庶始貴文學。又增修國子監學舍。又屢幸國子監講學。用和峴所定雅樂，行劉文叟所上通禮，制度典章，彬彬有條理。一代之文物，由此興焉。述其制度如左：

官制

（一）官制　宋世以同平章事爲眞宰相之任，參知政事則副宰相，樞密使則握兵柄，三者皆有宰相之實權。三省長官，尙書門下，並列於外。別置中書於禁中，是謂政事堂，與樞密對掌大政。財政則隸鹽鐵，度支，戶部三司。

稅制

（二）稅制　其類有五，曰公田之賦，田地屬於官，由官招民耕種而收其賦。曰民田之賦，民間私有之田，所納之賦也。曰城郭之賦，如宅稅，地稅之類是也。曰丁口之賦，按人丁口數而收稅也。

曰雜變之賦，如牛革蠶鹽之類是也。

兵制

(三)兵制　其類有四：曰禁兵，天子之衛兵也。曰廂兵，諸州之鎮兵也。曰鄉兵，各地之團防也。曰藩兵，塞下內屬部落之守兵也。

刑制

(四)刑制　因唐律令格式，分笞杖徒流死五等，而隨時損益，大概如左：

笞刑　五等　笞十(臀杖七)　同二十(同七)　同三十(同八)　同四十(同八)　同五十(同十)

杖刑　五等　杖六十(臀杖十三)　同七十(同十五)　同八十(同七十)　同九十(同十八)　同一百(同二十)

徒刑　五等　徒一年(脊杖十三)　同一年半(同十五)　同二年(同十七)　同二年半(同十八)　同三年(同二十)

流刑　三等　流二千里(脊杖十八配役一年)　同二千五百里(脊杖二十配役一年)　同三千里(脊杖二十配役三年)

死刑　二等　絞斬

學制

(五)學制　宋代學校，名目繁多，有國子學，太學，四門學，亦猶

選舉

太宗時之治績

宋代之外

前代。此外又有專門學校，如武學，律學，書畫學，醫學之類是也。

(六)選舉　宋初有進士，九經，五經，開元禮，三史，三禮，三傳，學究，明經，明法等科。皆秋取，冬解禮部，春考試，合格及第者，列名放榜於尚書省。凡長於何種科目，卽應何種科目之考試，其立法固未可厚非也。

太祖崩後，太宗能繼其美。銳意圖治，以范仲淹參知政事，富弼爲樞密使，二人日夜謀興致太平之道。故其時善政頗多，如立按察法，定磨勘法，興學校，行科舉新法，無一不可爲後世法。

第三章　王安石之變政

宋自太祖開國，歷太宗眞宗以至仁宗，外交上不免有示弱之處。太

患

宗敗於遼，眞宗復敗於遼，仁宗亦敗於西夏，雪茲屈辱，實當時一大急務。神宗卽位之初，年少氣銳，天資英邁，目擊時弊，計非改革不可。

王安石之學識

於是大政治家王安石，乃乘時而起。安石議論高奇，果於自用，於仁宗時，知鄞縣，又爲三司度支判官，曾上萬言書，以論治道，後因母喪去職。帝卽位，用爲翰林學士，明年參知政事，遂議行新法。

王安石之新法

舉理財，治軍，河渠，科舉，學校，官制等，一切以新法更張之。茲列舉其所行新政如左：

（甲） 民政及財政

制置三司條例司

（一）制置三司條例司　在總掌鹽鐵，度支，戶部，制置三司條例之職。

青苗法

（二）青苗法　其法自插苗之期，朝廷以資貸民，至秋熟償金，而加息金十之二，以還朝廷。

均輸法
市易法
募役法
農田水利
方田均稅法

(三)均輸法　以上供之物，令發運使得徙貴就賤，因近易遠。預知在京倉庫所當辦者，得以便宜蓄買，而制其有無。輸者既便，而有無得以懋遷。

(四)市易法　以內藏庫錢帛，置市易務於京師。凡貨之可市，及滯於民而不售者，平其價市之。願易官物者聽。如市於官者，以財賦爲抵，責期使償，息以漸增重，外加罰錢，實一種專賣法也。

(五)募役法　變當時最病民之差役制以爲募役制，而令民分等納免役錢，而免其勞役；朝廷別募無職之民，以充其役。

(六)農田水利　分遣諸路常平使，專領農田水利。吏民能知土地種植之法，陂塘圩埠堤堰溝洫之利害者，皆得自言。行之有效，隨功利大小酬賞。其後在位之日，始終汲汲盡瘁於此業。

(七)方田均稅法　東西南北各一千步爲一方，檢其地之肥瘠，分爲

漕運　省兵　置將　保甲

五等，以定稅則。

(八)漕運　累朝建都北部，仰食東南，故漕運實爲國家一大政。熙寧二年，荊公薦薛向爲江淮等路發運使，募客舟與官舟分運，互相檢察，歲漕常數既足，商舟至京師者，達二十六萬餘石云。

(乙)　軍政

(一)省兵　宋以養兵敝國，安石決行省兵策。自熙寧至元豐，歲有裁併甚衆，而增置武衞軍。嚴其訓練之法，不數年皆爲精兵。

(二)置將　安石部分諸路將兵，總隸禁旅，使兵知其將，將練其士。平居知有訓厲，而無番戍之勞，有事而後遣發，此實宋兵制一大改革也。

(三)保甲　採民兵制度之旨，十家爲保，五百家爲都保，都保置正副二人，使其部下保丁，貯弓箭，習武藝，其性質類似地方自治

保馬

軍器監

教育

之警察。

(四)保馬　官給民以馬，使代養之，且獎勵民自養之。俟有緩急時，則償其值而收其用，由是以馬政爲國家大政之一。

(五)軍器監　熙寧五年，乃置軍器監，總內外軍器之政，置判一人。自此發明新式之軍器，不一而足。

(丙)　教育及選舉

(一)教育　熙寧元年，增太學生員。四年行三舍法，初入學爲外舍，外舍升內舍，內舍升上舍，上舍員百，內舍二百，外舍不限員。其後內舍生增三百人，外舍二千人。至諸州府亦皆立學，而學官共五十三人。至熙寧八年，以安石所著三經新義，頒於學官焉。三經者，周官及詩書也。其他有武學，律學，醫學，則分科大學之制，實濫觴於是。

選舉　(二)選舉　熙寧二年，議更貢舉法，乃罷詩賦，明經諸科，以經義論策試進士。

官制　其時官制亦多改革。以宋世多宂官，如臺省監寺等官，無定員，亦無定職，居其官者，率不知其職。至是力矯其弊，立新官制，凡給領空名者，一切罷去。仿唐六典，事無大小，中書取旨，門下審復，尚書施行，三省分班做事，並歸中書，其意在刷新內治也。

新法失敗之故　總之安石之所改革，無不法良意美。然在當時，卒未盡實行，行之而天下舉以爲病者，其故有二：

廷臣守舊　(一)由廷臣守舊　司馬光，蘇軾，韓琦，歐陽修，范純仁等，皆一時人望。獨於安石新法，反對不遺餘力。於是朝野上下皆和之，新法乃不克實行。

用非其人　(二)由用非其人　安石執拗性成，措施過急，乃引用章惇呂惠卿諸人，以圖快意。舉新政大謀，而付之章呂諸人，國事乃不可問。安石新法未能奏功，是固北宋不振之大原因也。而內有朋黨之紛爭，尤爲衰亡之要素。

朋黨之爭

朋黨之起，起於慶曆，成於熙寧，極盛於元祐，結果於崇寧。其始也爲范呂之爭，繼也爲新舊黨之爭，其後有洛蜀朔之爭，其末則邪正之紛爭。其間一起一仆，互爲消長，紛爭未已，而金人南下，宋室遂墟。

第四章　宋代之種族戰爭及國際情形

宋代種族戰爭

宋代國事最重要者，爲種族戰爭。遼强於前，金興於後，西夏則先後其間，邊疆殆無寧歲。茲分述其國情如左：

西夏

（一）西夏　西夏者，党項之後。唐時內附，世居夏州，都興慶（甘肅寧夏）。宋仁宗時，其主李元昊修明號令，以兵法勒諸部。置文武官，自制蕃書以教國人，有雄兵五十萬，擊回紇，盡取河西地，據有十八州，號大皇帝，是爲西夏最盛之時也。其後滅於蒙古。

(二)遼　遼本契丹，東胡之裔，鮮卑之別種也。南北朝時，居東蒙。自石敬瑭賂以燕雲十六州，於是富强，後晉卒爲所滅。及宋興，乃大舉入寇，宋之疆土日蹙矣。考其政治風俗大略如左：

1. 官制　南院治漢人，北院治遼事，宰相樞密，亦分南北，其實所治皆北院之事。官名概襲唐舊。

2. 田制　分公田，閑田，私田。公田爲屯田，不輸租稅。閑田以與餘民應募者，十年始租。私田爲民間田，計畝出粟，以賦公上。沿邊諸州，置私糴倉，許民假貸。

3. 兵制　分宮帳軍，部族軍，京州軍，屬國軍。民在十五歲以上

遼　官制　田制　兵制

，五十以下，皆隸兵籍。惟人馬不給糧草，遣騎四出抄掠，蓋蠻族之習性然也。

學制

4.學制　學校極少，惟上京設國子監，南京設太學而已。行科舉法，以詩賦經義取士。

風俗

至其風俗，部族時代，專事畜牧，狃習勞事。及得漢土，染習漢俗，而純樸之風漓矣。

金

(三)金　遼之東邊有女眞族，世屬於遼。及其酋長阿骨打立，興兵攻遼，大敗之，遂稱帝。以居愛新水上，(北語金爲愛新)國號金，都會寧府，金乃大强。考其政治風俗如左：

官制

1.官制　初頗簡單，官長皆名貝勒。至熙宗，仿宋官制，皆廢舊名。最高者曰尙書省，其下有院，臺，府，司，寺，監，局，署，所等名。惟鎭撫邊民之官，尙沿遼舊。

田制

2.田制 分官田，私田。官田輸租，私田輸稅，稅分秋夏，租依田分爲九等，墓田學田，租稅皆免。

兵制

3.兵制 丁壯皆充役，平時佃獵，有事從征。後分上中下三等，宗室爲上，餘次之，兵柄皆女眞人掌之。其出征也，將士共飲，博採籌策，戰勝則論功行賞，故金初用兵，天下莫强。

學制

4.學制 概採宋制，惟京內外，皆置女眞學。科擧之法，亦同於宋。惟策論進士，多取其國人，而用女眞文字爲文也。

風俗

至其風俗，初本樸素。自廢帝亮遷都於南，乃染華風。浮靡文弱，而國亦衰矣。

高宗南遷

南宋之要事，仍爲種族之競爭。金强於前，元興於後，宋之支持頗苦。高宗卽位之後，由應天（河南商邱）而揚州，由揚州而鎭江，而臨安，（浙江杭州）而明州，（寧波）而溫州，轉徙無常，席不暇暖。車

賢相良將貶竄殆盡

孝宗之志氣

金世宗保存國粹

駕日南，寇氛日熾。後再入臨安，遂定偏安之局。其時宗澤，李綱，趙鼎，張浚，韓世忠，吳玠，吳璘等，賢相良將輩出。尤可貴者，則絕世英豪岳飛是也。飛德備忠孝，才兼文武，通左氏春秋，孫吳兵法。力能挽弓三百斤，弩八石，善左右射。其用兵善以少擊衆，每出戰，敵人呼爲「岳爺爺」而不名，其聲威赫赫如此。惜高宗孌倖秦檜力主和議，未能假以全權。且貶竄諸將殆盡，而精忠報國之岳飛，竟被搆殺。痛飲黃龍，終成虛語，豈不惜哉。

高宗迫於外患，內治不遑。復以科舉取士，罷三舍法，而實用之才不可復得。孝宗嗣位，爲南宋一代令主。聰明英毅，力圖恢復，嘗自習射於宮中以講武。任用張浚知樞密，督江淮，圖河北，而卒無成功者，固由南朝武備之失修，亦緣金世宗在位，主賢國强，無可乘耳。

金世宗在位五載，賢明仁恕，號稱北方小堯舜。以金自遷都後，國人漸忘女眞純實之風，而染漢人柔靡之俗。於是崇尙儉素，宮中之飾，不用黃金，損宮人之歲費，誡宗室以儉約，不忘祖宗之艱難，禁國人譯爲漢姓，及學南方之衣飾，命學士以女眞文字譯經史，建立女眞大學，觀此可知世宗實行國粹主義矣。

是時南北皆有賢主，彼此媾和，罷兵不用者三十餘年。保境安民，未始非生靈之幸福也。

韓侂胄用事

孝宗之後，歷光宗至寧宗，韓侂胄用事，而朝政復亂。目朱熹趙汝愚等爲僞學，使優人峨冠闊袖，象大儒，戲於帝前，乘間言其迂闊不可用。後復置僞學籍，禁用其黨，當時以僞學得罪者，凡五十九人。自是君子道消，小人道長，而學術思想爲之挫折。

理宗崇儒重道

繼寧宗者爲理宗，南宋崇儒重道之君也。卽位後，釋奠孔子，臨視太學，表章濂洛，加周敦頤張載程顥程頤朱熹等之封爵，並令從祀孔子

亡國之臣相繼任用

宋約蒙古滅金而宋亦隨之

宋代之學術思想發達

理學

廟廷，宋代儒學，於是復振。惟任用史嵩之，丁大全，賈似道等亡國之臣，南宋之亡，理宗亦不得辭其咎也。

理宗崩，度宗立，蒙古强於北方，宋不度德，不量力，約蒙古以攻金，金亡，而宋亦隨之。恭帝被虜，端宗崩於嶺南，帝昺崖山之慘，尤前古所未聞。雖有張世傑，陸秀夫，文天祥，諸節義文臣，而大勢已去，不可爲也。

第五章　兩宋之學術思想及其社會生活狀態

有宋一代，一外族侵擾之時代也。然論宋代之學術思想，則大發達。雖不能超過漢唐，以視元明，則遠過之。茲略述其梗概，而以遼金之學術附之：

（一）理學　宋代理學，推濂洛關閩四派爲大宗，卽濂溪周敦頤，洛陽程顥程頤，及關中張載，閩中朱熹是也。而濂洛關閩之前，有戚同文，孫復，胡瑗，實開宋代理學之端。其與敦頤齊名者，有邵雍，與朱子同時者，有陸九淵，亦皆以理學聞於時。茲分述如左：

戚同文

1.戚同文字正素，太宗時人也。講學於睢陽，生徒卽其所居，爲肄業之地。延范仲淹爲大掌教，仲淹嘗言曰，士當先天下之憂而憂，後天下之樂而樂，學者多崇之。

孫復

2.孫復平陽人，爲秀才時甚貧，謁范仲淹，得贈錢一千，因問何爲汲汲道路，孫戚然以母老家貧對，仲淹因爲補學職，授以春秋，月得三千供養。孫篤學，仲淹甚愛之。明年俱解去，後孫講學於泰山下，以春秋教授，道德高邁，學者稱爲泰山先生。

胡瑗

3.胡瑗泰州人，七歲善屬文，十三通五經，卽以聖賢自許。家貧，與孫復同學，攻苦食淡，一坐十年不歸。嗣後教授湖州，立經義治事齋。太宗興太學，詔取其法。尋召爲國子直講，學者爭歸之，至黌舍不能容。禮部所得士，瑗弟子居四五，世稱安定先生。

周敦頤

4. 周敦頤字茂叔，道州(屬湖南永州)營道人。就學於胡瑗，平生胸懷灑落，如光風霽月。後知南康，家廬山蓮花峯下，取營道所居濂溪以名之。學者稱濂溪先生。著太極圖說，明天理之根源，究萬物之始終。又著通書十四卷，以發明太極之蘊，究易理之奧妙，得孔孟之根源，大有功於學者，是爲濂學。

程顥程頤

5. 程顥字伯淳，學者稱明道先生。顥之弟頤，字正叔，學者稱伊川先生。洛陽人，同學於周敦頤。明道嘗自言所學，初泛濫百家，出入釋老者幾十年，返而求諸六經而得之，遂歸宿於孔孟。著定性書，與太極圖說相表裏。其教人循循有序，伊川之學，以誠爲本，動止語默，一以聖人爲師。晚年著易傳及春秋，平時誨人不倦，故出其門者多。如謝良佐，游酢·呂大臨，楊時，皆其弟子，號程門四先生。明道伊川，時稱二程夫子，是爲洛學。

張載

6. 張載字子厚，居關中郿縣東橫渠鎮，學者稱爲橫渠先生。與二程同時，少喜談兵，後屏居南山下，志道精思，謁范仲淹，仲淹勸之讀中庸，猶以爲未足，又訪諸釋老，知無所得，反而求之六經。好學力行，其學尊禮貴德，樂天安命，著正蒙及東西銘，自孟子後，蓋未之見，關中士人多宗之，是爲關學。

朱熹

7. 朱熹字尤晦，一字仲晦，徽州婺源人，少依父友劉子羽寓福建之崇安，後徙建陽之考亭，故又爲閩人。受業於李侗，爲程門三傳弟子。其爲學窮理以致其知，反躬以踐其實，而以居敬爲主。蓋集理學之大成，爲南宋大儒首屈一指者也。著易本義，詩集傳，大學中庸章句或問，論語孟子集註，通鑑綱目，宋名臣言行錄，家禮，伊洛淵源錄等書，學者稱爲考亭先生，是爲閩學。

8. 陸九淵字子靜，撫州金溪人，九齡弟也。讀書象山，學者稱象山先生。與九齡講學，以穎悟爲大宗，號江西二陸。嘗與朱子會於鵝湖，論多不合。蓋朱子以道問學爲宗旨。陸子以尊德性爲宗旨，故朱陸有異同焉。傳其學者有楊簡，袁燮，沈渙，舒璘諸人，象山之學，無所師承，卓然自成一派。

9. 邵雍字堯夫，河南人，諡康節，學者稱康節先生。爲學堅苦刻勵，最深易理。仁聖兩朝，累徵不就，自號安樂先生。就學於

陸九淵

邵雍

北海李之才，受河圖洛書伏羲六十四卦圖象，多所自得。著書曰皇極經世，觀物內外篇，漁樵問答等。

(二)史學　宋代史學，頗有進步，體例分爲三種：

1. 紀傳體若唐書五代史是也。初五代時，晉劉昫修唐書，缺漏處甚多。宋復以曾公亮爲監修官，命宋祁與歐陽修更編修之。又令薛居正撰五代史，歐陽修亦私撰之，故五代史有新舊二史。

2. 編年體以司馬光資治通鑑爲首，事實精確，文章莊嚴。後朱熹亦作通鑑綱目，標準道義。他若李燾之續通鑑長篇，及李心傳之編年要錄，皆爲善本。

3. 紀事本末體始於宋袁樞之通鑑紀事本末。當時仿其體者，若章沖之左傳事類始末，及徐夢莘之三朝北盟會編等，皆是。

其他若馬端臨之文獻通考，鄭樵之通志，王應麟之玉海，於歷史所益匪淺。

遼人之史學

(附)遼金之史學　遼之史家，有劉輝之五代史論，且欲與歐陽修抗衡。耶律孟簡論史筆宜慎，能舉司馬班范以爲戒，固不僅以能明漢文稱也。

金人之史學

金之季也，元好問嘗以史筆自任，曾造構野史亭，采金之君臣遺言往行，裒輯紀錄百餘萬言，元人纂修金史，多本所著，故於三史中，獨稱完善。

北宋之文學

(三)文學　宋初文章，尚沿五代纖麗之習，楊億劉筠輩，作駢體文，頗極典麗，時號楊劉，惟柳開少慕韓柳之文，而開之所作，頗近艱澀。王禹偁文古雅簡淡，其奏疏尤極剴切。穆修文章，溯源韓柳，是三人者，實起五代之衰。修一傳爲尹洙，再傳爲歐陽修，修胚胎史記，而變化於昌黎之文，蔚然爲北宋大宗。同時爲修所獎引者，爲眉山蘇洵與其二子軾轍，及曾鞏，王安石輩。洵之才橫，矯如龍蛇，軾之才大，一瀉千里，純以氣勝。轍渟蓄淵涵，鞏湛深經術，安石勁爽峭直，明茅坤以韓柳歐三蘇曾王爲唐宋八大家，允爲定評。

南宋之文學

南宋文學稍衰，然如李綱奏議，詳密雅健，與漢賈誼唐陸贄均可相匹。又如宗澤胡銓岳飛陳亮文天祥謝枋得等，讀其文均足起衰世之頑懦，勵國民之壯氣。

北宋之詩學

宋初楊劉諸人之詩，專尚縟麗，稱西崑體。自歐陽修與蘇舜欽梅堯臣等起，共排西崑體，而其弊始革。蘇軾王安石亦以詩鳴，蘇軾之徒，有黃庭堅秦觀張耒晁無咎等，皆長於詩。

南宋之詩學

南宋時，尤袤楊萬里范成大陸游等，才氣豪邁，字句老鍊，與北宋蘇黃，並爲大家。

宋代之詞學

遼人之文學

金人之文學

當時工詩者，無不工詞。詞家之有范仲淹歐陽修蘇軾周邦彥辛棄疾姜夔吳文英張炎，猶詩家之有李杜也。

（附）遼金之文學　遼起自松漠，初無文字，漢人教以隸書之半，增損之，作字數千。及韓延徽親任，中國文學，漸以輸入。太宗入汴，取漢唐以來之圖書，北遷於燕雲，而後制度漸以修舉。聖宗之時，務修文治，蕭韓家奴博覽經史，首以對策著，洋洋萬餘言，誠不愧遼之鼂董。王鼎達於政事，當代典誥，多出其手。及其亡也，文學之臣，如左企弓虞仲文等，猶以才學顯。

金初未有文字，太祖得遼人韓昉，遂重文學。太宗伐宋，宋之文人，先後歸之。熙宗而後，文教丕變。其時如王寂之博大疏暢，在大定明昌間，不愧作者。周昂論文，深中肯綮，由其學術純正也。李俊民所作之詩，多幽憂激烈之音，文極沖淡和平，亦復似其爲人

經學
醫學
書法

。元好問古文繩尺嚴密，衆體悉備，詩歌亦勁健有宋人風。

（四）經學　兩漢學者，專務考據訓詁之學，而於聖賢之大義微言，未暇及之。至於宋儒，遂起而研求義理，此亦相因之勢。宋世推濂洛關閩之學，於經義多所發明。同時諸儒崛起者甚衆，如歐陽修司馬光呂公著王安石范鎭呂大防等，雖不專以儒著，然皆深於經術。惟安石爲政，罷春秋科，創爲詩書周禮義頌之學，欲盡廢前說舛矣。

（五）醫學　宋代頗重醫學，學子應科，每入醫科。宋設醫學十科，每月試疑難，以所對優劣加勸懲，三年一次，試諸太醫，惟重陰陽五行之說，是其缺點也。

（六）書法　宋代之工於書者甚多，初太宗喜書法，故一時公卿以下，皆摹仿鍾王。及蔡襄貴，士庶皆學其書。襄書資格甚高，爲宋代第一。若歐陽修蘇軾黃庭堅輩，別成一家風趣。米芾亦以能書稱。

繪畫

（七）繪畫　宋代士夫，多研究性理，故好畫者甚多。李成畫山水山林藪澤，平遠險易，無不逼眞，稱古今第一。又有釋巨然者，亦善山水，與荆關齊名。其後有李公麟米芾等，皆以山水著。徽宗亦善畫花鳥山石人物，均有神妙之稱，故特重之，置畫學以爲提倡。南渡以後，歷代君主，皆流連山水，鍾情雅事，於西湖畔，特設畫院，稱爲院畫。

音樂

（八）音樂　宋初改周崇德之舞，爲文德之舞，象成之舞，爲武功之舞，改樂章十二順爲十二安，蓋取治世之音安以樂之義。高宗時，樂舞未備，十四年始詳定朝會樂，理宗享國最久，亦未遑有所更定。

宋之版圖狹小，外教傳入者甚少。其勢力較盛，而影響於思想界較大者，首推佛教，道教次之，回教則又遠遜焉。分述如次：

佛教

(一)佛教　五代之末，周世宗多廢寺院，禁度僧尼，及宋太祖修廢寺院，造佛像，遣僧行勤等百餘人於印度，又印行大藏經，故佛教之勢更盛。太宗時，於東都立譯經法院，使西僧專譯經論，故翻譯之業亦復盛。眞宗時，已譯之經，有四百十餘卷，其中最有勢力者爲禪宗。若祖印契嵩之徒，皆爲世所知。及神宗哲宗之世，名僧前後輩出。當時縉紳學士，亦喜交僧徒，習禪書，徽宗以後，其勢乃衰。

道教

(二)道教　宋初有華山道士陳摶者，本儒釋道三教，說萬物一體，太宗雖賜號希夷先生，然其教並未專尙。至眞宗時，始加老子尊號，又作玉淸昭應宮，華麗無匹。徽宗最信道教，設道階，置道

回教　農業　墾闢　減稅

官，後復立道士學，置道學博士，又修道史，給道士俸，道教之盛，莫過於此時。至徽宗被虜後，道教遂衰。

(三)回教　宋初喀什噶爾酋長布格拉者，始信回教，其部下多崇奉之。後布格拉征土耳其斯坦，虜回回人種而還，其種人皆信回教。然亦祇行於西域各地，至中國本部尚未見流行也。

宋代外患頻仍，人民之生計頗苦，其實業概無進步。比而較之，則農業稱首，工業次之，商業又次之，茲分述如次：

(一)農業　宋承五季之後，人口增殖，當國者乃注意於農業。

1. 墾闢　太祖詔野無曠土者議賞，太宗設農師以糾勤惰。眞宗仁宗皆獎民耕種閑田。南渡後，亦亟亟立守令墾田殿最格，置力田科，募民耕種兩淮田。惜官吏奉承有名無實耳。

2. 減稅　因王方贄之請，而減田賦，因李允之語而去牛租，因呂夷簡之請，而不稅農桑，優農之仁旣行，而勸農之政，乃可徐施也。

3. 水利　太宗詔河北諸州開水利田，神宗遣使八人，察農田水利，高宗孝宗時，江南各縣修圩岸數百里，是可見當時農業之一斑。

(二)工業　藝祖統一中原，國政日修，工業因以發達。惟南渡後轉徙無常，工業爲之停滯。茲舉其特盛者如左：

1. 建築　宋以開封爲東京，河南爲西京，兩京宮殿寺觀，規模宏備，其尤可貴者，神宗勅撰營造法式一書，我國乃有建築專書。至橋梁建築，亦大進步。如太宗時之延安橋，仁宗時之安濟橋，及閩中之洛陽橋，規制皆極宏壯。

2. 陶工　宋代製造，以陶器爲最。景德窰其尤著者。其餘窰產，

刻絲　印刷　商業

並臻發達。

3. 刻絲　以雜色線綴於綢緞之上，合以成文，望之如雕刻然，今之繡貨，即仿其法。

4. 印刷　活版之術，發明於神宗時，初用固膠作活字，後世更易以木銅鉛之類，而利用愈廣。

(三)商業　宋代疆域狹小，國外貿易無可述，國內貿易之可考者如左：

1. 鹽商　總中國鹽於官，商人得入實錢以易官鹽，官授以劵，就所在地之鹽給之。

2. 茶商　業茶者衆，商人由官給引，始得販茶。

3. 牙儈　唐以來即有之，宋代沿襲。

4. 稅則　宋初於征算之條，頗從寬簡。至王安石行均輸法，市易法，吏緣爲奸，商民乃被擾。南渡後，兵革未息，商稅間有增置。

貨幣

5.貨幣 宋初鑄開通元寶，輕重一準唐之開元通寶。其後屢鑄銅錢鐵錢每改元必更鑄，皆曰元寶。至高宗時始有交鈔。初以其輕便，爲世所喜，逐漸流通。後以濫發之故，其價乃日賤。

宋代之士氣

宋以崇尚儒術，專研理學之效，士氣特盛。故靖康之變，志士投袂，起而勤王，臨難不屈，所在有之。及宋之亡，忠節相望，殉難之臣，倍於前代。惟學校之感化力則甚弱。觀宋末之三舍生，轉以勢利爲務，廉恥盡喪，阿諛諂容，實遺名教之羞。欲求如陳東，以太學生上書，論大臣誤國，并痛陳時事者，幾如鳳毛麟角，不可多覯。

第六章 蒙古人南下與中國政治上之關係

蒙古族之勃興

斡難河克魯倫二流域，及肯特山附近，實蒙古族之根據地也。故屬室韋一部，爲游牧種人，世爲遼金所羈屬。及合不勒爲部長，始有汗號。金人屢伐之，無功，乃與議和。傳至也速該而始强，併合諸部。其子鐵木眞繼起，稱爲成吉斯汗。首滅隣近諸族，繼而伐金，滅夏，最遠則西征至俄羅斯，可謂偉矣。計蒙古人西征，凡三次：

成吉斯汗西征

（一）成吉斯汗西征　成吉斯汗卽位後，統一內外蒙古，轉鋒西向，滅西遼及花剌子模。別遣將西征，至裏海。更沿西岸，踰高加索山而西，侵入俄羅斯。旋又滅西夏。溯成吉斯汗在位二十二年，未嘗一日離戎馬弓矢間，征服者四十餘國，舉內外蒙古，滿洲，中國之北半部，天山南北兩路，中亞細亞，暨歐洲東境，悉隸版圖。

拔都西征

（二）拔都西征　太宗卽位，欲經略西方。以拔都爲總督，速不台爲先鋒，率大軍五十萬，洶湧西進。經中亞細亞，降沿道諸部，蹂躪俄羅斯之南部，陷莫斯科 Moscow 。更驅其餘力以逼內地，一軍向馬扎兒，（今之匈牙利）一軍向孛烈兒，（今波蘭）所至殘殺，聲威大震。會太宗訃音至，元軍乃還，拔都留欽察，建欽察汗國。

旭烈兀西征

（三）旭烈兀西征　憲宗命旭烈兀伐西方亞細亞，滅强暴之木剌奚，進陷八吉打，滅東撒剌遜國，更略敍利亞，於阿母河以西地，（今波斯之地）建伊兒汗國。

蒙古入入中國

蒙古之興也，全用力於西北。世祖卽位，改國號曰元。乃震蕩其餘威，大舉南下，勢如破竹，不數年而滅宋，奄有中原。後征服高麗緬甸交趾占城，及南海諸國。自成吉斯汗迄世祖，凡八十年間。蒙古領土，

元朝之政制

東自朝鮮，西達歐洲，北自貝加爾湖，南及安南，實爲前古未有之大帝

設行省
行封建
伊兒汗國

國。以版圖遼闊，不易統治，乃行左之二策：

(一)設行省　其領土，以中國本部，蒙古，滿洲爲主。以朝鮮，西藏，緬甸，及南方諸國爲屬國。以中國本部爲命脈所在，設行省以爲制馭之策。乃立中書省一，行中書省十有一，曰遼陽，曰河南，曰陝西，曰四川，曰甘肅，曰雲南，曰江浙，曰江西，曰湖廣，曰征東。路一百八十五，府三十一，州三百五十九，軍四，安撫司十五，縣一千一百二十七。除本部外，復建阿母河行省，嶺北行省，開阿力麻里元帥府，制別失八里元帥府，以分鎮藩屬。

(二)行封建　元版圖之廣，前古未聞。而其時宗室諸王，於此大帝國中，各有分地，其間尤大者有四：

1. 伊兒汗國　旭烈兀之子孫，君臨於此。據阿母河以外之西方亞

欽察汗國

察合台汗國

窩闊台汗國

蒙古人對漢人之政策

細亞一帶地，以媽拉固阿爲國都。

2.欽察汗國　在伊兒汗國之北。東自吉利吉思草原，西至歐洲匈牙利國境，舉多腦河下流地，及高加索以北地，悉列其版圖。拔都之子孫，君臨於此，以薩來爲國都。

3 察合台汗國　察合台之子孫，君臨於此。據錫爾河外天山附近一帶，西遼故土。其國都爲阿力痲里。

4.窩闊台汗國　窩闊台汗之子孫，君臨於此。據阿爾泰山附近之乃滿故土，以也迷里附近爲根據地。

蒙古人對藩屬之政策，如上所述。其對漢人也，則存猜忌之心，懼恐不足以制馭，復深謀遠慮，以行左之政策：

(一)急求漢人中之中樞人物，如文天祥，謝枋得等，召至京師，以繫人望。然皆不屈。

（二）宋太后全氏於亡國後至京，世祖之皇后弘吉剌氏，極優遇之。

（三）孔子爲中國歷代尊崇，武宗乃追尊孔子爲大成至聖文宣王。仁宗時，又詔以周敦頤張載邵雍司馬光朱熹張栻呂祖謙許衡等從祀孔子廟廷，以表漢人之同情。

（四）優禮朝臣，增加俸祿，以博其歡心。

元初新政

雖然，蒙古之優禮漢人，非出於誠意也。開國後，亟亟改革制度，以爲制馭之計。世祖卽位，卽召用漢人姚樞許衡劉秉忠，俾與謀議，遂舉行新政如左：

官制

（一）官制　命秉忠與衡酌古今之宜，定內外官制。其總政務者曰中書省，秉兵柄者曰樞密院，司黜陟者曰御史臺。其次內有寺，監衞，府，外則有行省、行臺、宣慰、廉訪司。其牧民者，曰路、府、州、縣，其長則蒙古、色目（諸外族）人爲之，而漢人南人（元分中國人爲二，先滅金，所得者爲漢人，後滅宋，所得之江南人爲南人。）貳焉。是其官人之制，蒙古人最占優勝，色目人次之，漢人又次之，南人最賤。

國書

（二）國書　初蒙人無文字，號令借用漢楷，及輝和爾（高昌書）字，以達其言。世祖乃命國師八思巴製蒙古新字，頒行天下，譯有一切文字。後此凡降璽書，並用新字，蓋欲漸滅中國文字，減少中國人之愛國心也。

賦稅

（三）賦稅　初太祖征西域，倉庫無斗粟尺布之儲，羣臣咸勸以得漢人無用，不如盡殺之，曠其地以爲牧場。獨耶律楚材力諫，勸均定稅則以裕國用。太宗立，始定算賦，中原以戶，西域以丁，蒙古以馬牛羊。及既滅金，括戶定稅，羣臣欲以丁爲戶，楚材復力爭之，始定稅則。至世祖後，中明舊制，大率取民以唐爲法。

（四）學校選舉　初太宗用楚材言，以科舉取士，世祖時，未果行。後置十道提舉學校官，修定鄉會試式而實行之，取士以德行爲先，試藝以經術爲先。其出於學校者，有國子監學，蒙古字學，回回國學，醫學，陰陽學之屬。出於薦舉者，有茂異、求言、進書、童子之屬。出於勳衛者，待以不次。外此復有廕敍、勞績、入粟、工匠、投下吏員等類，考覈銓選之法甚備。然元之用人，偏於國族勳舊貴遊子弟，漢人則備數而已。

（五）兵制　開國時，兵制已見前，世祖時，頗增修之。內立五衛以總宿衛，外有萬戶千戶百戶，立樞密院以總之。既平中原，發民爲卒，是爲漢軍。軍有獨軍戶，正軍戶，貼軍戶之分。又有餘丁軍，匠軍，質子軍，禿魯華諸名目。其繼得宋兵，號新附軍。又有遼東糺軍，契丹，女眞，高麗軍，雲南寸白軍，福建畬軍，皆鄉兵。又以技名者，曰礮軍，弩軍，水手軍。募集者曰答刺罕軍。大率兵數無可考，惟長官一二人知之，故內外兵數之多寡，人無有知之者。

刑法

(六)刑法　初用金律，世祖滅宋，編行法典，名至元新格，仍用笞杖徒流死等。惟其刑罰極峻酷，是亦虐待漢人之一端也。世祖時，連年用兵，國用耗竭，乃利用聚斂之臣，天下爲之困窮。當時收括最盛者，爲阿合馬盧世榮僧格，世所指爲三姦者也。自後諸帝好貨，殆成莫解之錮疾，而漢人苦矣。

元代亂亡之原因

元自世祖建國至順帝，凡十三主，八十八年而亡。元代之興也甚速，其亡也亦甚速。考其最大原因，有八事：(一)種族之見太甚，(二)賦斂繁重，(三)交鈔爲元大患，(四)內亂不絕，(五)政治腐敗，(六)賈魯治河，爲發難之端，(七)喇嘛教徒驕橫，(八)文字隔閡。

因此種種原因，加以饑饉頻年，天下大亂，盜賊蜂起，羣雄割據，明太祖遂以匹夫起事，奠鼎中原，而元遂亡矣。

第七章　蒙古人南下與中國文化上之關係

元代中國文化大受挫折

元有天下幾九十年，一蒙漢雜治之時代也。蒙古人一入中原，幾欲將中國數千年之文化，悉掃除之，輕孔孟而重番僧，用戎索而廢漢德，中國之文化，乃大受挫折。茲將其學術之稍著者，略說如次：

哲學

(一)哲學　有元一代之哲學，大別爲南北兩派。北派以許衡爲大宗，而姚樞竇默諸人輔之。南派以吳澄爲職志，而朝文陳澔諸人佐之。北派篤守程朱遺說，不容有一語之出入。南派則兼師金谿，而調停於兩家之間。以勢之廣狹而論，則洛閩占勝。北派以躬行實踐爲主，不事著述，詞章學則尤避之，若恐浼焉。南派則研究性理之餘，兼留意於經史，故說經之書，南富於北，而餘事爲文，亦斐然具有可觀。

(二)文學　元文極盛於延祐大德之時，而中衰於天曆至元以後。開國之初，元好問以勝國遺民，慨然以收羅文獻爲己任，爲北派之宗。南方文士，大都南宋逸老，感念故國，獨抱遺經，潛心著述，不求聞達，剡溪戴表元，實爲江表耆英之冠。至論有元一代文宗，當推姚燧虞集，明宋濂稱燧之文，春容盛大，有西京風，集極究本原，藹然具慶曆乾淳風氣，楊維文從字順，不得概目爲文妖也。耶律楚材之子鑄，經濟不愧乃父，而文章亦具有父風。吳萊柳貫黃溍係後來之秀，明初文學，實胚胎於此。餘若揭傒斯歐陽玄趙孟頫范亨倪瓚等，亦屬名家。元代於文章外，詩，戲曲，小說均盛。

1. 詩　元代詩學，分南北兩派。北方學者，承遺山一派之傳，其詩以博大昌明爲主。南方則厭宋末江湖之粗獷，四靈之幽僻，於是祧宋尊唐，轉師溫李。虞楊范揭，皆生長南方，而詩派乃翹然自異，道園一集，(虞集集名)尤爲詩人弁冕，其他詩學，靡有及之者。

2. 戲曲　詞學至元中衰，曲學至元而極盛，一時學者文人，寄情寫興，率喜取前代忠臣孝子義夫節婦之遺事，文之以稗官之說，撰爲歌曲，被之管絃，文詞與戲曲，合而爲一矣。當時有南曲北曲之分，南曲以琵琶記爲首，高則誠之所著。北曲以西廂記爲首，王實甫之所作。自元至明，作家如沈靑門陳大聲輩，尤著名工曲。蓋詩降爲詞，詞降爲曲，學術之變遷，由於社會之變化也。

小說

3.小說　元代小說最著者，施耐菴作水滸傳。其爲文結構雄渾，文字巧妙，可稱千古奇書。自此書成，開明代西遊記後水滸三國演義之先河，是亦學術之一大變也。

曆數

(三)曆數　元時有郭守敬，上集古法之大成，旁得泰西之新法。其所創凡五事，一曰太陽盈朒，二曰月行疾遲，三曰黃道赤道差，四曰黃道內外度，五曰白道交周，此五者推測較古爲密，於理旣精，與天亦合，匡中國三千年來之誤謬，皆前古所未有也。

醫學

(四)醫學　元代醫學，超越往古。因自世祖時，定選試太醫法，三年一次，試十三科經論，其法考校醫經，辨論藥味，非選試及格著籍者，不得行醫。經書則素問，難經，聖濟錄，本草，千金翼方。仁宗時，又禁醫人非選試及格著籍者，不得行醫。其時以醫著者，爲朱震亨，著有格致餘論，局方發揮，金匱鉤玄等書，以

音樂　書法　繪畫

理學而兼精醫術者也。又有猶太人愛薛，以泰西醫方輸入中國，爲有西醫之始。

(五)音樂　元起於朔漠，音樂多未備。及世祖時，命宋周臣領樂工，又命王鏞作大成樂，後用登歌文武二舞於太廟，又撰社稷之樂章。成宗時，製郊廟曲舞，及仁宗時，又命太常補樂工，樂制始備。

(六)書法　元代書法，以趙孟頫爲首。籀眞行草，無不冠絕古今，天竺僧有數萬里來求其書者。耶律楚材，亦有翰墨之譽。

(七)繪畫　元世善畫者，前有趙孟頫高克恭等。孟頫字子昂，號松雪道人，於山水木石，花竹人馬，皆有特色。高克恭字彥敬，號房山。初學於米氏父子，繼學於李成董源巨然，喜畫山水。後有倪瓚吳鎭黃公望王蒙等。瓚字元鎭，亦號雲林山人，人以其性迂，稱曰迂倪。初師董源，晚年造詣愈深，一變古法，以天眞幽淡爲宗。鎭字仲圭，號梅花道人，學於巨然，能山水，又喜花竹。公望字子久，號大癡老人，學於董源巨然，至晚年變其法，別成一家。蒙字叔明，號黃鶴山樵，師於巨然，墨法最愛潤秀。此四人者，皆工山水，稱元季四大家。或有以黃王吳與孟頫並稱四大家者，蓋孟頫之人物樓臺花樹等，亦稱精絕也。

當蒙古人未入主中國時，其俗敬天畏雷，尙巫信鬼，本無所謂宗教也。其後統一中原，以政治關係，宗教遂興，分述如左：

（一）佛教　世祖平定西域後，慮其民難治，乃設佛教以柔其心。於是印大藏三十六藏，頒歸化之諸邦。又詔天下每歲度僧，讀大藏經。帝又精選碩德三十八，往宣布弘化。於是江南佛教大興。其餘建寺設齋，譯經講道等，不暇枚舉，終元之世不衰。

喇嘛教

(二)喇嘛教　世祖領吐蕃，(今西藏)憂其地險遠，而民獷悍，任喇嘛，使撫御之。設官分職，盡領之帝師，於是威權日盛。帝以喇嘛八思巴爲帝師，思巴專恃威勢，凶暴自恣，故朝廷供養之費，不可勝數，然元室亦由此衰也。

道教

(三)道教　蒙古人崇尚釋氏，道家方士之流，假禱祠之說，乘時以起，曾不及其什一。太祖時，嘗遣使召邱處機，機勸以欲一天下，在不嗜殺人，中州人頗德之。其後世祖定江南，命焚道藏妄僞經文，自道德經外，毀廢殆盡，故其勢未嘗如西僧之橫恣。

回教

(四)回教　太祖攻金時，部兵多奉回教者，太宗時亦然，於是回教遂開東漸之端。及世祖奄有中夏，設回回司天監，回回國子學，內外官屬，多參用回回人，中國回教之盛，至是而極。

基督教

(五)基督教　東西之交通既日密，而基督教徒之欲至東方傳教者亦寖多。定宗卽位，羅馬教皇遣使來賀，憲宗三年，法蘭西亦遣僧侶來朝，自是基督教徒遂接踵來華矣。

蒙古人對於人民生業，尚能注意，玆就當時生業狀況，約略述之：

農業

(一)農業　世祖以武力大拓疆土，惟恐兵食不給，迨入中原，卽首重農業。

1. 屯田　世祖詔邊軍屯田邊境。
2. 農官　各路設勸農使司農司。
3. 農社　頒農桑雜令，每村以五十家爲一社，專掌教督農民。
4. 農書　世祖卽位後，頒農業輯要書，他若魯明善撰農業衣食撮要二卷，王楨撰農桑通訣六卷，穀譜四卷，農器圖譜十二卷，關於農業之著作頗多。

工業

(二)工業　元代工業，雖不若宋代之盛，然亦小有進步。

1. 工政　多設署場，以督工事。如梵像提舉司，織染提舉司等是也。其餘織繡金銀木石油漆窰冶，無不設局製造，以供官用。

2. 建築　元代之內殿，紫檀殿，東苑行殿，其制度精麗，構造華美，尤甲於近代。

3. 製造　因海運而造平底船，因用武而造軍器，因崇佛而造西天梵相，（塑像）此特其最著者耳。

(三)商業交通　曠代之一大帝國出現，遂令東西洋交通之局，嶄然一新。且其時諸小國悉滅，四方無割據，商賈往來亦便。又開官道，設驛站，分置守兵，以衞行旅，貿遷有無，不虞寇掠，東西兩洋之交通，實肇於此。當時如廣東之廣州，福建之福州，泉州，浙江之溫州，杭州等，皆爲世界著名商港。

此外因交通便利，而事業發達者，一爲海運，一爲東西文化。

1. 海運　初糧運仰給江南者，大都涉江入淮，轉入運河，以至京師。又或自山東入海，勞費無成。至世祖時，始知海運之便，迭開新道，自浙西至燕京，不過旬日。

2. 東西文化之溝通　元時重致遠人，及一切色目人，咸與登進，以是外人之來吾華者日多。就中馬哥博羅 Marco Polo 尤有名，馬哥博羅者，意大利人也。仕於世祖之朝，深明東方之事，歸國著東方見聞錄公世，歐人知吾國之事始於此。其後阿剌伯波斯之博士軍人，意大利法蘭西之畫師巧工等，雲集於其廷。因之天文算術諸學，流入中國，而中國之羅盤針，活字板，及火器之屬，亦漸西被，東西之文化，因此對流而溝通焉。

元時風俗與宋不同，士大夫好以風雅相尚。每歲必聯詩社，四方名士畢集，燕賞窮日夜之力，詩佳者輒有厚賞。相率縱情詩酒，以消磨日

（旁注：海運；東西文化之溝通；元代之士氣民風）

力，仕宦者固無論已，即其高蹈林泉，無心仕進者，亦類皆以此成俗。然此皆漢人南人之風尙也。蒙古風俗樸野，禮制不立，入中國後，剛悍武勇之氣，亦漸卽消磨。是以羣雄奮臂一呼，土崩瓦解，蒙古人竟無抵抗能力，不旋踵而中原盡失，前後相較，不無今昔之感。

第八章　漢族再興後之政治概況

明太祖之出身

明太祖光復漢物

明太祖承元末衰亂，神州麋沸之秋，乘時奮起。首定江南，次渡河，驅異族，十五載而奄奠中原。讀者至此，應發生如左之感想：

(一)出身上之感想　太祖幼時，爲鳳陽皇覺寺僧，較漢高又等而下之。一旦從郭子興起兵，連立戰功，得士衆心，卒能以匹夫而成帝業。

(二)種族上之感想　自遼金蒙古人入主中原，上國衣冠，久淪塗炭

太祖能用江表統一中原

大明改革制度

官制

內官

外官

。而一二梟雄傑出者，如韓林兒方國珍陳友諒明玉珍陳友定等，又皆摧殘之，挫折之。雖張士誠稍滿人意，然無大作爲。幸太祖出而恢復河山，父老得復見漢官威儀。

(三)地運上之感想　自古英雄逐鹿中原，概以西北制東南。太祖獨能用江表爲根據，以統一中原。

太祖既定天下，謀所以長治久安之道。乃用劉基宋濂等，以改革制度。政治界面目一新，其制迄乎清代，相沿不廢。玆述其大略如左：

(一)官制　沿漢唐之舊而損益之。內官最高者，爲內閣大學士，專備顧問。次之爲吏戶禮兵刑工六部，爲主要行政機關。其外有都察院以主糾劾，通政司以達章奏，大理寺平反冤獄，皆重要之官也。

外官之最高者，爲總督巡撫。初爲臨時派遣之官，後改爲永久之職，其責權駕布按兩司而上之。布政司掌一省之民政，按察司掌一省之司法。布政司之下，府有知府，州有知州，縣有知縣，掌各地之政令。至若司鹽政之官，曰都轉鹽運使。司茶市馬市之官，曰茶馬司。司沿海通商事務之官，曰市舶提舉司。大率徵稅之官也。

(二)稅制　田賦同於前代，分夏秋兩稅。役法分三種，曰里甲，以戶計，曰均徭，以丁計，曰雜泛，則上命非時以供役使者也。至世宗後，則改行一條鞭法，謂統賦役二項，而以一條鞭渾括之，其制甚便。

(三)兵制　明代兵制，曰京兵，曰腹內衛所，曰邊兵。京兵統轄於五軍都督，腹內衛所每省設一都司爲之長，邊兵捍禦各邊屯戍要地。有事則詔總兵佩將印領之，既旋則上所佩將印於朝，軍歸衛，將歸第，權自上出，無驕將專擅之弊。三者兵數以京兵爲最多，此亦內外相制之局也。

刑制

(四)刑制　明太祖懲元政縱弛，用法獨嚴。凡守令得贓至六十兩以上者，梟首示衆，仍剝皮實草。府州縣衞之左，特立一廟爲剝皮場，曰皮場廟。官府公座旁，各懸一皮，使之觸目驚心。後命李善長定律，曰大明律。其刑名分五等，死刑仍分絞斬列表如左：

明代刑制表

笞刑五	十	二十	三十	四十	五十
杖刑五	六十	七十	八十	九十	百
徒刑五	一年杖六十	年半杖七十	二年杖八十	二年半杖九十	三年杖一百
流刑三	二千里	二千五百里	三千里皆杖一百		

學制

(五)學制　明初設國子監，置祭酒司業，及監丞，博士、助教、學正，學錄，典籍，掌撰，典簿等官。此外府州縣皆有學，置教授，訓導等職爲之師。洪武時，國子監生有不次擢用者。其後進士日益重，舉貢日益輕。景泰時，且開納粟之例，庶民亦得援生員之例以入監，流品漸淆，而監生益輕。

選舉

(六)選舉　有鄉試會試廷試之分，其科目專以八股取士，流毒至於清末，以故應試者，惟工文辭，鮮求實學。且當時由學校通籍者，反次於科目，以故多傾向於科目一途。

太祖整飭內治

開國規模，至是蔚爲大觀。他若禁內官預政，戒母后臨朝，尊廉吏，屢免租稅，又令臣民言事，得實封直達御前，學正教諭不知民情者，至竄之極邊。其所以整飭內治者，亦極勤謹。且好親儒生，商略古今，遂成清晏之治。惟其天性猜忌好殺，其尤足以摧殘民氣者有二事：

殺戮功臣

(一)殺戮功臣　帝春秋漸高，懿文太子柔仁，懿文薨，孫更孱弱，恐無以制馭強臣。爲身後謀，乃不惜出其殘酷陰鷙之手段，以殺戮功臣。以是胡惟庸廖永忠李善長藍玉等，相繼誅夷，株連而死者，至四萬五千餘人。

興文字獄

（二）興文字獄　帝學問未深，往往以文字疑誤殺人。其最忌者，以少時爲僧，長從盜賊，凡章表有用生則二字者，皆疑爲譏刺，以其音近僧賊也，遂屢興文字之獄。帝猜忌愈深，防範愈周，然而身沒未幾，即有靖難之變者，則由採用封建之未善也。

太祖採用封建制

帝既定天下，鑒於宋元孤立而亡，擇名城大都以封諸子。於是始封者九人，繼封者五人，後又封十人，共二十四國。令各就藩服，外衛邊陲，內資夾輔，其用意非不深遠。然燕晉二王等，擁強兵，爲北方重鎮，得以節制諸將，遂肇靖難之禍。其後寘鐇之變，宸濠之反，皆封建之

成祖爲明代英主

文治

武功

鄭和遠征海外

餘殃也。

成祖雖以外藩篡位，然能逆取順守。在位二十餘年，內修文治，外振武功，爲有明極盛之世，成祖，蓋英主也。茲分述其文治武功如左：

（一）文治　帝嘗集學者編永樂大典，又命胡廣楊榮金幼孜等修五經四書大全，皆用宋元注，爲學者矜式。

（二）武功　成祖卽位後，北逐元裔，南征交趾，西藩哈密，東靖女眞，版圖大廓。東西一萬七百五十里，南北一萬九百里，可稱極盛。其功烈之尤足以光史乘者，則遣鄭和遠征海外也。

成祖疑惠帝亡海外，命宦者鄭和蹤跡之。率兵三萬七千餘人，造大船六十二，由蘇州劉家港，泛海達占城，以次徧歷南洋諸國，給賜其君長。有不服者，以兵懾之，諸國咸聽命。當時琉球，眞臘，（東埔寨）暹羅，滿剌加，（麻剌甲）渤泥，（婆羅洲）蘇門答臘，爪哇，榜葛剌，（孟加拉）等三十餘國，皆來朝貢。和前後七奉使，三擒番酋，所經歷之地，南至爪哇，西至紅海，西南達非洲東岸，計程數萬里。論其勳績，直張騫班超以後一人也。

宣宗之治績

孝宗之治績

成祖以後，明代君主，以宣宗孝宗爲最賢。宣宗在位十年，吏稱其職，民安其業。明興至此六十年，民氣漸舒，始蒸然有治平之象，而孝宗之治績尤著。帝任用王恕馬文昇劉健李東陽劉大夏諸名臣，以是朝野清明，民康物阜，其治績之卓著者有六：（一）博採輿論；（二）體察民瘼；（三）設置穀倉；（四）廢除捐納；（五）裁減禁兵；（六）改良司法。

孝宗興水利

帝於上六事外，其德政之最大，而有益民生，有利交通最多者，尤推興修水利一事。

治黃河水患

1. 治黃河水患　自太祖以來，黃河屢次決口，民苦水患久矣。帝乃命戶部侍郎白昂濬宿州古汴河，濬歸德睢河，使河流入汴，汴入睢，睢入泗，泗入淮，以達於海。又築塞黃陵岡，（山東曹州西南）使河水全入於淮，水患乃除。

興江南水利

2. 興江南水利　時江南大水，帝命工部侍郎徐貫經理之。導太湖水入澱山陽城崑承諸湖，導澱山湖水由吳淞江入海，導崑承湖由白茆江入海，導陽城湖由七丫港入海。又開湖州之漊江，洩天目山之水入太湖。開常州之百瀆，導大茅山之水使入太湖。又開諸斗門以洩運河之水，由江陰入江。於是江南水利大興。

自餘諸帝，蓋無治績可述。且國事日非，內亂外寇不絕。若權相，若閹禍，若黨爭，皆所以頹敗國勢，斲喪民氣，而阻害文化之要素也。茲分述其大概，以明國事之顛危。

內亂

（一）內亂　宣宗時，有漢王高煦之叛。武宗時，有寧王宸濠之變。國家元氣，由此大傷。

外寇

（二）外寇　明代外寇頻仍，哈密，吐魯番，緬甸，暹羅，韃靼，瓦剌，時有侵擾，而瓦剌入寇尤甚。遂至英宗蒙塵，再蹈懷愍徽欽之覆轍。猶不足爲中國恥，可恥者，莫如日本之爲患也。略述如左：

倭寇

1. 倭寇　倭奴之擾中國，自太祖時始，至世宗而極甚。終帝之世無寧歲，所至攻破城邑，殺傷官吏人民，不可勝紀。轉漕增餉，天下騷然。殆俞大猷戚繼光合攻之於平海衞（福建甫田縣東）斬級二千二百有奇，還被掠者三千人，倭大創而去，東南始得安枕。

朝鮮之役

2. 朝鮮之役　日本之與我兵爭也，向以朝鮮爲目的物。萬曆時，日本促朝鮮入貢，且使爲伐明之嚮導。朝鮮不從，乃出兵陷釜山漢城，朝鮮王出奔平壤，後走義州，不得已求救於明。明以主國關係，出師援之，終爲所大敗。直至其關白豐臣秀吉死，日本乃罷兵。然自是財匱力疲，國益不支矣。

(三)權相　明代內臣之勢，以世宗朝爲最甚。張璁桂萼專橫於前，嚴嵩父子恣肆於後，排斥異己，舉朝側目，賄賂公行，天下騷然。

(四)閹禍　太祖鑒歷代覆轍，豫嚴宦官之禁。及成祖攻陷南京，深得宦寺之內應，因加重任，凡內臣出鎭，奉使異域，無不作倆於是時。且黃儼幾危儲貳，馬麒致亂安南，禍端已著。至英宗寵任王振，而宦官之勢燄益盛。其後汪直劉瑾之徒，相繼用事。至魏忠賢擅作威福，更無所顧忌，而明社遂墟。明代因宦官專恣，而人民被擾最甚者，有二事。

1. 採鑛之弊　神宗以年年用兵，國儲告匱，有請開鑛貲助者。於是遣中使四出開採，悉勒代價，乘勢横索。有司稍忤意，輒劾其阻撓，逮治。苛索騷擾，無所不至，天下苦之。

2. 徵稅之弊　各省徧置稅使，都邑關津，中使棊布。納奸民爲爪牙，窮鄉僻塢，米鹽雞豕皆有稅。又開皇店於各省，中人之家，大半殘破，士民囚繫者，不可勝紀。

（五）黨爭　神宗朝，小人與名節之士互爲仇讎，邪黨滋蔓，在廷正類，不勝憤激，門戶之禍大起。吏部郎中顧憲成以忤旨削籍歸，旣廢而名益高。里故有東林書院（宋楊時講學處在今無錫）乃與弟允成倡修之，偕同志高攀龍講學其中，海內聞風景附，往往諷議朝政，裁量人物，朝士慕之，亦遙相應和，由是東林大著，而忌者益多。其後孫丕揚鄒元標趙南星相繼講學，自負氣節，與政府相抗，是爲東林黨議之始。時廷臣黨勢日盛，湯賓尹（宣城人）顧天埈（崑山人）各結黨干政，謂之宣崑黨。而言路又有齊楚浙三黨，與宣崑黨，聲勢相依，並以攻東林排異己爲己任。及魏忠賢用事，諸非東林黨爭附之，借其力以鋤異己。東林黨或殺或逐，爲之一空。內憂外患，乘之並起，明社以墟。

明因以上種種原因，國事敗壞，而流寇以起，李自成張獻忠是也。因流寇蜂起，外患乘隙而入，卽滿人是也。明人不能除流寇，滿人代除之，滿人入關，而明室以亡。

第九章 漢族再興後之學術思想及其社會狀態

自太祖開國，首重儒學，開一代尙文之風，其學術乃有進步。以視遼金蒙古人入主中原時，實可謂漢族文化再興時代。茲述其學術之著者如左：

哲學 河東派 姚江派

(一)哲學 明初諸儒，皆朱子門人之支流餘裔。其後乃各分門戶，究其大要，不出河東姚江兩派。

1. 河東派 是派篤守程朱，以薛瑄爲宗。瑄字德溫，山西河津人。能作詩賦，講張周程朱之學。視學山東，首以朱子白鹿洞學規開示學者。其修己教人，以復性爲主，四方學者，從之甚衆。所著讀書錄，皆平易簡切，可傳而頌焉。

同時有吳與弼，亦篤守程朱之說，其爲學在涵養性情，而以克己安貧爲實地，遂演爲崇仁一派。門人最著者，爲胡居仁陳獻章。居仁不背師說，獻章之學，以靜爲主，其教學者，但令端坐澄心，於靜中養出端倪，遂爲姚江派之先導。

2. 姚江派 是派以王守仁爲宗，守仁字伯安，浙江餘姚人。文武兼長，有志聖學。曾築室陽明洞中，泛濫二氏學，數年無所得。及謫龍場，日繹舊聞，忽悟格物致知，當求諸心，不當求諸物。喟然曰『道在是矣』。學者稱陽明先生。其爲教專以致良知爲主，學者翕然從之，門徒徧天下，遂令一代氣節，蔚爲史光。惟姚江之學，因王艮王畿時時不滿其師說，益啟瞿曇之輩，而師歸之，姚江之派，遂流爲禪學。

（二）文學　元末文人，以吳萊柳貫黃溍，爲一朝之後勁。明初宋濂從萊學，旣又學於貫與溍，故其文雍容渾穆，具有根底。劉基氣浩大而奇特，與濂並爲一代之宗。方孝孺受業於濂，努力繼之。王禕氣象沈雄，後乃渾然天成，條理不爽。永宣以還，楊士奇楊榮，以沖淡迤邐，演爲臺閣體。宏正之間，李東陽出入宋元，溯源唐代，不愧作家。而李夢陽何景明昌言復古，明之文章，至是一變。嘉靖時，王愼中唐順之輩，宗法歐曾，李攀龍王世貞輩，祖述秦漢，而其體再變。歸有光當王李餒熾之時，以司馬歐陽自命，而其體三變。袁宏道鍾惺譚友之屬起，亦力排王李，而王李之派遂衰。啟禎時，錢謙益艾南英準北宋之矩矱，張溥陳子龍擷東漢之芳華，而其體又四變矣。若于謙楊繼盛熊廷弼孫承宗劉宗周黃道周盧象昇倪文璐史可法等，雖不藉文字以傳，而讀其奏疏，忠義之氣，溢於言外，亦天地間之至文也。

明代以詩名者，明初有劉基，高啟繼之，長於七古七律，與徐賁張羽，共稱四傑，其後楊士奇之臺閣體出而漸衰。李東陽李夢陽力摹盛唐，以矯其失，而詩道始復振。餘如楊慎之才華，薛蕙之雅正，亦一時之俊也。至鍾惺譚元春等，以幽深孤峭爲主，而詩道又衰矣。

(三)經學　明初太祖定制，以易、詩、書、禮記、春秋、爲五經；

以大學中庸論語孟子爲四書。其解經，易用朱熹本義，詩亦用朱熹集註，書用蔡沈集說，禮記用陳澔集說，春秋用胡安國傳，四書俱用朱熹集註。已又頒十三經註疏於學宮，蓋註多本於漢晉，疏則唐諸儒爲之。永樂中又詔儒臣纂四書五經大義，則兼採諸家之說，以爲本註羽翼者也。

（四）史學　明修元史，以宋濂王禕一代名儒，佐以汪克寬趙汸陳基貝瓊高啟諸人之文章經術，宜其陵軼前人。至陳邦瞻之元史紀事本末，則不及宋史紀事本末之賅博。

（五）醫學　明初承元代重醫學之後，故著名者甚衆。若呂復王履戴思恭等，於醫術多所發明。神宗時，有李時珍者，病本草之繁雜，窮搜博采，別成一書，名曰本草綱目，爲醫門之大觀。

（六）曆算　明初用大統曆，則劉基所進也。其後太祖以西域人推測

史學

醫學

曆算

音樂

書法

天象至精密，詔譯其書，而兼置回回司天監。神宗時，意大利人利瑪竇東來，著乾坤體儀。及天學初函等書，徐光啟李之藻從之受學，而力薦之。光啟從之譯幾何原則，測量法義諸書行世，於是西法始萌芽。光啟又徵湯若望羅雅谷等，譯崇禎曆書百餘卷，迄今言西學者，必祖光啟焉。

(七)音樂　明太祖時，欲起雅樂，乃命諸功臣等相繼考定，然皆不能復古音。至成祖時，亦問黃鐘之律，而在廷諸臣，無能言者，故明初樂統中絕。其後英景憲孝之世，樂器雖設，祇屬具文，皆襲前代之舊。自利瑪竇東來，歐洲之樂，乃傳中土。然亦僅識異聞而已，其傳固未普焉。

(八)書法　明代書法最著者，前有解縉，後有文徵明，最後有董其昌。縉書善用正鋒，不免惡札之譏、徵明時出偏鋒，彌增姿媚。

其昌爲江蘇華亭人，號香光居士，其書法自謂過於趙孟頫，清康熙帝喜習其書，廣事搜羅，故益爲世所珍重。

（九）繪畫　明初有王冕王履之徒，均以畫著名。後有沈周，尤稱高手，世號石田先生，山水花卉，各極其妙。同時有唐寅文徵明等，亦名震一時。陳獻章爲理學名家，畫筆亦遒勁可喜。有關思者，以山水著名。董其昌畫學宋人，其山水樹石，稱明末之冠。明之宗教思想，亦不弱於元。佛教最重，基督教次之，他若道教回教，亦無不興。惟其迷信過深，流於惑妄，未能於教義教理，及教之精神，有所領悟也。

（一）佛教　明太祖微時，嘗爲僧，及有天下，選高僧使侍諸王，並招徠番僧，授以封號。至成祖兼崇其教，加以哈立麻本號，使總領天下佛教。又詔南北二京，刻其藏經，故明代有南北二藏。其時禪師僧官，不可勝數。宣宗時，番僧則久留京師，耗費益甚。景帝時，所封番僧極多。武宗尤好佛，於佛經番語，無不通曉。自稱大慶法王，命所司鑄金印以進，是爲佛教最盛時代。殆世宗崇信道教，而佛教始衰。

道教

（二）道教　明太祖以道陵四十六世孫正常爲正一眞人。正常五傳至元吉，性凶頑，貪淫無道，憲宗怒廢爲庶人，擇其族人元慶嗣。嘉靖末，其孫承緖卒，無子，以其宗人國祥，爲上淸觀提點，去其封號。萬曆時。仍復故封，終明世不替。而當時好道教者，莫如世宗。各處建醮，連日夜不絕，尊禮道士，至授官少師，以四字謚者。而帝亦不御萬幾，嚴嵩因之擅權。逮穆宗立。乃貶斥方士，道教以衰。

回教

（三）回教　明代盛行於中國之西部，有和卓木者，尤得尊信。其後踰葱嶺，傳布其教於天山南路，延及陝甘之地。

天主教

（四）天主教　萬曆間，意大利人利瑪竇 Ricci matteo 至廣東，入南京，設天主教堂於上海。至二十八年，始與其友龐迪峨 Pantoja Didacode 來北京，獻方物，及基督教畫像，神宗禮遇之。時湯若望 Schall adam 亦東來，明廷使訂曆法，朝臣徐光啟李之藻輩，皆服習西人之說，折節與游，其教大行。迄於明末，信徒數千，中有宗室四人，內官十四人，顯官四十人，其播教之盛，固不待今日也。

明代以享國年久，政府亦注意民生利病，其人民之生業，視前代為發達。分述如左：

農業

（一）農業　太祖起自田間，備嘗艱苦，頗注意農事。歷代君主，亦皆以是為急務，故農政之善者頗多。

工業

工場

1.勸農　太祖躬耕籍田，命有司考課，必書農桑之績，遣監生督修農田水利。孝宗銳意圖治，農桑不輟。思宗時，以蔡懋德爲山西巡撫，頒勸農條例十二事。

2.農官　太祖設營田司，憲宗設煩劇州縣判丞官一員，專督農事。

3.農具　惠帝命寶源局鑄農器，給山東等諸被兵處。

4.農書　徐光啓撰農政全書六十卷，西洋稱之。

(二)工業　明初國力富厚，工業以興。中葉以降，內外交迫，工業亦不振，其間工業之足述者如次：

1.工場　兩京織染，內外皆置局，蘇浙皖蜀閩產絲地，亦皆置局織造。又如儀眞六合置藍靛所，陝西設官監督毛織品。此外磁器則臨清京師蘇州饒州，皆設廠燒造，景泰磁尤有名。

建築 造舟 新工業 商業 國內貿易

2. 建築　慈慶，慈寧，宮殿之著者也。神樂，僊都，道觀之著者也。通州之白河橋，富河橋，宣宗時所修也。又二十里有歇馬亭，六十里有驛站。是路政之工程，亦頗講求。

3. 造舟　成祖時，鄭和航海，造大船，修四十四丈，廣十八丈者，六十有二，則亦海運進步之徵也。

4. 新工業　自基督教傳入中國，工業知識，亦隨之進步。如天文儀器測高器望遠鏡自鳴鐘時刻表軍用礮火，亦能傳自外洋。故明代工業，不可不謂退化中之進化也。

(三)商業　明之商業，以國內貿易與國外貿易較，則國內不如國外之盛也。分述其概要如左：

1. 國內貿易　明太祖定鼎後，整理商政，故洪武之間，商人樂業。惟永樂以後，則商民日困，商事日衰，其故在商稅過苛也。

其時關稅增加，除農具書籍不稅外，餘皆課稅三十之一。宣宗設鈔關，課船所載貨物之稅，商賈頗爲困難。且其幣制，亦復不良。

2. 幣制　明初以用鈔省便，造大明寶鈔。凡六等。百文以下則用銅錢，又造小鈔以便民用，制非不善。惟其後成爲不兌換之紙幣，而信用頓失。若錢則代有鼓鑄，自天啟崇禎廣置錢局，括古錢以充廢銅，而古錢遂擯廢不用矣。

3. 國外貿易　明於寧波泉州廣州，置市舶司，沿邊有馬市。末世與滿淸交涉頻繁，亦開關互市。而中葉以後，歐人來者日多，國外貿易之面目一新。

4. 歐人東來　明代中外之交通，漸趨繁盛。歐洲如葡西荷英各國人之來者甚多，以葡人爲最佔優勢，澳門之租與葡國自此始。

幣制

國外貿易

歐人東來

明之社會狀態　嚴刻之結果　權臣奄宦專橫之影響　理學之功　褒重節義之效

明之政治尚嚴峻，學術重性理，權臣奄宦，又復專橫於其間，以是民風士氣之變化極大。茲述其社會之狀態如左：

(一)嚴刻之結果　太祖懲元政廢弛，專尚嚴治，待大臣尤無禮。其最惡者爲廷杖，在朝廷以爲大辱，社會則轉欽受刑者之耿介節義，而以爲至榮。故刻苦堅卓之風，在明代爲最盛。

(二)權臣奄宦專橫之影響　權臣如嚴氏，奄宦如魏忠賢，皆專橫達於極點。以故官方敗壞，仕宦驕恣。他若民喜詞訟，百端傾陷，吏通賄賂，莫辨是非，紀綱敗壞，於斯爲盛。

(三)理學之功　中葉以還，風俗頹敗，道德淪喪，所賴薛王諸大儒，維持風化，士氣爲之一振。東林黨直與東漢太學諸生，若出一轍。

(四)褒重節義之效　明太祖首褒余壽，以作忠義之氣。建文之變，羣臣不憚膏鼎鑊、滅姻族，以與成祖抗，足知人心天性之不泯。逮莊烈之朝，內外諸臣，或殞首封疆，或致命闕下。蹈死如歸，民間因與清抗而被害者尤衆。至史可法殉難一節，千古流芳，至今猶有生氣焉。

第四編　近世時期之文化

第一章　滿人入關與中國政治上之關係

滿族之起源

滿洲之民族，出自靺鞨部，古肅愼地，本遊牧之民，女眞卽是族也。入中國後，改號曰金。金亡後，遺族散居混同江南北，元明兩朝權力所不及。清之先，卽金之別部，故又稱滿清曰後金。其先布庫里雍愼者，始建國於長白山東南鄂謨輝之野，居鄂多里城（敦化縣）。其後世姓

滿清之崛起

愛新覺羅氏，滿語謂金曰愛新，可爲滿金同源之證。至肇祖始徙居赫圖阿拉（興京），肇祖四世孫爲興祖，興祖子景祖，多材智，征鄰近諸部，拓地漸廣。景祖子爲顯祖，顯祖長子爲太祖，盡併滿洲諸部，後收察哈爾部落，得元人傳國璽，建國號曰大清。太祖子太宗，乃大舉伐明，先後得遼東遼西地，遷都奉天（遼寧）。太宗子世祖嗣位，與明軍相持

於山海關，明將吳三桂因李自成陷京師，開關乞援。於是清軍入山關海，逐李自成，除張獻忠，轉南下以次剪滅明裔，而中國遂入於滿清。

滿人入關以前之狀況

滿人既爲遊牧民族，而其起也，又專尚武力，其人極粗野。茲就其入關以前之狀況，略述之。

八旗制

(一)八旗制　滿人依軍制立國，其初設國旗，分黃紅藍白四色，尋添設四旗，黃白藍者鑲以紅，紅者鑲以白。其行軍時，地廣則八旗排列，分行八路，地狹則合行一路，不得亂其節次，別有精騎以備緩急。

創文字

(二)文字之創制　太祖以統率部衆，必須文字，乃命額爾德尼巴克什，及噶蓋札爾克齊，用蒙古字，合滿洲語，創制國書。太宗時，又命達海加以整理，遂成滿洲文字。

滿洲之風

(三)滿洲之風俗　其凶吉禍福，悉委之於薩滿(女巫)，并祀馬神

俗

奉喇嘛教

編國史

定官制

招徠漢人

保存國俗國語

貂神等，其智識低下可知。

(四)奉喇嘛教　喇嘛教輸入滿洲，約在太祖時，而宣傳則在太宗時，乃懷柔蒙古之手段也。

(五)編國史　太宗注意於國史之編纂，國史始用國語，即滿洲文字。有滿洲實錄八册，傳之奕世。

(六)定官制　設文館爲行政最高機關，內分三院，一內閣史院，掌編選。二內祕書院，掌文書。三內弘文院，掌出納之命。後亦設吏戶禮兵刑工六部，然實際之政權，則掌握於文館。

(七)招徠漢人　太宗欲得漢人之歡心，限制奴隸之數，舉行儒生考試，任以官吏，其實非誠意也。

(八)保存國俗國語　漢人因其招徠，歸附滿洲者日衆。太宗憂其同化，乃諭人民保存國語國俗，引周世宗爲模範，因此固守國俗，保存國語，此清代文化之所由與明代分歧也。

滿清入關後之威嚴

自世祖入關以後，累朝專以武力，統一中國，威服四鄰。於是舉中國本部，及滿蒙回海藏，全入版圖。使朝鮮安南琉球暹羅緬甸尼泊爾不丹錫金等國，悉隸藩屬。疆域之廣，聲威之遠，爲前代所罕有。獨惜其制馭中國之政策，過於專制。其平定中原也，所至殘殺，至如吳三桂尙可喜耿精忠等桀驁之徒，更不容於專制政體之下。清室旣肆行其專制政策，於是漢人排滿之思想日亟，而清室防漢之手段益嚴。

漢人排滿之思想

(一)漢人排滿之思想　明之故老遺舊，忠臣義士，莫不惓惓於故國。如黃梨洲顧亭林，皆有極端民族思想。其他强有力者，則奔走呼號，力圖恢復。以故福王唐王桂王魯王，相繼擁立。雖大勢旣去，終歸失敗，而其忠義奮發之精神，凜凜有生氣焉。就中尤爲中外人所敬仰者，則鄭成功之據臺灣也。

鄭成功據臺灣

清室防漢人之手段屢興文字獄

成功福建泉州人，素以恢復明室爲志。恃廈門爲根據地，擁明裔魯王以海，乘清軍有事雲南，乃奪臺灣於荷蘭人之手，率樟泉人往居之。定官制，興學校，訂法律，開屯墾，招致明之宗室遺老，奉明正朔，使荒僻之島嶼，一變而爲文明之獨立國家。成功歿，傳子經，及孫克塽，清聖祖命師屢征，終以國小勢孤而亡。

(二)清室防漢之手段　清初文字之獄，凡歷三朝。康熙朝有莊廷鑨之明史獄，戴名世之文集獄。雍正朝有查嗣廷之試題獄，謝濟世之經注獄，曾靜呂留良之文評獄。乾隆朝有胡中藻之詩鈔獄，王錫侯之字書獄。此外比附妖言，告訐詩文之事，紛然繼作，不勝枚舉，無非於文字中吹毛求疵，誣以大逆，陷以重罪也。

滿人因漢人反抗，日事防範，遂使一代文化，不能出專制政治之範圍。然而論前清之盛世，終推康熙雍正乾隆三朝。茲就其政術之有關文化者，次第述之。

康熙之政術

(一)康熙之政術　聖祖以守成而兼開創，其所行政術，如獎勵文學，表章理學，南巡治河，減輕賦稅，無非束縛漢人之言論思想，并使之懷德畏威也。

雍正之政術

(二)雍正之政術　世宗承吏風玩愒之後，法律務深刻，未免矯枉過正，爲世人所詬詈。其政術如設軍機處，而政權獨攬。裁制貴族，教育八旗子弟，而親貴皆懔然奉法。削除奴隸階級，減輕江浙田賦，以表示寬仁。禁止朋黨，以束縛士林。令苗民改土歸流，由是苗民向化，嚮之梗頑不靈者，今乃與漢族同受政教。其政治作用，與前代無異。

乾隆之政術

(三)乾隆之政術　康熙政治，流於廢弛，雍正矯之以嚴，以致政治繁苛。高宗繼之，寬嚴並用，以示朝廷執中之意。復尚文學，以柔士氣。日下寬大之詔，以博民心。開第二次博學鴻詞科，設四庫全書館，以餉士林。搜查犯禁之書，一切付諸銷燬，其所以防衞漢人者，至爲周密。又一面著作關於滿洲之文獻，一面用滿文翻譯著名小說，蓋恐失其樸實勇武之風也。

清之國勢，至乾隆而稱極盛。惟其晚年，徒以愛憎用事，僉壬幷進，賄賂公行，而任用和珅，爲其致禍肇亂之最大原因。和珅出身微賤，諂諛得寵，高宗聰明爲所壅蔽。用爲宰相，黨羽徧中外，疆吏側目視之，貪風大熾。用事二十年，婪財至八萬萬之多，爲前代所僅見。及嘉慶時，乃得罪。生民脂膏，皆被吸收，天下因以困窮。自此內亂不絕，外患頻仍，國家遂入於近世之危局矣。

康雍乾三代之政治上種種制作，雖因襲明舊，然多參以滿人之國俗，及種族之意見，實非明代之舊觀。玆述其政治之大略如左。

（一）官制　清初政治組織，大別爲三。

1. 帝室部　宗人府，內務府，太常，光祿，太僕，鴻臚諸寺，屬之。

2. 中央部　內閣，六部，都察，理藩，翰林院，及大理寺等屬之。與明代無異。惟大學士二人，滿漢各一人，六部尙書侍郎亦滿漢參半。而六部諸首席，必以滿人居之。

3. 地方部　順天設府尹，各省設巡撫，以統吏治軍政。合數省則置總督兼轄之，以役屬所管地方之文武。其下有布政使，以掌民政。按察使，以掌刑名。又其下有府廳州縣，以治地方行政。其於要省，則設都統將軍，外藩則設辦事大臣，而皆以滿人爲之。

（二）賦稅　清初賦量，以地肥磽與丁貧富爲差。賦皆以銀，糧則各

兵制
八旗兵
綠營兵

視所產以爲之制。田賦分二等，曰民田，曰屯田，皆分上中下三則完納。順治時，定賦役全書，丁增而賦隨之。康熙時，有永不加賦之詔。至雍正五年，更併丁銀於地糧。然比而較之，終以江南浙西之田賦爲獨重。田賦以外，曰雜賦。雜賦云者，如鹽稅及魚蘆茶礦諸課，與商家各項雜稅是也。

(三)兵制　清初兵制，大別爲二。

1. 八旗兵　八旗兵爲清室之親軍。此外有蒙古八旗，漢軍八旗，無上下之分別，故凡二十四旗。其所隸屬，各各不同。大抵未入關以前，專主征伐。後則主防衛京師，及駐防全國各要地。

2. 綠營兵　沿自前明，旗用綠色，以漢人充之，統以提鎮，鎮撫各省，仍受督撫節制。乾隆時。川楚教匪之變，綠營多不可恃。後練團勇，其制爲募士民習戰守，以承綠營之乏。

（四）刑制　順治入關，命吳達開本明律，參以滿制，爲大清律十卷頒之。雍正間，頒直解三十卷。乾隆時，大清律例成，律與例始合爲一集。其刑名有笞，杖，徒，流，死五等，罪重於杖者枷示之。流之外，有充軍，罪重於充軍者，則發極邊，給戍兵爲奴。死分絞，斬，更有梟示，凌遲等刑，以處罪大極惡者。

（五）學制　清初學制，大別爲六。一曰覺羅學，教覺羅子弟。二曰宗學，教宗室子弟。三曰官學，教八旗子弟。四曰國子學，教滿洲蒙古漢軍，及各省之貢監生。五曰景山學，設於大內，教內府子弟。六曰咸安宮官學，教佐領官領下幼童，及官學生中之俊秀者。六者皆特派大臣爲之管理。各省則有府廳州縣之儒學，分設教授、學正、教諭、訓導等官，以爲之師。每歲由學正考取已習舉業之人，註於學籍，謂之入學，特具文而已。又有公立之書院，延聘先達爲之師，肄業者給以膏火。地方有義學，以課寒士子弟。此外私塾爲多．其學科大概以八股文爲主，間有尙考據詞章，或算數者。

(六)選舉　清之選舉，延襲明舊，循用科舉。由童生試於州縣府廳及學政，試中者爲入學生員。入學者有廩，增，附之別，再進者爲貢生，爲舉人，爲進士，與明代同。惟考試程式，初則八股文之外，尙有論表判誥等，其後删之，而加以五言八韻之試帖詩一首，并重書法。人爭騖之，皓首而不厭，不復知其他。此外有博學鴻詞科，孝廉方正科，經學直言科，山林隱逸科，孝子科，皆有明詔，而以博學鴻詞科恩遇最隆。

第二章　滿人入關與中國文化上之關係

清代提倡學術之作用

清初之提倡學術也，重在尊儒以柔士氣，尚文以錮民智，故當時士大夫，孜孜矻矻於儒學文藝之間，理性經史文章，皆有專精。茲略述如左：

哲學

(一)哲學　清初諸儒，孫夏峰李二曲呂留良等，以扶持宋明舊學為任。而黃黎洲顧亭林王船山顏習齋劉繼莊等，更倡實踐實用之學。惜數君子抱殘守缺，皆先死巖穴，其統絕而不傳。其後理學諸家，則各分門戶，舉要有三：

1. 程朱派　如張履祥，陸世儀，王夫之，陸隴其，張伯行諸公是也。是派極反對王學，夫之以王學竄入禪宗，實為無忌憚之至，陸隴其且謂為亂明之原。
2. 陸王派　如李中孚，李紱諸公是也。
3. 調和派　如孫奇峰，湯斌諸公是也。

經學考據學

史學

(二)經學考據學　清之考據學，於漢宋以後之學術界，拓一勝境。然國民生氣消耗殆盡。當時治經學者。以顧亭林黃梨洲爲導師，二人病理學之空談，皆主通經以致用。其後學派紛歧，大別有二。

1. 純粹的漢學派　如毛奇齡，惠棟，戴震等是也。毛奇齡尤力攻宋學，其攻擊太極圖，四書朱熹註，足使宋儒學說根本動搖。

2. 調和的漢學派　如李光地方苞姚鼐等是也。

若論當時經學之先覺，顧炎武閻若璩實導其先河。其後高郵王氏，嘉定錢氏，皆以經學鳴一時。漢學之盛，於斯爲極。

(三)史學　清初黃梨洲著明儒學案，開中國學術史之先河。其餘史學之偉著推明史爲第一。自康熙十七年，使博學鴻詞諸臣，分門纂述，至乾隆四年，全書始成。歷年六十有一，經張玉書，陳廷敬，王鴻緒，張廷玉十數人編纂之力，始克竣事。此外如畢沅之著續資治通鑑，蔣良驥之編東華錄，則編年體也。馬驌之纂繹史，則紀事本末體也。熊賜履之編學統，則傳系體也。萬斯同之編歷代史表，齊召南之作帝王年表，則年表體也。是皆史家參考所必需者。

（四）文學　清代尚文以柔士氣，士大夫相習成風，名家輩出。

1. 散文　清初散文以侯方域魏禧汪琬三家爲冠。厥後方苞崛起，桐城蔚爲宗派。方氏一傳爲劉大櫆，再傳爲姚鼐，鼐又傳之管同等，桐城派大盛。時陽湖惲敬張惠言，亦多好爲古文之學，又或名之曰陽湖派，於是陽湖派又大盛。此外若汪中包世臣龔自珍所爲古文，亦頗殊異，皆不立宗派。惟清代以八股文取士，斷章取義，描摹古人口氣，其束縛士人之思想，消磨士人之

文學
散文

志氣，流毒實非淺鮮。

2. 韻文　清初爲韻文學者，以錢謙益吳偉業王士禎宋犖稱首。列於四子之外者，北有宋琬、南有施閏章，一時有北宋南施之目。乾隆之世，袁枚蔣士銓趙翼三家繼起，各爲派別。厥後王文治吳錫麟張問陶輩，亦多有專集行世。

3. 戲曲　清初之戲曲界，推吳偉業與尤侗。吳有秣陵秋，尤有鈞天樂。此外則李漁爲戲劇家，著十種曲。以曲文之華美著者，以洪昉思之長生殿傳奇，孔尚任之桃花扇傳奇爲最。

4. 小說　清初小說，首推蒲松齡之聊齋志異。紀昀之閱微草堂筆記，亦仿其體也。曹雪芹之紅樓夢一書，影響於社會尤大。此外批評小說家，則有金聖嘆，其所評之水滸西廂記兩種，頗爲世俗傳誦。又三國演義載金聖嘆序文，有第一才子之目。

曆算

醫學

書法

（五）曆算　世祖命湯若望南懷仁，同入欽天監，以西法造時憲書，頒行天下。楊光先首攻之，乃罷新法不用。然康熙時，光先論閏法多不合，卒從南懷仁議。帝自此潛心天算，御製數理精蘊一書，甚爲可觀。其能融合中西，而成曆算大家者，以清初梅文鼎爲最著。

（六）醫學　清代醫學，亦多著名之士。若陳念祖，著有醫書二十種，徐大椿著有醫書十三種，武之望著有濟陰綱目等書，李中梓著有醫家必讀及士材三書等，其治疾皆有奇效，是皆卓卓可傳者也。

（七）書法　清以書取士，非工楷法者，不能入詞林之選，故工書者特多。最著者，有張照劉墉梁同書王文治翁方綱等。然皆出於帖學，自包世丞力揚北魏之碑刻，而後碑乃興。此外以篆書著名者

繪畫

音樂

清初宗教

，有王澍鄧石如等。以隸書著名者，有伊秉綬錢泳等。又若鄭燮之書法，以隸楷行三體相參，古秀獨絕。金農之書法嚴重古樸，亦皆負盛名者也。

(八)繪畫　最著者有四王，王時敏，王鑑，王翬，王原祁也。吳歷惲格亦以工畫名，格少學山水，見王石谷所畫，嘆曰吾當讓彼，遂專工花卉。華嵒字秋岳，號新羅山人，以花鳥著，並工山水人物。鄭燮工書，亦以蘭竹著名。

(九)音樂　康熙時，著律呂正義，乾隆時，著律呂正義後編。天子所奏之樂，有丹陛，導迎，鐃歌，凱旋，鼓吹等章。是時版圖遼闊，外樂之輸者頗多，有四夷諸樂器圖說可考。

清初宗教，喇嘛教爲盛，佛教最衰，基督教則先寬後禁，道教次之，回教又次之。

喇嘛教

（一）喇嘛教　清之取內外蒙古也，利用喇嘛教以收功，故信仰最深。康熙時，於多倫諾爾建立彙宗寺，又於庫倫建慶寧寺，雍正時，又於裏塘建立惠遠寺，乾隆時，於熱河建立西藏式之札什倫布廟及安遠寺。其駐錫北平旃檀寺之章嘉國師，以精通佛典，尤受乾隆帝之優禮。

佛教

（二）佛教　乾隆時，禁各省寺院頹廢者，不許重修。且限男女出家，旣出家而願還俗者聽之，僧徒不得度僧人爲徒，必年逾四十，始許收徒一人。並設官專司檢察僧徒之責，禁止集衆募化，有罪歸地方官懲治，至是遂無聲氣。

基督教

（三）基督教　清初兵戈未定，基督教傳布事業，頗有所聞。湯若望又以曆學受世宗寵遇，掌欽天監事，尊爲道元教師。康熙間，楊光先以上書攻擊西曆，罪至論死。是時南懷仁 Ferdinandus verbiest

道教

回教

清初各種生業

亦極得朝廷任用，惟布教師不守利瑪竇遺法者，悉令出境，是爲中國反對基督教之始。自是更乾雍兩朝，政府並執嚴禁異教之方針，前後相較，盛衰不同。

(四)道教　自明代道家，藉術愚世，去教旨日遠。清初不甚崇信，龍虎山張眞人，循舊敕封而已。北平有白雲觀，藏道書三千卷，朝廷別設道官，以檢束道士，有罪歸地方官懲治，人民信之者亦少。

(五)回教　清初回教盛行於陝甘，南方濱海之地，亦多有之。而新疆爲其根據地，往往稱兵內犯。乾隆之世，戡定準部，以其教徒生性多悍，於是編入八旗，以籠絡之。惟清廷對新疆回漢兩旗人民，不許私相往來，結婚尤所禁止，蓋亦種族之見也。

清初各種生業，因海禁未開之故，仍循舊式，不得謂之進步。

農業 工業 建築 製造

(一)農業 世祖入關以後，軍事倥偬，未遑農政。世宗以降，疆宇大定，農政漸興，如勸農、墾荒、水利諸政，皆極注重。

(二)工業 閉關時代之工業，概襲明舊。且清初不脫塞外粗陋之氣，歷代諸帝，相戒奢華，故工業之發明品不多。

1. 建築 清初宮殿，仍明之舊。惟祀典所崇，立天壇太廟。此外園囿亭榭，悉標勝概，最著者如京師暢春園，圓明園（今改頤和園），靜明園，靜宜園，及熱河避暑山莊。

2. 製造 大抵爲家內工藝，無工場之組織。其設官督製者，如蘇浙等處之織造府，江西景德鎭之御窰，專供帝室之用者也。他若北平之景泰藍銅器，安徽之徽墨，浙江之湖筆，廣東之風扇家具刺繡草蓆寶石象牙紫檀器等，湖南之漆器，河北浙江之染色，江蘇之漆器棉布刺繡彫刻，長城沿邊之製皮毛氈，河北山東之草帽緶，天津之泥塑人物，福建之漆器竹器雨傘等，四川浙江江蘇之綢緞，其餘各地之家常用品，多出自手工也。

（三）商業　滿清未入關時，已與明人及朝鮮互市。旣入關後，世祖從洪承疇言，嚴禁商入腹地之禁，遂成閉關時代之商業。然値世界商戰最烈之秋，亦有不能盡行禁止者。

1. 國內貿易　清初於國內貿易頗注重，論其商況，則商場之著者，爲河南之朱仙鎭，江西之景德鎭，湖北之漢口鎭，廣東之佛山鎭。商家之富有資本者，推山西之票商，揚州之鹽商。惟清初銀兩與銅錢並行，幣制不良。雍正時之黃錢，銅鉛各半。乾隆時之靑錢，質雜而脆，不能久存。而局匠又偷減銅鉛，攙和沙子，官鑄與私鑄，無甚別異，錢法始壞。至權量衡，雖有大清會典，合所定之式制，垂爲世法。然僅行之於官，而民間則仍從其舊，是亦一大缺點也。

國外貿易

2. 國外貿易　西人之來吾華貿易，明代已開其端，清初因之。西洋諸國，在清初，屢遣使入覲，其通商，以廣州爲沿海貿易唯一市場。然當時官民，恆輕蔑西人，束縛其行爲，無對等之國交。西人常不滿意，感情遂漸相衝突。當時葡荷西法俄英諸國人，皆前後得互市之權。而以英人對中國官吏之態度最强，此鴉片之役之所由起也。

交通

(四)交通機關　清初交通機關未備，其屬行政範圍者，惟驛站軍臺塘汛，專以供官用者也。

清初民氣，亦大受專制政體之影響，迥非明舊，茲略述如左：

民氣

(一)民氣　明室旣亡，漢人尤惓惓有故國之思，故殺身成仁，盡節蹈義之士，先後踵接。惟滿清入關，猜忌過甚，屢興文字之獄，

禮制

服飾

宗教思想

民氣爲之挫折。

（一）禮制　漢滿蒙回藏，各仍其俗。惟禁滿漢通婚，及漢回通婚，蓋防滿人受漢人之同化，慮回人爲漢人所鼓動也。

（二）服飾　滿淸入關，卽令漢人改從滿人服飾，漢人因之反抗。其最反抗者，卽辮髮之令也。當時揭示江南者，有「留頭不留髮，留髮不留頭」之語。如江陰虐殺，嘉定揚州之屠城，皆此衝突之結果。

第三章　鴉片戰後之政局劇變

自前淸嘉道以來，百餘年間，政治上，社會上，學術上，宗教上，皆急劇變動。玆就劇變之事蹟，略述如次：

（一）宗教思想之糅雜　國人以民族上惡感，主張排斥滿人。因而祕

之雜糅

密結社，借宗教迷信，以爲反抗清廷之運動，而教亂以起。

白蓮教匪

1. 白蓮教匪　白蓮教徒侶甚衆，流傳漸廣。高宗時作亂，迄嘉慶四年，始能勘定。勞師七載，蔓延五省，費餉二萬萬，殺傷數十萬，國家元氣大傷。

天理教匪

2. 天理教匪　白蓮教依託二氏，多分支派，其傳習畿南一帶者，有八卦、榮華、紅陽、白易諸目。八卦黨徒尤衆，遍布直隸河南山東山西等省。而河南滑縣李文成，直隸大興林清，爲之魁，變名天理教。俟仁宗秋狩，聚衆破滑縣，戕滑令，復以黨三百餘人入內城，撲禁城，太監爲之內應，留守諸臣率兵入衛。帝聞變回蹕，擒林清，平餘黨，大亂乃定。

洪秀全建立基督教國

3. 洪秀全建立基督教國　洪楊之亂，至同治時始平，而舉發則在道光之世，是亂也，爲近代內變之最大者。

洪秀全，廣東花縣人，素信基督教，曾受美國宣教師羅布爾特Issachar Raberts之教化。所至傳教，黨徒漸衆，由廣東而廣西，信徒有二千人。自是上帝教會，在廣西之基礎，漸次確立。因以道光二十年，稱太平天國，號天王。由廣西而湖南，而湖北，而江西，而安徽，而江蘇，勢如破竹，直抵江寧，而定都焉。秀全既定都之後，改江寧爲天京，恢復總督署爲宮殿，假定故家大宅爲諸王府，頗極侈麗。更置百官，立朝儀。其民政取男女平權，開科取士，分男女兩榜。制約法十事，大旨禁蓄妾、賣娼、弓足、奴隸等事，略似摩西十誡，號曰「天條」，犯者有誅。行西曆，讚美上帝。編軍制，以二十五人爲兩，兩有司馬，四兩爲卒，卒有長，五卒爲旅，五旅爲師，有旅帥，師帥統之，五師爲軍，軍有軍帥，而總之以監軍。自監軍至兩司馬，皆有正副。又設軍政議事局，以天王自兼大元帥，規制秩然，儼然新國氣象。是時英國海軍艦長亦來覘盛況。大爲駭服，至稱秀全爲東方革命大家。秀全亦遣其弟仁玕賷書赴西洋，以伸鄰誼，開國宏模，蓋於斯時稱盛焉。其後分兵爲西北兩支，侵擾黃河流域，全國大震。各省年少豪富、志在排滿者。聞風響應，或贈以金錢，號曰進貢，以故朝野變色，居民皆震撼遷徙，或築巖塞自固，清廷官吏相率稱疾求去，滿清之危亡，若在旦夕。然不數年，清兵大振，太平天國不能復抗，遂致一敗塗地，蓋亦有故。

太平天國敗亡之原因

1. 秀全之健將爲林鳳祥，其北犯也，兵敗被殺。
2. 太平天國軍隊，所過殘殺，人民認爲公敵。
3. 諸王互相殘殺，內力不固。
4. 秀全下長江時，未能乘勝北上，而建都江寧，失形勢之道。

5. 士大夫既仕清廷，多倡尊王主義。

6. 曾國藩左宗棠胡林翼彭玉麐李鴻章等，皆近代經濟偉人，出而竭力助清。

7. 太平天國所提倡之宗教及法制，多所不便。

其他原因之小者，概不備述。計此亂亙十五年，擾及十六省，屠城六百餘，兵燹瘡痍，至今未復，秀全固亦華族中之梟桀也。

(二)排外思想之反動　道、咸、同、光數十年間，外人挾其威力以脅迫我政府，蹂躪我人民，割地賠款，喪辱國權之事，痛不忍言。是無他，中國上下，昧於時勢，競相排外以招反動故也。

因此中國人排外愈烈，而外人之反抗亦愈烈，戰禍相繼不絕，中國地位乃有一落千丈之勢。然引起國人之排外思想，亦自有故，舉其重要事蹟有二，一爲鴉片輸入問題，一爲外人侵略問題。

鴉片輸入問題、

鴉片輸入之經過情形

英人北犯及清廷請和

（一）鴉片問題　此役爲中國國恥史上第一幕，其關係於中國社會最大。茲分三部分述之：

a 鴉片之輸入及禁止　鴉片之輸入，遠在唐代，至明代漸多，清初輸入日甚，至道光十六年，增至二萬七千餘箱。然自雍正歷乾隆以迄嘉慶，亦嘗屢申嚴禁，迄無效果，甚且愈禁而輸入愈多。道光間，鄂督林則徐上書，切言鴉片之害，宣宗韙之。遣赴廣東，實行杜絕鴉片貿易策，計燬鴉片二萬二百餘箱。並訂新例，凡商船入口者，均須具結，夾帶鴉片，船貨沒官，人卽正法。各國皆具結通商如舊，而英獨不遵，戰事乃起。

b 交涉之失敗　則徐以英人不從命，大治軍備，聲勢甚壯。英人不得犯，遂犯各省。各省大吏諉過則徐，則徐罷免，琦善代之，廢一切軍備。英軍乃陷廣州，復移軍北犯江浙，威嚇清廷，清廷不得已、決意議和，而南京大失敗條約以成。

c鴉片問題失敗後之影響　戰事雖終，而影響於後世者，至深且大。

一、自此戰後，國勢之貧弱，軍政之腐敗，皆暴露於世界。

二、開五口通商，割香港，賠款二千一百萬兩，以後割地賠款，迫開商埠，皆於此時定其先例。

三、中英官員，用同等交接禮，國際地位，一時降下，寖假而外人專尙强權，且以不同等之禮對中國。

四、自後人民吸烟之習蔓延，運銷之數日增，遂至公然弛禁。

(二)外人侵略問題　自鴉片戰役以後，外力之侵入，幾如洪水猛獸。其侵奪我屬國也，若安南，若緬甸，若琉球、若朝鮮，翘首望東南屏蔽，無一存者。再進而割據我領土，租借我海港，開放我

清廷外交失敗之故

放棄主權

外交失策

海軍無實力

內地，剝奪我治外法權，攫取我礦山鐵路。而我乃忍垢含羞，昧然放棄，卒不能出一策以相抵制，其失敗至此，蓋亦有故。

1. 放棄主權　安南於同治元年，已與法直接訂約，而清廷未之知。緬甸既滅於英，而清廷始提出抗議。琉球人被臺灣人戕殺，而清廷默認日人有保護權。朝鮮內政內亂，黨爭日甚，而清廷不早爲之備。他若暹羅獨立，錫金滅亡，清廷皆置之不問。

2. 外交失策　英法聯軍之役，既已媾和，而僧格林沁復開衅端。中法之役，馮子材大勝，而清廷忽與議和。和戰毫無定見。

3. 海軍無實力　英法聯軍，及中法之役，固皆敗於海軍。卽中日之役，以素有聲譽之北洋海軍，而亦不勝日軍之一擊。威海衞，旅順口，皆形勢險要，最易扼守之良港，而日人如入無人之境。

土地不自經營

4. 土地不自經營　旅，大，威海，膠，澳，廣州灣等，皆良港也。以不善自經營之故，被他人租借。滿洲山東滇桂各省之路礦，皆莫大之利源也。我國不自經營，他人起而代之。利權喪失，莫此爲甚。

傳教問題

國外人之侵略愈迫，國事之顚危愈甚，而國民之排外愈激烈，最顯著者爲傳教問題。

鴉片戰役後，中國屢次失敗，教士於是挾其國勢，以布教於中國。教民之無賴者，更藉教士以淩虐同類，官吏畏葸外人，往往偏袒，寃抑平民，因此激起仇教巨案。法人以廣東教案，而迫租廣州灣。德人以曹州教案，而迫租膠州灣。其他各省，亦有仇教行爲，義和團之大暴發，又其甚焉者也。

義和團之始末

山東之拳匪，乘民教積仇，中外積衅，假託義憤以倡亂也。其人名義和團，以扶清滅洋爲名。凡洋人教民，及爲洋人服役，通洋語，用洋貨者，分別等差，有十毛之目，遇之殺無赦。恣意劫掠，肆無忌憚，遂激成八國聯軍之禍。賠款至四萬萬兩，迄今爲累。大沽口礮臺，永不復建，門戶洞開，各國擴充使館界址，駐兵自衞，常爲心腹之患。近世外交之失敗，創巨痛深者，無有甚於此矣。

第四章　鴉片戰後之革命風潮

政治思想發達之由來

政治思想之發達，當在鴉片戰後。蓋自外交失敗以來，其熱心愛國之志士，乃不惜奔走呼號，以喚醒國民，而政潮於以發生。當時感化力最大者，爲種種之學會。如廣學會，强學會，保國會等，是也。此外有過激之思想，而帶革命色采者，則又有三合會，哥老會，興中會等之祕密組織，而以興中會最得國人同情。首領爲孫文，糾合同志，鼓吹革命主義，與三合會聯絡，乘中東事起，募兵購器，欲一舉而得廣州，事敗，同志數人俱就擒，孫文逃海外，其名大著。海外華僑及留學者，皆傾心焉。

德宗外察大勢，內徇輿情，知非改革不足以安內攘外，乃毅然變法自强，無如太后廷臣多牽制之也。

（一）戊戌變法 德宗命王大臣進康有爲之意見書，所進皆大悅。密與太傅翁同龢謀，決計變法，下國是改新詔。召見康有爲，諮詢新法，授總理衙門章京，更擢用譚嗣同劉光第楊銳林旭等預新政。其弟子梁啟超，亦同時任用，維新詔敕，日如雨下。廢八股，興學校，汰冗官，停武試諸要政，次第施行，許天下士民，皆得上書封奏，一時治績大有可觀。然而德宗處境不良，行事多所牽制，其所行新政，終歸泡影。而近世文化，遂受一大剉折，則以

孝欽專恣

孝欽太后之專恣也。

孝欽臨朝時，政以賄成。初寵安得海（爲穆宗所誅），繼寵李蓮英，交通賄賂，勢傾王侯。一時士夫，旣大都淟涊無恥以求進。其京朝顯官，則又習爲錦衣玉食，日酣嬉於太平歌舞中。政治內容，日趨腐敗。

新政失敗

方康有爲之變法也，德宗欲效康熙乾隆之例，設懋勤殿，選英才，聘外人，共議改革制度。然太后及親貴大臣，多掣肘，德宗與有爲潛謀去之，事覺。孝欽一面密電各省，稱有爲謀圍頤和園，令協拿。一面禁德宗於瀛臺，收楊銳林旭劉光第譚嗣同及有爲弟康廣仁御史楊琛，斬於市。有爲啟超得英日援，出亡海外。談新政者，皆貶黜，變法之議遂輟，是爲戊戌之政變。由是政治益壞，庚子之禍所由起也。

庚子戰後之改革

預備立憲之經過情形

憲政之預備

(一)庚子戰後之改革　戊戌政變，爲我國維新一大挫折。庚子拳禍，又爲我國改革之大動機。德宗還京後，詔行新政。設政務處，改總理衙門爲外務部。尋設商埠，罷武試，廢八股以策論經義取士。京師設大學堂，各省設高等學堂，各府廳州縣設中學堂小學堂，課以中西有用之學，學生畢業，按級遞升，科舉限年停止。

(二)預備立憲之經過情形　我國君主專制，不合世界潮流，勢非立憲不可。於是人民請願於先，政府籌備於後，其經過之情形如左。

a 憲政之預備　清廷見大勢所趨，以立憲爲急務。於是派遣載澤，戴鴻慈，端方，尚其亨，李盛鐸五大臣，分赴東西各國，考察政治。隨於光緒三十二年，下預備立憲詔，期養成國民立憲資格，然後實行立憲。翌年下各省督撫預備立憲詔，復遣大臣達壽赴日本，汪大燮赴英，于式枚赴德，考察憲政。至翌年，又有九年籌備立憲詔，所有憲政，應行籌備事宜，分定年限，飭在京各衙門，及各省督撫司道，按年舉辦，務於第九年內，一律辦齊。乃設資政院於京師，諮議局於各省，以立議院基礎。

憲政之爭議

b 憲政之爭議　宣統卽位，世變日亟。各省諮議局，公推代表，上速開國會請願書，未得要領。旣而海內紳商，暨海外華僑，各舉代表，再上請願書，亦未蒙允許。隨組織國會請願代表團，上書資政院，由資政院贊成入奏，改九年籌備爲五年。

內閣爭議

c 內閣爭議　宣統三年夏，組織內閣，以慶親王奕劻爲總理，財政軍政民政諸大權，悉操親貴手。於是諮議局聯合會，堅請改組，攝政王載灃下旨嚴斥，國人咸知立憲之無望，而革命以起。

內閣告成，假憲政虛名，張專制毒燄。於是有識之士，始恍然於希望政府之非策，而革命之風潮益急。

革命黨屢起屢仆

(二)革命黨屢起屢仆　自孫文逃出海外，往來歐美及日本南洋，鼓吹革命主義。戊戌以後，康梁奔走呼號，喚醒國人迷夢。留學各國之學生，亦各得其新知識以歸來。當時祕密結社，棋布域內，人民之從事革命者，日益增多。清廷但恃武力爲長城，從未能爲根本上之救濟，故黨人之逮捕者愈多，黨徒之蜂起者彌衆。舉其著者，漢口有唐才常之變，廣西有鎭南關之變，謀炸端方於天津者有吳樾，槍斃恩銘於安慶者有徐錫麟，而廣州之變亂尤多。將軍孚琦既被刺於溫生才，提督李準復遇刺於陳敬獻。其間又有督署攻燬之大變，黨人盡殲。其他革命風潮之發現於末年者，日演

武昌起義之始末

共和政體告成

日劇，而革命黨人多散居南洋各埠，故舉事以邊省爲利。後以廣州舉事不成，乃變計從長江流域入手，而武昌起義矣。

（二）武昌起義之始末　清廷不知戒懼，臣民請願，仍多抑壓。宣統三年，政府更以收四川路事，刺激民心。八月十八日，鄂省有許多處發見革命之形迹，幷捕獲黨人多名，立卽審決。鄂督瑞澂欣欣有喜色，將嚴緝軍人之入黨者，以軍法從事，各營聞之遂變。十九日，轟擊督署，瑞澂倉皇遁去。武昌爲民軍所有。分兵下漢陽及漢口，組軍政府，定名爲中華民國鄂民政府，推協統黎元洪爲都督。各省紛紛響應，清廷知大勢所趨，非人力所能挽回，遂下退位之詔。

（三）共和政體告成　先是民軍推黃興爲大元帥，各省代表組織臨時政府於南京，舉孫文爲臨時大總統，黎元洪爲副總統。及清帝退

袁世凱帝政之失敗及其後之紛爭

位，孫文辭職，南京參議院共推袁世凱爲統一政府臨時大總統，移都於北京。二年四月，行國會開幕禮後，得列國承認。惟袁世凱與民黨感情日惡，激成二次革命。事平，十月六日，袁世凱由國會選舉爲正式大總統，於是正式之共和政府始成立。

(四)帝政失敗後之紛爭　袁世凱既宣布新約法，卽廢止國務院，別立政事堂。設國務卿一人，稟承大總統辦理政務。停止政治會議，創設參政院，修改大總統選舉法，定任期爲十年。望風承旨者，相率倡君主政體，決定君主立憲，並推戴袁世凱爲皇帝，改元洪憲。於是第三次革命起，蔡鍔首先起義於雲南，於四年十二月二十五日，通電內外，稱護國軍。各軍先後響應，袁世凱憂憤成疾而卒，遺命以黎元洪就大總統職。然自是政變叢生，復辟之禍，南北之爭，奉直之戰，相繼而起，亂事無時或已。於是國民黨總理孫文，本其三民主義，力圖北伐，賫志以沒。蔣中正等承其遺志，繼續革命，迄民國十五年，南北統一，南京國民政府於是乎成。然寧漢失和，閻馮獨立，共匪蔓延於長江各省，民不聊生。雖本年國議開成，約法公布，而粵變叉起，實吾民之大不幸也。

第五章　近世政治制度之變遷

自嘉道迄今，政變之複雜，前古未有，故其制度亦極紛繁。茲略述其變遷之迹：

清末之官制、內官

（一）官制　清末官制，大致仍襲清初。惟開港以後，自不得不因時制宜。如改新設之總理各國事務衙門，爲外務部。改禮部爲學部。改刑部爲法部。合舊有之戶部，新設之財政處，爲度支部。合舊有之工部，新設之商部，爲農工商部。合舊有之兵部，練兵處，太僕寺，爲陸軍部。他若民政部，郵傳部，資政院，審計院，皆新設者也。至京外官制，改革者亦多。如海關道，勸業道，巡警道，皆新設之官。提學使，則就舊時之學政而改設者也。出使之官，光緒時始設之。其階級有三等，下有參贊書記通譯諸屬官。又有總副領事等，分駐各國要地，而統於公使。此皆清末改革之官制也。

外官

民國之官制

內官

民國成立，以約法行內閣制。袁氏改爲總統制，及帝政失敗，仍依舊制。內閣設總理一人，其下設海軍部，陸軍部，外交部，內務部，財政部，司法部，教育部，農商部，交通部。此外立法部分，有參議院衆議院。司法部分，有大理院。此爲中央政治之機關。外官初爲二級制，省設省長，縣設縣長。後改爲三級制，於

外官

省長縣長之間，設道尹。立法部分，有省議會縣市鄉議會。司法部分，其初省設高等審檢廳，縣設初級審檢所。後改通商碼頭，得酌設初級審檢所，高等審檢廳仍舊，餘悉裁去，而將其權屬於縣知事。此地方行政司法立法機關之大略也。

現在之官制

內官

現在國民政府，以立法，司法，行政，考試，監察五院，組織而成。就中以行政院範圍爲最大，內分內政，外交，軍政，海軍，財政，實業，教育，交通，鐵道，九部。及建設，蒙藏，僑務，勞工，禁烟五委員會。

外官

外官，則廢除道制，各省省政府，特別市政府，皆隸於行政院。至縣政府，則隸於省政府。又省政府，有民政財政建設實業教育等廳，分司其事。

賦稅

(二)賦稅　清末糧賦，概仍其舊。惟其後各地舉行新政，皆於田賦帶征，以充本地行政費用。又稅制前所無者，爲釐金，爲關稅。

釐金原爲洪楊亂時充軍餉而設，後以大利所在，卒莫能廢，商民因以大困。關稅設於通商以後，然其權操於各國。光緒以後，賠款愈多，稅目愈繁，人民之擔負愈重。

民國初建，田賦畧因清制，惟漏稅之田，十居七八。現國民政府已設法收回關稅，實行自主，并施行新稅率。同時裁撤釐金，徵收營業稅，其利弊得失，已了然矣。

(三)兵制　自川楚教匪之變起，綠營多不可恃。洪楊之亂既平，於是楚勇湘勇淮勇之名，馳於海內。既而迭遣越南遼東之敗，勇營亦不足恃。更擇精壯者練之，爲武衞軍，其餘就綠營壯丁抽練之，練軍創自同治初年，於是綠營之數，日漸汰減。光緒末年，舉辦徵兵，定爲更番訓練，分年退伍之法。軍人資格，自是始漸推重。海軍籌備於咸同間，北洋艦隊之名，著於中外。甲午一役，全軍覆沒。光緒末年，逐漸興復。全國軍艦，有四十二隻，其實力更不及前矣。

民國之兵制

民國成立，大總統爲海陸軍大元帥，統率全國海陸軍，設統率辦事處。又設參謀部，以資籌畫。建將軍府於京師。其督理各省軍政者，每省設督軍一人。後於重要之區，兩省或三省，而設巡閱使一人。全國陸軍，初定四十八師十旅，後因戰事不絕，軍制破壞。督軍任意招募，軍費遂占國用之大半。海軍除舊有軍艦外，更有肇和應瑞等艦，於共和成立後，編於艦隊。至憲兵警察等，亦以其爲治安之必要，逐加增練焉。

現在之兵制

現時全國陸軍總數有一百四十餘萬，近來鑒於兵多財困，亟謀編遣，實行化兵爲工之策。全國海軍共一萬五千餘人，其艦艇共五十餘艘，總數不下五萬噸，較之世界海軍國，相去甚遠。

此外空軍逐漸發達，於軍政部下，特設航空署，專司其事。

清末之刑法

(四)刑法　嘉慶以後，律屢纂改。同治以後，刑法一科，死罪至斬決而至。光緒末年，刑事民事訴訟法，編行未竣。外人之犯罪者，向依律擬斷，自海禁大開而後，西人要求領事裁判權，自是主權喪失。

民國之刑法

民國初建，所有從前施行之法律及新刑制，除與民國政體抵觸各條，應失效力外，餘均暫行引用。主刑之目五，死刑，無期徒刑，有期徒刑，拘役，罰金是也。從刑之目二，剝奪公權，沒收是也。死刑於獄內絞斃，戒嚴期內，則依軍法處決。其刑訊時，凡官吏所用之非刑，及隸役所用之私刑，已實行禁止。至於治外法權，政府現正着手收回，上海之會審公堂，已實行撤銷矣。

清末之學校

(五)學校　戊戌變政，康有爲倡設學堂，未幾廢止。及庚子亂後，乃令各省將所有書院，於省城改設大學堂，各府及直隸州，改設中學堂，各州縣改設小學堂，並多設蒙養學堂。又命各省選派學生出洋留學，其後學制遞經規訂，規模乃漸具。

民國之學校

民國成立，規定初等小學由城鎮鄉設立。高等小學由縣設立。中學校，師範學校，甲種實業學校，由省設立。大學校，及各項專門學校，高等師範學校，由國設立。並許國人設私立學校。

現在之學校

今則初等教育，力謀普及，中等教育，注重職業。大學分設文理、法、醫、工、農、商、教育等院。其他輔學校所不及者，則有社會教育，進行不遺餘力。

清末之選舉

（六）選舉　嘉、道、咸、同、時，選舉制悉仍舊。光緒二十五年，詔舉經濟特科，而未實行。癸卯年始舉行之，然無見大用者。武舉之制，亦如前代。二十七年，詔廢八股文，鄉會試均試策論。

又命停止武科，童試及鄉會試。明年又詔凡入翰林者，及以部屬中書用者，均令入京師大學堂，分門肄業。凡由學堂畢業，考取合格者，給予出身。

民國之選舉

民國成立，人民依法律所定，有應任官考試，及從事公務之權。又有選舉代議士，及被選舉爲代議士之權。至學校畢業生，則祇有學位及獎學金之榮譽，不復以官階爲獎品，國家需才時，有法官，高等文官，普通文官，種種考試。

清末之地方制

（七）地方制　清末州郡制度，悉仍舊。惟東三省初則視如邊防，後改爲省制，增設督撫官司。新疆雖早建府廳州縣，而改建省制，亦在光緒之初。

民國之地方制

民國以來。省制均仍清舊。所異者，府廳州均改爲縣，惟道區猶在，轄區較前變更。國民政府成立後，道區已廢。其同城縣治，皆幷於一縣，縣數亦較清代爲多。至內蒙古，先設熱河，察哈爾，歸綏，寧夏護軍使管轄地、四特別區域。康部先設川邊特別區域．現皆改省。新設之省，則又有青海。

第六章　近世學術思想之變遷

近世學術思想較前發達

中國政局之變動，雖以此時爲最甚，而學術思想，較前則大發達。前之重文學者，今乃並重科學，前之尙精神文明者，今乃並尙物質文明，實東西文化調和之時代也。

哲學

(一)哲學　道咸之際，曾國藩倭仁倡道於京師，羅澤南講學於鄉里，程朱之學大盛。輓近歐化輸入，哲學思想，革命思想大盛。惟過激之徒，甚有以孔子倡君臣大義，爲小乘的教理，不適於共和時代，而排斥之者，未免失之過當。近時孫文學說，應運而興，證以古今中外之史實，而融會貫通，所以啓發吾人者，至深且切。然對於孔子之學說，亦多所依據者。

文學

(二)文學　道咸之際，曾國藩以古文鳴於湘鄉，兄弟父子間，相勵以學，湖南文風，因以大變。中日戰後，康有爲梁啟超嚴又陵章太炎諸人，多爲慷慨激昂縱橫排宕之文，以鼓吹其學識，文風又爲之一變。近來以語體文爲新文學，列入小學教科，取其實用便利故也。此外詞章小說戲曲，亦皆稱盛。

詞章

1. 詞章　清末詞章之風甚盛，自張之洞爲湖廣總督，幕中多爲此文，一時中國駢文，以湖北爲中心。他若鄭蘇龕樊樊山易碩甫等，皆以詞章鳴。革命以來，更流行駢體，其檄文公電，往往間以四六，亦足耐人欣賞。近來學校創新體詩，雖不若舊詩受格律音韻之束縛，其意境則一也。

小說戲曲

2.小說戲曲　近世受外國文字之影響，小說之學大興。文人以流麗之筆，或翻譯偵探小說，冒險小說，或編輯言情小說，社會小說，大爲社會一般人所歡迎。戲曲之流行者，有京調粵調徽調，今更編纂新劇，不用古裝，現身說法，描摹盡態，亦足以動人觀聽。

經學

(三)經學　清初經學大盛，至道光時，魏源亦深於經學，所著詩古微，書古微，公羊微等，皆能發揮精義，至曾國藩而集其大成。其後以浙之德清俞樾，瑞安孫詒讓，爲有名。自科舉廢，學校興，學子困於科學，無暇兼及經學，而經學大衰。

史學

(四)史學　道光之際，魏源爲經世之術，其所著海國圖志，及聖武記，爲當時研究西洋史學，清代史學者之祖。海禁既開，新思想輸入，史學又別開生面。學校以是爲必修之科，其專門學校，則又有政治史，農業史，商業史，工業史，學術史等之分類史。

民國成立，政府以編纂清史國史爲要務，以清史屬之趙爾巽，而國史始屬之王湘綺，後以徐花農掌之。

曆學

（五）曆學　我國舊曆，以地球自轉紀日，月繞地球紀月，地球繞日紀歲，以其特異之點在紀月，以月爲主，故名陰曆。今採用西曆，析一年爲十二月，每月自二十八日至三十一日不等，以日爲主，故名陽曆。惟四時節令，民間仍用舊法，不便莫甚。

醫學

（六）醫學　嘉道以來，中醫之著者，如直隸王清任，浙江王士雄，江蘇陳懋卿趙元益等，皆有發明，有著述，實近代中醫之泰斗也。然不可多覯，開港而後，西醫先入，東醫繼之，切實精妙，別放異彩。

民國成立，尤重醫學。內務部設衞生司，京內外設醫學校，高等文官考試有醫藥一科，醫生產婆開業，有取締方法。其他若公立醫院，紅十字會，皆逐漸進行。而謀醫學革新者，又有醫學會，醫學報等，以講求醫學原理，治療方法。

書法

(七)書法　近世書法，漸棄唐宋，而取法周秦漢魏。以篆書著者，有楊沂孫，以隸書著者，有俞樾張祖翼，以魏碑著者，有李瑞清曾農髯。而翁同龢康有爲鄭孝胥，亦皆以書法鳴也。

繪畫

(八)繪畫　近世畫家，有湯貽芬戴熙，二人齊名，皆殉洪楊之亂。湯諡貞愍，戴諡文節，不徒以畫見長也。及西洋畫學輸入，於是水彩畫擦筆畫油畫漆畫之法大行。

音樂

(九)音樂　中國古樂失傳，世所傳習之樂器，如鑼鼓胡琴琵琶三弦笙簫管笛等，皆俗樂也。自西洋音樂學輸入，學校皆列爲學科。

科學

(十)科學　清季數理之學，以李善蘭華英芳爲最，江南製造局所出

佛教

喇嘛教

之算理等書皆出李⿰阝華之手。地理書籍，如胡林翼之大清一統輿圖，鄒代鈞之中外輿地全圖，楊守敬之歷代疆域沿革圖，皆爲今人治地學者之所本也。近世教界人士，以科學知識科學方法，爲物質文明時代立國之大本。現自小學以至大學，其科學程度，依次增高，務求實用。且各種科學研究會林立，進步較前甚速。

近世學術思想，固勝前古，至宗教思想，較前尤爲特盛。其中最有勢力者，爲基督教，佛教又次之，喇嘛教回教，僅維持其固有之勢力耳。玆分述於後：

(一)佛教　近世治哲學者，往往兼攻佛理。共和政府成立，曾令保全廟產，而僧界亦組佛教會，爲結合機關，佛學雖未盛興，精神則爲大振。

(二)喇嘛教　教祖曰達賴，曰班禪，握政教之權。然受愚於英，自民國以來，迄未誠心向化。其教有紅黃二派，今日占優勢者爲黃教。

道教

(三)道教　各省道觀頗多，其信徒謂之道士，其教之主管者，仍爲江西貴溪縣龍虎山之張天師。民國初成時，令保存其名號，惟以符呪服餌諸法傳世，未免妖妄。南京政府成立後，已根本剷除。

回教

(四)回教　自新疆省流行於陝甘燕晉等省，內地各省，亦莫不有之。此教團結力最富，不與他教通婚，往昔屢謀背叛，爲政府之大患，近已與漢人相安無事。

基督教

(五)基督教　基督教之入中國也，舊教徒之宣教師，多爲法人。新教徒之宣教師，多爲英美人。其初每與中國人民發生衝突，教案屢起，其後雙方諒解，彼亦熱心傳教，立學校，設醫院，創與幼稚園，育嬰堂，及其他種種慈善事業，雖布教之日淺，而傳播則甚速，尤以新教最佔勢力。

第七章　近世社會之生活狀態

我國自開港以後，實業亦異常進步。加以科學日興，交通日便，實業界乃有勃興之機，茲分述其概況如左：

(一)農業　我國以農立國，其故由於氣候溫和，河流衆多，土壤肥沃，可耕之地，不下八億畝。農產之豐，爲東亞冠。以是政府對於農業特重，光緒以來，農政日興，舉要如左；

1. 勸農　詔各省督撫飭地方官，各就土宜，悉心勸辦，以濬利源。

2. 設部　先設農工商部，民國初專設農林部，今併設爲農商部。

3. 興學　地方設初等農業學堂，後改爲乙種農業學校，省立中等農業學堂，後改爲甲種農業學校，立農科大學堂，後改爲農科大學校，此外尙有農業教員養成科。今各地且多設農村師範，其他普通學校，亦有列農業一課者。對於農林教育事業，固甚注意。

4. 提倡　現各省設公有林，及農事試驗場，蠶桑模範場。原定淸明爲植樹節，現改於孫中山逝世紀念日，舉行植樹典禮。其提倡不遺餘力，復購取美國田器，以求灌溉耕種之便利。取美國蠶種及棉花種子，以求農業之發育。近且設昆蟲局，以去農田害蟲。其他關於土壤肥料，皆能悉心研究，以求進步。

5. 水利　凡水潦時見之地，多設工程局，水利局，以掌開設堤防事務。近復有治江導淮之議，果見實行，農業前途，更有望焉。

工業　工政　工學　鑛業

（二）工業　自海通而後、外貨充斥，國人爲自衞計，急謀工業上之振作。逐漸改良，不無進步。就其事業言之，可舉者如左：

1. 工廠　國人以舊時代之手工工藝爲迂緩，進而採新法之工廠制度，全國具大規模之工廠，約計三萬。以漢冶萍公司之規模爲最大，惜利權實際爲日本人所操耳。

2. 工政　清末內閣設農商部，外省設勸業道。民國成立，內設農商部，外設實業廳，各省多設省立工廠及模範絲織工場等，以資觀摩。

3. 工學　民國以來，縣設乙種工業學校，省設甲種工業學校，國設工科大學校。其他職業學校，藝徒學校，紡織學校，各地林立。卽普通學校，亦有設工業常識一課者。

（三）鑛業　自光緒三十年，發布鑛業條例以後，准各省人民，不拘何項鑛質，無論官山民業，聽報地方官，給照開採。並勸設提化公司，及收礦鑛質行棧。惟至中日戰後，漸許外人以鑛產權，日俄戰後，又漸有收回者。惜開採成效，迄未大著。

(四)商業　自鴉片戰後，列強乃乘時與我訂約，每遇戰事，則必開商埠數處。而我亦以鎖港非策，自動開埠。於是沿海商埠，陸路商埠，林立各地，計有九十餘處。且關於商業上進行之事務，亦日新月盛。其制度可述者，如中央設農商部，頒行商律，及公司條例。金融機關之最著者，如清末之大清銀行，現在之中國銀行，中國通商銀行，交通銀行，殖邊銀行。此外由社會組織，外人組織之銀行，尚有數十家。貨幣較前亦大改進，如鑄銅元，以輔鑄錢之不足，鑄銀圓，改用銀之習慣。又發行鈔票，以資周轉。各地則創設商會，設商業學校，由是商業與農工並重。惟國外貿易，輸出額日漸減少，昔日以絲茶爲出口貨之大宗者，今皆不能相提並論矣。

海通而後，交通上新事業，如航運，鐵路，郵局，電信等，亦逐漸發展。

航運

(一)航運　我國水運，向用帆船，同治間，設招商局，以上海爲中樞，航行於廣州天津間，沿長江入內地，可達四川之重慶。而後沿海長江始行汽船。內河之行汽船，以日本請開蘇杭二埠爲起點。民國成立，大半因清之舊，而加以擴充，航業究未發達。至論外洋航路，我國之航輪絕少，其航權概爲外國人所操，殊爲可恥。

鐵路

(二)鐵路　鐵路爲交通利器，我國興築獨遲，計分三期：

第一時期

1. 自光緒初年，至二十年，爲風氣未開，朝野反對時期。如英商所建設之滬寧鐵路，旣築而復行停辦，是也。此時期所辦之鐵路，當以光緒七年，開平礦務局之唐胥鐵路爲最早。

第二時期

2. 自光緒二十一年至光緒三十年，爲外人投資利權喪失時期。如俄築東清，德築膠濟，法築滇越，龍州，比築京漢，英築滬寧等，是也。

第三時期

3. 自光緒三十年以來，爲收回利權，各省競辦時期。如蜀鄂辦川漢，浙江辦滬杭，政府辦京張，粵漢亦收回自辦之類，是也。

郵政

(三)郵政　通商以來，外人於各口岸，設書信館，以通文報，侵我利權實甚。淸同治十三年，始創郵政局，且入萬國郵政會，越九年始大擴充。宣統三年，郵傳部奏准，將郵政全體，由海關劃歸部中管理。民國成立，隸於交通部，以圖進行。計所設之局，有七千八百餘處。華府會議結果，外人所設郵政局，一律撤銷，以重主權。現全國成立之郵局，已有一萬餘所。

（四）電報　光緒五年，設電綫於津沽間。光緒十年，北京上海間綫成，其後上海漢口間綫又成。光緒十八年，更與西伯利亞綫接，北京與歐洲間，得以直達。今則推行於各省，通都大邑，罔不徧設。至海底電綫，則創於同治十年。始於上海香港間連絡，繼與歐美諸國聯絡。無綫電報，初由外人設於上海，宣統元年收買之。民國四年，又設於吳淞廣州福州張家口諸地。近又自辦無綫電臺，及國際無綫電臺，以謀發展。電話初行於沿海大埠，後內地都會，亦漸次通行。近且有長途電話、無綫電話，不可謂非進步也。

（五）航空　我國航空事業，始於清末，入民國後，大加擴充。現在京滬，京平，京漢間，已實行航空郵政。至於民用航空事業，亦有中華航空協進會之設立矣。

自開港而後，社會生活之狀態，亦隨政局而有急劇之變化。茲略舉事實以明之。

(一)生計　開港以前，人民安土重遷，豐衣足食，於願已償。及外人紛至沓來，工商日盛，交通日便，人民之生活程度，與其生活慾望，皆相伴而繼長增高。

(二)民氣　科舉時代，士子惟以升官發財爲心。甲午庚子兩次敗衂以後，人心驚覺，遇有喪失利權之國恥發生，不惜奔走呼號，以謀挽救，近來慘案迭出，爲國犧牲，就中五四運動，全國響應，尤爲憤激。是皆民氣伸張之徵象也。

(三)風俗　歐化東漸，民智大開，舉從前男子辮髮，女子纏足，男女早婚之俗，皆逐漸革除。而尤可幸者，數百年病民蠹國之鴉片

生計

民氣

風俗

，至是懸爲厲禁。

(四)禮制　每星期一，官廳各機關團體，均舉行總理紀念週。并於各種紀念日，舉行儀式時，均讀總理遺囑。廢除拜跪，通行鞠躬，婚喪禮節，皆主簡單，迎神賽會，亦多停止。且政府改用陽曆，已合文化大同之意。

——完——

中華民國二十二年四月初版

高級中學校用 本國文化史（全一册）

實價大洋八角

（外埠酌加郵費匯費）

編著者 顧康伯

校閱者 孟壽椿

發行人 沈駿聲 上海北福建路三三一號

發行者 大東書局 上海四馬路九十九號

印刷所 大東書局 上海北福建路三三一號

發行所 上海四馬路暨各省 大東書局

王其邁編著

中國文化史

李子虞題

中國文化史上編 目錄

中國文化史

導言

何謂文化　文化者。人類由經驗獲得之物產。而以傳之子孫者也。質言之。則人類生活之方法與程式耳。人類由漁獵而遊牧。而農耕工商。程度與時俱進。其生活方法與程式。亦愈演而愈複雜。由簡陋而高明。遞嬗以造成此光怪璀燦之世界。討論此演進之程序者。則文化史之所有事也。

何以人類獨有文化　萬物芸芸。悉稟天地之氣以生。而文化爲人類所獨有。此其故大有研究之價値焉。德儒 Müller Lyer 常有兩種假定以明其故。

一人類祖先一定有手。不然決不能發明工具。

二亞利士多德有言。人類是羣居的動物。因恒在羣衆生活。方能發達複雜語言。

人類初亦四足動物。則手原係行動機關。惟太古之人。棲息森林中。作樹上生活。覓食避患。悉有賴於攀援。前兩足因昇樹之需要。乃漸變爲攫握機關而成手。自人類有手。始能造工具以利生。製武器以殺敵。其進步愈速。而競爭亦益烈。

語言之功用。在交換意見。及求得諒解。故其起源。必假定有團體有社會生活。哺乳動物羣居的形式有二。甲分居家庭。家庭範圍。包括父母及其子女。子女長成。便與父母分離。自闢家庭。此類結合。全應傳種的需求而起。名之曰家庭團體。乙合居家庭。子女長成後。仍與父母同居。聚之久而成大羣。此類團結不僅爲傳種。已有彼此相互保衛之意。名之曰社會團體。家庭團體中之言語。不過對其子女發警告。及兩性相逐所恃爲媒介之呼聲而已。與他團體無相通之必要。且羣居之時間短。固不能敎其子女以多種語言也。至社會團體則不然。發表意見求得諒解語言之需要甚繁。自有一言一語以後。增加變化無時停止。故所積愈多。而語言遂日臻完備。總之語言乃代表思想之符號。其初不過呼號之聲而已。厥後以積累而愈多。以變化而益精。其功用亦以複雜而無窮。

雖然用工具者手也出語言者口也。而使手運用工具至於精巧無倫。使口出語言至於變化無窮者。必別有物焉。爲之主宰而始然。則人類富於思考力推理力之腦是也。吾儒謂人爲萬物之靈。殆以此歟。

中國民族之由來　太古民族。脫離森林生活之後。臨水者漁。近山者獵。悉資天然食物以爲生。即稍進而營牧畜。其生活亦不能頃刻與水草遠離。一地之物產有限。則遷徙就食。而漸去其故居。乃勢之自然。而情所恒有。吾國民族亦安能逃此例而獨異。惟是論者各執一是。

紛紜罔定。徒資學者惑耳。今條舉衆說以示一班。

（甲）高原說　謂中亞細亞之帕米爾高原。爲中國民族之原產地。此說也美人馬克卜會主之其言曰。三百萬年前。北極一帶氣候溫暖。哺乳動物生於此。其後地勢漸冷。動物南移。此時已有猿類棲於樹上。旋亞洲地形改變。喜瑪拉雅山脈崛起。平原漸冷。林木枯槁。猿類由樹上生活。變爲地上生活。其地當在中亞細亞。即爲人類發源之地。中國民族由此分散東移者也。

（乙）本部說　西人希爾托有言曰。謂中國民族爲自他處移來。毫無確據。以古書記載之可信者考之。伏羲神農黃帝以迄堯舜禹湯古昔帝王。莫不崛起於黃河流域。是其意以爲中國民族。即生育於中國北部。非自外來也。

（丙）南方說　法國學者又謂中國民族來自印度支那半島或印度。

（丁）西方說　主是說者爲法人拉古伯里。其言曰。古代巴比倫爲華族祖國。西歷記元前二二八二年有那苛黃特者。率巴克族東徙。達於崑崙山脈之東方。蓋即中史黃帝其人也。又或謂中國民族來自迦勒底與埃及。

（戊）北方說　此說爲美洲探險隊安得思所創。最爲晚出。其言曰。凡世界大動物皆發現於蒙古一帶。動物既發源於此。則依動物為生之人類。亦必發源於此。而華人實由蒙古南下者也。

竊即上說詳考之。中亞細亞地勢高寒。其開化與黃河流域孰早孰晚。未能證明。固不足信也。亞洲地勢南暖北寒。最初民族由南遷北。恐無是理。南來之說亦不可信。西來之說價值似高。故從之者衆。以迦勒底巴比倫開化早。而文字習慣形色思想又多與中國相似也。然二國開化之時。吾國亦當開化之期。原無依據以定其先後。且迦勒底有舊說云。古初有民族。形色如中國人。自東北移居其地。巴比倫亦有二說云。古代有民族。狀如蒙古人，自東北來。傍海築城。為此處文化之始。由是觀之。彼方謂東方民族。徙入彼土。安能謂吾國人來自彼處乎。至若蒙古中央沙漠。古初本為大海。氣候溫潤。草木暢茂。故大動物多育於此。遺骨存在。固班班可考也。且依馬克卜之說。動物既由北極地方南下。則先至蒙古。亦理所宜然。謂中國民族來自蒙古。實較他說理由為充足。

中國文化之起源　中國文化之起源。議論紛紛與。言民族者相出入。竊謂人同此心。心同此理。凡為人類。因環境之適合。生活之壓迫。皆能自造文化。雖或相似。未必同出一源也。英人巴克曰。謂中國文化受之于巴比倫埃及。或巴比倫埃及文化受之於中國。均無確實證據。韋爾斯曰中國文化似為自然發生。未受他助羅。素謂中國文化乃歐洲以外完全獨立之發達。三說最為審慎。吾於是為之結語曰。中國民族來自蒙古。而文化則自己發生。毫無借於他助者也。

中國開國之年代　春秋元命苞。謂天地開闢至春秋獲麟之歲。凡二百二十六萬七千年。分為十紀。一曰九頭紀。（即人皇氏）二曰五龍紀。（共五姓）三曰攝提紀。（共五十九姓）四曰合雒紀。（共三姓）五曰連通紀。（共六姓）六曰敘命紀。（共四姓）七曰循蜚紀。（共二十二姓）八曰因提紀。（共十三氏）九曰禪通紀。（共十八氏）十曰疏仡紀。（自黃帝至春春）此說不見於周秦古書。蓋世人相傳之俗說。漢人始筆之於書。其所謂十紀者。雖不可盡信。而所謂二百萬年者。要亦未可全非。今由歐美科學家之推求。知地球之生命至少為一萬萬年蠕。行動物之生命為三千萬年。脊椎動物之生命為二千萬年。哺乳動物之生命為四百萬年。人類之生命為一百萬年。則區區二百萬年之估計。又何足異。若謂中國茫茫九有。初無人類。必待至最近數千年中。始由巴比倫或埃及轉徙而來。是則理之所必不可信者也。吾國開國。既可推知其甚久。則自茹毛飲血。穴居野處。以至居華屋。坐火車。其間無一日非文化演進之期。則中國文化之發生。亦必不止如巴比倫埃及僅僅以數千年計也。特以發掘尚少。考古學未能進步。不足徵之耳。

研究中國文化之難點及方法。

中國土地占亞洲四分之一。適當溫帶。氣候和潤。物產豐富。有四萬萬之人口。有四千年之歷史。文化發生當甚早。且世界文化。有東洋西洋兩系。而東洋文化。惟中國占重要部分。則研究中國文化。固甚宜。獨惜中國富於史事。而貧於史書。二十四姓之家譜。除篡奪戰征外。凡關乎民生狀態。及人羣進化者。紀載寥寥。而諸子百家。又語焉不詳。加之異族闖入。佛教流行。莫不與吾國文化生重大影響。若是則研究中國文化又甚難。

然集腋以成裘。積絲而爲縷。前哲時賢。於諸子百家中。分門搜索。而成專著者。所在多有。此編根據乎此。復時參以已意。其詮次方法。仍與政治史相表裏。斷爲四期。

第一期　太古文化史　自邃古至秦是爲中國文化發育時代

第二期　中古文化史　自漢初至唐末　是爲中國文化與印度文化融化時代

第三期　近古文化史　自五代至清中葉　是爲中國文化與西洋文化溝通時代

第四期　近世文化史　自清中葉至今　是爲中國文化與西洋文化融化時代

第一篇　太古文化史

第一章　生活要素

管子云。倉廩實知禮節。衣食足知榮辱。孔子適衛。冉有僕。孔子曰。庶矣哉。冉有曰。既庶矣。又何加焉。曰。富之，曰。既富矣。又何加焉。曰。教之。由管子與孔子之言觀之。知義禮之教。有待於衣食之養。則人生利賴之資。不且爲文化之基乎。故文化發生恒在生活容易之所。凡民族之棲息酷寒之極地。與不毛不沙漠者彈精力以求衣食猶不足。又何暇於文化哉。人生利賴之要者。曰衣。曰食。曰住。

第一節　衣服之演進

赤體而居。乃人類自然之狀態。（今非澳各洲天然民族猶多如此）呂氏春秋。所以記裸國也。厥後本好裝飾之虛榮心理。或雕鏤其體。或著樹葉。或披羽皮。以示美觀。而衣服之製。遂緣是而起。史云古初之民。卉服蔽體。辰放氏作。乃教民揉木茹皮。以禦風霜。及伏羲氏作。布又作綀帛。而布帛之利始興。迄虞夏。衣服原料。益臻完備。觀禹貢所載。九州貢物。有衣服原料者六州。周制庶人衣服皆同。而材料須自給。周官閭師所謂不蠶者不帛。不績者不衰是也。衣服種類。今分三項述之。

甲冠。　辰放之民。編髮閭首。後聖易之以月。說文曰。月小兒及變夷頭衣也。」又進而有弁有冕有冠而法制漸備。冕之制。始于黃帝。歷代因之。前後垂旒。而其布以麻爲之。施以漆。弁制用皮。而代異其色。太古之冠。亦以布。其色白。齋則緇之。後世易以皂絹。至周人尙文。尊卑之次繫於冠服冕服爲上。弁服次之。冠服爲下。其大較也。

乙衣裳　古之男子。上衣下裳。其色玄黃。進化之迹。不甚可攷。至黃帝而制漸備。世本云伯余作衣裳。又云胡曹作衣。大戴禮五帝篇云。黃帝黃黼黻衣。大帶黻裳。帝嚳與堯亦然。史記又稱帝堯黃收純衣。是其衣不盡繪也。虞舜欲觀古人之象。以五彩彰施於五色。而衣裳崇文繡矣。周制庶人皆深衣。士以上則有采章。以別尊卑。如周禮司服所掌是也。

丙履　黃帝之臣。余則作屝履。而履亦備服制之一。虞夏以來。無可攷。至周則有屨人之職。掌王后之服。屨爲赤舄黑舄素屨葛屨辨內外命夫命婦之命屨功屨散屨。其制頗詳。

論曰。自虞至周。衣冠之形制各異。文采之多寡不同。非第爲美觀也。而階級之尊卑。政治之賞罰寓焉。堯典曰。車服以庸。皋陶謨曰。天命有德。五服五章哉。伏氏復釋其意曰。古之帝王。必有命民能敬長矜孤取舍好讓者。命於其君。然後得乘飾車駢馬衣文錦。未有命者。不得乘。不得衣。乘之。衣之者。有罰。又曰。未命爲士者。不得乘飾車朱軒。不得衣繡。庶人單馬。木車。衣布帛。觀此知古人衣服之制。以爲人民行誼之表證。非好爲區別也。古聖人主持一國之政教。欲使賢智勸不肖者。知恥而自勉。勢不能家諭而戶曉。惟寓勸懲於日用尋常之事。收效爲最速。易曰。黃帝堯舜。垂衣裳而天下治。胥此道也。

第二　飲食之演進

太古之民。榛狉無知。凡草根樹皮。以至蠑蠬虫豸莫非食料。（今熱帶各地。蠻民尚有如此者。）稍進而庶民鮮食。然茹毛飲血。有傷腸胃。燧人氏興。仰觀辰心。俯察物理。作鑽燧之法。廣火化之利。以灼以炳。而民知熟食。由是而烹炙蒸煮之法。愈演愈精。食飲之道乃大備。茲依食品。分述於下。

（一）穀食。　自神農創作稼穡。烝民乃粒。然燔黍捭豚。事甚簡陋。黃帝作粥飯。夏代有餱糧。粒食之品漸繁。至周尊后稷播穀之訓。歷代重農。其食尤以穀爲主。周禮膳夫王之饋食用六穀。則民食可知矣。

（二）蔬食。　種蔬之法。創自炎皇。葵藿爲羹。昉於唐帝。見韭納蒜。著於小正。烹葵及菽。歌于豳人。畜聚之物。周禮載之。旨蓄禦冬。邶風詠之。則蔬菜久與穀粟同重矣。

（三）肉食。　肉食之風。由來已久。伏羲教民佃漁畜牧。莫不用爲肉食之需。庶民鮮食。見於虞書。餔者黍肉。詳於孟子。況懸肉爲林。又紂之所以亡國也。至於周。而六牲六獸六禽七醢三臡之記於庖人膳夫。與魚物臘物之紀於魰人臘人者。莫非肉食之品。

(四)佐食。(甲)酒自儀狄造酒。禹即惡之。因有甘酒之訓。厥後羲和桀紂皆以嗜酒亡國。沬邦化紂之惡。成王封康叔於衛。命周公作酒誥。以警戒之。則酒害之中於社會。非一日矣。然酒以成禮。勢亦不能盡去。故酒正酒人周設專官。而三酒四飲亦詳其物焉。(乙)鹽說文云。古夙沙氏始煑海爲鹽。周公設鹽人掌其政令。至管仲官山海以富國。而鹽利歸國有矣(丙)醬醢禮記獻熟食者。操醬齊。是醬見於記錄之始。醢人醯人周禮亦設專官。

論曰。上古生食其事甚簡。自燧人創火化之方。炎帝宏火化之用。烹飪之事。愈演愈精。而愈見知味。易牙同嗜。遂有以烹飪名家者矣。

第三節　宮室之演進

太古之民。露居而野處。原與他動物無異。稍進而有穴居之風。又進而有巢居之利。則宮室之制。固由漸進也。

一宮室。　易曰。上古穴居而野處。後世聖人。易之以宮室。上棟下宇。以待風雨。是宮室緣起。爲避寒濕也。吾國宮室之制。起自黃帝。白虎通黃帝作宮室避寒濕是也。又創樓閣明堂之制。而制乃大備。堯有天下。茅茨不剪。樸桷不斲。禹卑宮室。著竣宇。離牆。之戒。而啟有鈞臺璿臺。桀有瓊宮瑤室。則宮室崇卑。殆亦因時而變也。商紂實財鹿臺爲瓊室玉門。則亦與桀同類。恣奢欲以亡其國而已。周代宮室之制。經無明文。蓋冬官既亡。其文不具也。

二城郭。　城郭之初。其意蓋主於防禦。吾國城池。創自羲農。至黃帝爲五城。鯀作城郭。皆推廣羲農之制。以宏衞君守民之用者也。周書言周作大邑。成周於土中立城。方千七百二十丈。春秋時吳築大城。周四十七里有奇。工事進矣。尤未若長城之驚人也。戰國時。燕趙秦三國。築長城以防禦匈奴。魏與齊亦有長城。以爲防禦。此皆古代建築之可考者。

論曰。建築一事。最足以表現人民之能力與思想。人類進化愈後。而知識愈高。其能力因是而愈大。思想因是而益繁。故建築物之後成者。其規模恒視前者爲宏大。而裝飾亦較前者爲華縟。中外一例。不獨中國然也。

第二章　工具

人類有手。而後有工具。有工具。而後有工作。工作興。而各種事業以起。是文化基礎。除生活三要素外。惟工具爲最要。社會學者。依工具進化之程序。共分爲四大時代。(一)石器時代。(內又分新舊兩時代。) 吾國自邃古至黃帝。當屬此期。越絕書謂神農赫胥。以石爲兵。則舊石器時代之證。黃帝以玉爲兵。則新石器時代之說也。(二) 銅器時代。(內又分赤銅與青銅兩時代。) 黃帝已明用銅之術。約爲純銅斗。厥後漸知化合之法。以錫入銅。而爲青銅焉。周禮考工記所謂金有六齊者是也。(三) 鐵器時代。與機器時代。悉在周之後。茲不贅。依工具種類。分述如下。

第一節　武具

猛獸毒蛇。悉人類之敵。古民欲求生活安寧。故不得不藉武器以防敵而禦害。越絕書謂軒轅神農赫胥以石爲兵。太白陰經謂伏羲以木爲兵。則武器之由來遠矣。世本云。蚩尤以金作兵。云又蚩尤作五兵。戈矛戟酋矛夷矛。管子亦云。蚩尤以葛盧山之金。制劍鎧矛戟。以雝孤山之金。制戟與戈。世本云。揮作弓夷牟作矢。說文亦云。揮作弓夷。牟初作矢。二人皆黃帝臣。越絕書。又謂黃帝以玉爲兵。中國武器。至是而大備。蓋是時。漢族與苗族之競爭正烈。各爲利器。以殺敵。亦勢所不容已者。故武器發明。爲最多。越絕書。謂禹穴之時。以銅爲兵。厥後干戈以敵行。則夏制也。斧鉞以專征。則殷制也。至周雖冬官久佚。而考工所記。築氏冶氏弓人函人各有專職。且赤刀黃鉞惠劉鍨瞿等之散見於經史者。又不一而足乎。

而佩劍在當時。尤爲常儀焉。

第二節　飲食之具

甲飲具。　古者汙尊而杯飲。後世易之以陶匏。而飲具稍備。又進而木器而角器而金器雜陳並用。自虞至周。其名有尊有爵有勺有觶有壺。(乙)食具。土橊土型。古之食器。甚爲簡陋。文化進步。而食具始完。有甑盆則瓦器也。有簋簠則竹器也。俎豆木器。而鼎鼐金器也。

第三節　交通之具

(甲)水行之具。自黃帝刳木爲舟。剡木爲楫。航行之之權輿。迨禹平水土。而九州貢道。悉資于水。則航運之術。蓋已普及神州矣。至於周而造舟。維舟方舟特舟之文。記于爾雅者。等級綦嚴。不得濫用也。春秋之世。楚作舟師。吳有餘皇。又水師兵船之權輿也。(乙)陸行之具。古聖人見飛蓬而爲車。其制蓋肇自有態。引重致遠。以紓負戴。其利溥矣。厥後少昊駕之以牛。奚仲馭之以馬。至周而車制尤備。玉輅金輅象輅革輅木輅稱名殊別。應用亦異。用之多。則技益精。遂有以乘馭之術名世者。如造父王良是也。

第四節　農具

易曰。神農氏作斲木爲耜。揉木爲耒。耒耜之利。以教天下。厥後垂作銚鎒。叔均作犁牛。

耕益進步矣。周人重農。其器當愈備。惟冬官已亡。無可考證耳。然如錢鎛銍艾之歌于詩者。猶可考知一二焉。杵臼之利。亦農民要需。其制蓋亦始于黃帝。易繫辭所謂。斵木爲杵。掘地爲臼。杵臼之利。萬民以濟者是也。

第五節　雜具

(一)席薦。鋪具也。淮南子曰。席先萑葦。言席之從出自萑葦也。軒皇以蘭蒲爲席。而薦圭玉。則席之興也遠矣。韓子曰。禹爲蔣席頮緣。則加飾耳。至於周。且以席分等級焉。(二)牀。孟子曰。舜在牀琴。世本云。紂作玉牀。其起原耆亦甚古。(三)几案。几之作。自黃帝。有。虞與三代。有俎而無案。至戰國始有其稱。則俎之遺也。古代席地而坐。几案两所必需也。他屑屑者不備述。

論曰。上古之民。惷朴無知。不解造作。日用所需。恒感缺乏。聖人知其然也。乃立專官司其事。以利器用。而濟萬民。故軒轅設陶正木正之官。虞夏有共工車正之職。殷有六工。至於周。雖冬官亡。其詳不可得聞。而考工所記。攻木之工七。攻金之工六。攻皮之工五。設色之工五。刮摩之工五。摶埴之工二。其制自較虞夏爲更詳。迄後世。乘肥衣輕者。主持政柄。鄙工藝爲不屑爲。而任人民之自爲之。工藝遂以不振。可慨也夫。

第三章　生業

衣食之資無缺。工具之用既廣。人各盡其才。以勤厥業。各種生業。日盛而日廣。則生活之基礎愈固。而文化之程度益高。此則理之自然。而不容誤者也。瑣瑣者或不足道。茲擇其大者。凡分三端。曰農曰工曰商。

第一節　農業

吾國自神農發明耕稼。而後以土地之宜。氣候之適。遂用爲立國之本。故洪範八政。其一曰食。自是。上而聖賢。下及諸子。凡言經濟者。莫不首先及此則農業之重也。可知矣。茲分三端。以述其概。

(甲)農官。炎黃命輔設官。農事雖未明。所屬而不耕之令。播穀之文。悉視爲行政之要。至少昊。有九扈之官。唐虞。設后稷之職。農官有專職矣。夏時。田畯歌于詩。商人記於禮。其制史詳於唐虞。至不窋失官。則其衰敗也。商制無攷。而冢宰制國用。亦以五穀之入爲準。周制最詳。司徒所屬六十官。與農事有關者約居其半。而稻人草人及司稼之職。其尤者也。

(乙)田制。　神農之世。民各據地而耕。無所謂田制也。厥後人口日增。土地有限。生活所關。爭端漸起。黃帝知其然。乃收田地爲公有。經土設井。以塞爭端。立步制畝。以防不足。使八家爲井。井開四道。而分八宅。鑿井於中。以謀便利。井田之制。於是始。至后稷又發明甽田之制。以二耜爲耦。廣尺深尺。田甽長終畝。一畝三甽。而播種於甽中。田畝之制。於是成。夏田有公私之別。一家所耕畝數無考。或曰。五十畝也。商復井田之制。以地六百三十畝。畫爲九區。中一區。爲公田。餘八區。爲私田。以授八家。各得七十畝。周之田制凡分三種。(一)畫地爲井。而無公田者。周官小司徒所言井牧之法是也。(二)畫地爲井。以其中百畝爲公田者。孟子井地之論是也。(三)不畫井而但制溝洫者。周官遂人治野之法是也。其授田之制。亦分三種。(一)都鄙之地大。司徒凡造都鄙制其地域而封溝之。以其室數制之。不易之地家百畝。一易之地。家二百畝。再易之地。家三百畝。(二)鄉遂之法。周官遂人。辨其野之上地中地下地以頒田里。上地夫一廛田百畝。萊五十畝。中地夫一廛田百畝。萊百畝。下地夫一廛田百畝。萊二百畝。約之授田。以一夫百畝爲準云。

(丙)稅法。洪水以前。授田教耕。爲民食而已。救黎民阻飢而已。固不注意於賦稅也。故賦稅之制。書無明文。洪水既平之後。人得安居。生齒日繁。國事紛而用度廣。財貨所出。

不得不取之於民。故禹貢有咸則三壤成賦中邦之文。而九州之賦以定。其制每夫授田五十畝。各以五畝所得。納於公家。曰貢法。商則八家同井。各出其餘力助耕。公田私田不稅。曰助法。周用徹法。徹通也。謂通用二代。(夏商)之法也。亦曰合也。八家共耕公田。通力合作。計畝均收。大率民九而公一。卽粟米之征也。此外又有力役之征。及布縷之征焉。春秋之世。井田制壞。暴斂橫征。如魯之稅畝丘甲田賦。鄭之田賦。其可考見者也。

論曰。三代行井田制。而田爲國有。人民不得私據也。受田有定額。納賦有定制。無失業之遊民。亦無貧富之階級。近世所謂社會主義。均產主義者。蓋無過於此。顧亭林有言曰。古來田賦之制。實始於禹。水土既平。咸則三壤。後之王者。不過因其成蹟而已。故詩曰。信彼南山。維禹甸之。畇畇原隰。曾孫田之。我疆我理。南東其畝。然則周之疆理。猶禹之遺法也。孟子乃曰。夏后氏五十而貢。殷人七十而助。周人百畝而徹夫。井田之制。一井之地。畫爲九區。蘇洵謂萬夫之地。蓋三十二里有半。而其間爲川爲路者。一爲澮爲道者九。爲洫爲涂者百。爲溝爲畛者千。爲遂爲徑者萬。使夏必五十。殷必七十。周須百畝。則是一王之興。必將改畛。涂變溝洫。移道路。以就之爲。此煩擾無益於民之事也。豈其然乎。蓋三代班田之異。在乎貢助徹而不在五十七十百畝。特丈尺之不同。而田未嘗易也。故曰。其實皆什一也。

第二節　工業

工業之起。由來久矣。人類知用器具。斯有製作。有製作。斯有工業。惟是羲農之世。農工商賈。屬於一人。無分工之制。自黃帝命甯封爲陶正。以司陶工。赤將爲工木。以司木工。此外又有竹工冶工。製造樂器之工。製造儀器之工。製造衣冠之工。製造貨幣之工。而工與農商。始分業以專而精。然則吾國工業之進步。蓋自黃帝矣。厥後多昊以五雉爲五工正。商以六工典制六材。周以工師監理。百工代有專官。以董製造。且旣廩稱事。所以勸工之道。又甚詳。而器具之利民用者。逐漸備。玆擇古代工業之特點。與近世工業原則有合者。則於左。

(一)時尚　環境不同。則需要各異。製造之品。必應其需要。而後生有虞氏上陶。夏后氏上匠。殷人上梓。周人上輿。莫不因時代之變遷。而有所偏重。

(二)地限　資天然之材物以爲工。物產旣各地不同。則工作之巧拙。品物之良窳。亦因之而異。粵無鎛。燕無函。秦無廬。胡無弓。車夫所謂無者。非無之也。言天材豐優。人人能爲之也。而鄭之刀。宋之斤。魯之削。吳粵之劍。又遷地而弗良地。氣所限。人固無如何也。

(三)工場　子貢曰。百工居肆。以成其事。釋之者曰。肆謂官府造作之處。工不居肆。則遷於異物。而業不精。而文王亦云。工不族居。不足給官則居肆。族居非工場而何。

(四)分業　分工之理。今人多言之。吾國自黃帝以來。分工之事。即甚著。不特金工與木工殊職。矢人與函人異術。周之時。一車也而爲之者。有輪人。有輿人。有□人。有車人。考工所載。固彰彰也。

(五)世業　周禮大司徒。施十二教。其十曰。以世事教能。考工記云。知者創物。巧者述之。守之。世謂之工。所謂世事。所謂守之。世非世業而何。管子曰。工之子恒爲工。此雖士農皆然。而工之世業。愈顯然矣。

論曰。工業思想。遂人類之進化而發展。上古之人知識未開。製作簡朴。且悉取自給。未嘗以爲商品也。即云置肆處工。設官董造。亦不過供王室之用。給官府之求而已。無與于一班民衆。而社會所需。率于農隙夜間作之。自給其用。詩云。晝爾于茅。宵爾索絹。非斯之謂歟。由此觀之。則上古工業。對于農爲從位。絕非獨立之營業也。

第三節　商業

漢書謂通財鬻貨曰商。白虎通意曰。商其遠近。度其有無。通四方之物。故謂之商。此商業之意義也。吾國商業發展甚早。邃古之民。生計簡陋。固不知經商服賈爲何事。然生齒日繁。而需要日多。一人所生不足自給。勢不得不以有易無。仰給於他人之協助。獨是分居散處、交易爲難。神農氏作。乃設市廛爲聚貨之地。日中爲市。致天下之民。聚天下之貨。交易而退。各得其所。爲我國商業之新紀元。繼之。黃帝英資大略統一全國。作舟車以利交通。興製造以裕貨品。而商業一進。虞夏之時。貿遷有無化居。凡九洲貢道皆運輸之路。九州貢物皆市肆之品也。商塲益廣。而商貨益多。吾國商業又一進。商代政治。其關於商業亦重且多。總不若周人爲尤備。周自文王治岐。關市譏而不征。所以體恤商人者至矣。武王克商以英明之資。佐以多材多藝之周公。其制禮作樂。明刑布敎。無論矣。即政治法律之關於商業者。亦極爲縝密。列舉於下：

(一)商政之機關　周代全國官吏統於六官。雖職責所在各有專司。而天地兩官兼理商政。天官太宰以九職任萬民。六曰商賈。阜通貨賄。地官大司徒頒職事十。有二於邦國都鄙以登萬民。六曰通財。謂商賈阜通貨賄也。天官地官。總其成。復設各種市官。分職任事操。商場管理之權。茲列舉如左。

(甲)司市一百七十四人。掌市之治敎政刑量度禁令。

(乙)質人三十四人。掌成貨賄奴婢牛馬兵器珍異之價。及買賣質劑之事。

(丙)廛人三十四人。掌徵收市之稅。金罰欵繳納泉府之事。

(丁)胥師。六十人。掌平貨賄憲刑禁聽斷小訟之事。

(戊)賈師。十六人。掌辨別物品。規定物價之事。

(己)司虣。一百十二人。掌市之禁令。

(庚)司稽。二百零四人。掌巡市而察其犯禁者之事。

(辛)肆長。一千二百人。掌其肆之政。令陳列貨物。使名實相近。以免商人欺詐。

(壬)司門一百八十六人。掌啟閉國門。查禁貨賄。出入不合式之事。

(癸)司關。二百零八人。掌國貨之節以聯門市。

二，通商之條例。　周代王畿千里。諸侯之國。以百計。封域大小。各自為界。通商固勢所必行。而稽查亦不容或疏。故出入國界。必為璽節。以資證明。必有條例。以期共守。本國貨物之輸出者。則刻竹為節。加璽其上。由司市付給。通之國門。司門驗之。通之關門。然後運之國外。外貨之輸入。則由司關。按其璽節。通之國門。司門驗之。通之司市。然後銷售於市。

(三)市場之制度。　周代內宰佐后立市。市凡三種。曰大市。朝市。夕市。大市日昃而市。百族爲主。國內外公共貿易之市場也。東爲朝市。朝時而市。商賈爲主。近市之人。貿易較大之市場也。西爲夕市。夕時而市。販夫販婦爲主。近市之人。貿易較小之市場也。朝前市後。則市場又有定所焉。

(四)商稅之征收。　吾國古代。以農立國。賦稅之種類甚少。所謂市廛而不稅。關譏而不征。乃夏商及周初相沿之制度也。迨後國用漸繁。關稅商稅。始行征收。周官大宰。以九賦斂財賄。七曰關市之稅。關稅。關吏掌之。市稅。廛人掌之。經收斂布絘布總布質布罰布廛布入於泉府。

(五)信用之維持。　商八貿遷有無。雖有錢幣。以爲易中之具。苟無信用。制度以輔。錢幣之不足。仍苦周轉不易。然信用事業。端賴政府之維持。方足以息爭訟。而止糾紛。我國信用事業。肇始於周。周天官小宰。以官府之八成經邦治。其四曰聽稱責以傳別。七曰聽買賣以質劑。即所以維持信用也。凡質劑由司市發給。而稽查與判斷之責。則質人任之。

周代商法完善。實前此所未有。東遷而後。政教凌夷。王室不振。列國君臣。頗注意及此。蓋商業之降。有關於國勢之盛衰也。而要以齊爲最者。則管仲之力也。管仲相桓公。霸諸侯

○以富甲天下○其政策之關於商業者○凡四○(甲)立國必先求富○求富必先重商○輕重甲篇曰○國多財則遠者來○地辟舉則民留處○五輔篇曰○得人之道○莫如利之○是則立國，必先求富之說也、輕重甲篇曰○萬乘之國○必有萬金之賈○千乘之國○必有千金之賈○百乘之國○必有百金之賈○問篇曰○市者，天地之財具也○而萬人之所和而利也○關者○諸侯之陬隧也○而外財之門戶也○此則富國重商之說也○(乙)振興商業○政在恤商○問篇之言曰○征於關者○勿征於市○征於市者○勿征於關○虛車勿索○徒負勿人○霸形篇曰○關譏而不征○市書而不賦○桓公踐位十九年○屢弛關市之征○五十而取一○卽管仲恤商之政也○(丙)鹽鐵林礦○國有政策○所謂官山海者此也○海王篇○山國軌篇○輕重篇○等言之最爲詳切○(丁)經濟政策○管子之經濟政策○卽所謂來天下之財是也○其要在獎勵本國物產○運銷外國○吸收其金錢○以裕國用○輕重甲篇○記其概○

論曰○商業發展之後○物品流通○則風俗日趨於奢○貨財有歸○而經濟漸失其均○貧富階級生○而社會乃益紛擾矣○然利之所在○人爭趨之、春秋之世○乃有以營貨殖起家之人○他與人生相關者○又有貨幣焉○權衡焉○

甲○貨幣之發達○

葛天尊盧之幣。邈不可攷矣。馬氏通攷。謂太昊以來。即已有錢。所謂棘幣者是也。然習俗相沿。漫無標準。山居用皮。水居用貝。未必以金爲一定易中之具也。商業創自神農。貨幣之用。因商業而益著。列廛於國。以聚貨帛。通典載之。至黃帝范金爲貨。立五幣（金刀泉布帛）以廣其用。而幣制稍具規模矣。厥後。少昊之貨。高陽高辛之金。唐虞夏商。金爲三品。或黃。或白。或赤。或泉。或布。或刀。代有制作。形式不一。周公定制。立九府圜法。而幣制益備。九府者。大府。內府。外府。玉府。泉府。天府。職內。職金。職幣。皆掌財賦之官也。黃金方寸而重一斤。錢圜函方輕重以銖。布帛廣二尺二寸爲幅。長四丈爲匹。以爲交易之制。故貨寶於金利。於刀流。於泉布。於布束。於帛。此其大較也。春秋之世。景王鑄大錢。注者謂大錢者。大於舊錢。其賈重也。（或云徑一寸二分。重十二銖。文曰。大泉五十。或云。大錢文。曰寶貨。）始者錢一品。至是而二品矣。周公之制。又稍變。

乙。權量之制。

孟子曰。物之不齊。物之情也。交易之際。而無物焉爲之準。將何以 杜欺詐而免爭訟乎。

黃帝命隸首作數。而制爲器。長短輕重。咸取則焉。一曰。度以一黍之廣爲分。十分爲寸。十寸爲尺。十尺爲丈。十丈爲引。而五度備。二曰。量千二百黍爲龠。二龠爲合。十合爲升。十升爲斗。十斗爲斛。而五量嘉。三曰。衡權。衡。平也。權。重也。衡所以任權。而均物平輕重也。百黍爲銖。二十四銖爲兩。十六兩爲斤。二十斤爲鈞。四鈞爲石。而五權立。唐虞巡方。以同律度量衡爲首政。大禹之訓曰。關石和鈞。王府則有。周之初政曰。謹權量。審法度。豈非以齊民俗。立民信。胥有賴於此。而歷代重視之哉。至夏以十寸爲尺。殷以九寸爲尺。周以八寸爲尺。則又時代之變制也。

第四章　團體組織

易曰。有天地然後有萬物。有萬物然後有男女。有男女然後有夫婦。有夫婦然後有父子。有父子。然後有君臣。有君臣然後有上下。有上下然後禮義。有所錯。若是則團體組織。其始於男女之合乎。遞嬗而爲家庭。爲民族。爲部落。爲國家。總之人口愈繁。文明愈高。而團體組織之範圍亦愈大。蓋合以禦敵。分而作工。其相胥爲用之事多也。而所以演進之迹。略可攷焉。

第一節　家族之組織

古者。男女之合。如牝牡。故人生知有母。而不知有父。是時家族關係。要以女性爲中心。惟是女性多柔。生活所資多。有賴於男子。因而男權日張。婚姻制行。家族中心。遂易以男。所謂家長制度者。成焉。此其道周易言之矣。家人之卦曰。女正位乎內。男正位乎外。男女正。天地之大義也。家有嚴君。父母之謂也。父父子子。兄兄弟弟。夫夫婦婦。而家道正。家道正而天下定矣。吾國上古家庭之組織。蓋如此。

第二節　村落之組織

村落之組織。其起於農業既興之後乎。蓋農業興而民有定居。有定居而後有村落。進化之序然也。黃帝之制。井一爲鄰。鄰三爲朋。朋三爲里。里五爲邑。邑十爲州。此制迄乎夏殷。遵而不廢(通典。)周官精義莫過鄉遂。其組織法同而名異。鄉則五家爲比。五比爲閭。四閭爲族。五族爲黨。五黨爲州。五州爲鄉。(鄉人)遂則五家爲鄰。五鄰爲里。四里爲酇。五酇爲都。五都爲縣。五縣爲遂(遂人)然則鄰也。朋也。比也。里也。非即田中聚落乎。孟子曰。「五畝之宅。」趙氏釋之曰盧井邑居各二畝半以爲宅。所謂盧井即在田之居而成鄰里者也。古之農夫。春令畢出在壄。堯典所謂厥民析者。是冬則畢入於邑。堯典所論厥民隩者。是故宅有在田在邑之分。

第三節　部落之組織

太古之世。無所謂政治。亦無所謂尊卑。因相居之便連爲羣演其野蠻殘殺之手段。以擴其狩獵生活之範圍而已。衆之中有才智者出。恒支配其衆以勝敵而獲利。衆必愛戴而聽命焉。於是奠長之制生。而部落成矣。吾國古代所謂諸侯者。皆此物也。

第四節　國家之組織

古代部落。割據紛爭。互相侵擾。迄黃帝大事撻伐。凡奠長舉部落以從。號令者。因其故土封爲世襲侯國。畫天下爲九州。命匠營國邑。得百里之國萬區。是爲封建制度之濫觴。於是海內統一。黃帝乃立大政府以統治之。置左右二監。監於萬國。吾國國家之組織漸定。至堯舜定巡守之制。四岳州牧。設官分職。中央政府。有操持賞罰之權矣。至於周誅紂之外。滅國五十。大行封建。以厚其勢力。自是天子諸侯。各有定分。不得逾越。天下之勢。亦如身之使臂。臂之使指。中央政府之權愈大。而國家之基礎亦愈固。

論曰。團體組織。起原於生活之爭。競爭愈烈。而團體之組織亦愈。要而愈廣。此其說。吾於呂覽及柳子之言證之。呂覽之言曰。兵所自來者久矣。五帝固相與爭矣。遞興遞廢。又曰。蚩尤之前。民固剡林木以戰矣。勝者爲長。長則猶不足治之。故立君。君又不足以治之。故立天子。天子之立也。出於君。君之立也。出於長。長之立也。出於爭，（蕩兵篇）柳子之言曰。彼其初。與萬物並生。草木榛榛。鹿豕狉狉。人不能搏噬。而且無羽毛。莫克自奉。

自衛。荀卿有言。必將假物以爲用者也。夫假物者。必爭。爭而不已。必就其能斷曲直者。而聽命焉。其智而明者。所伏。必衆告之以直。而不改。必痛之。而後畏。由是。君長刑政生焉。故近者聚而爲羣。羣之分其爭。必大大而後有兵有德。又大者。衆羣之長。又就而聽命焉。以安其屬。於是有諸侯之列。則其爭又有大者焉。德又大者。諸侯之列。又就而聽命焉。以安其封。於是。有方伯連帥之類。則其爭又有大者焉。德又大者。方伯連帥之類。又就而聽命焉。以安其人。然後天下會於一。(封建論)

第五章　倫常之道

團體既成。又必有術焉。維持之方。可以常存而久安。則倫常之道尚矣。吾華族自棲息黃河之濱。築室力田。沐雨露之惠。懍水旱之災。而歸其原於蒼蒼之天。以爲是即至高無上之神靈。監吾民之善惡。而禍福之者也。及演進而爲抽象之觀念。則不視爲具有人格之神靈。而視爲溥博自然之公理。於是揭其起伏。有常之現象。以爲人類行爲之標準。是說也。吾取尚書與戴禮之言以證之。皋陶謨曰。天叙五典。勑我五典。五惇哉。中庸曰。天命之謂性。率性之謂道。修道之謂教。是典也。道也。皆所以維持團體之安寧。而爲人類行爲之標準者也。論其原。則天敘之而天命之耳。至舜之命契曰。敬敷五教。則勑典修道。而以倫常之道教人矣。孟子分其目曰。父子有親。君臣有義。夫婦有別。長幼有序。朋友有信。今竊謂親也。別也。序也。家庭之常經。序也。信也。社會之要道。而義又以明國家之尊卑者也。人生斯世。烏能須臾去之哉。行此道也。以恕。文此道也。以禮。明此道也。以教。

第一節　恕

子貢問。有一言而可以終身行之者乎。子曰。其恕乎。又曰。忠恕違道不遠。恕之時義大矣哉。遵此說而行之。必能於道無虧。而於人無忤。恕之性質爲積極消極兩方面。仁者己欲立而立人。己欲達而達人。此積極之恕。己所不欲勿施於人。此消極之恕。（此係精神作用。不多述。

第二節　禮

坊記曰。禮者因人之情。而爲之節。文以爲民坊者也。其來甚久。而惟周爲備。周官舉禮之目者。有二。官一司徒所掌之禮。其目有四。曰祀禮。陽禮。陰禮。樂禮。一爲宗伯所掌之禮。其目有五。曰吉凶賓軍嘉。而吉禮之別十有二。凶禮之別五。賓禮之別八。軍禮之別五。嘉禮之別六。門類煩雜。難以悉舉。今擇其重且要者述之而已。

一冠禮。古者男子二十而冠。女子十五而笄。所以進於成人也。故冠爲禮之始。而行之最虔

○先期筮日筮賓○及期○主人迎賓○而行禮於阼階○賓以緇布皮弁爵弁三加冠者之首○復醮於客位○字之曰伯○（或仲叔季）某甫旣冠者○玄冠玄端○以見於君○並謁其鄉大夫○及鄉先生○以表其爲成人也○由士而上○皆行此禮○或曰○天子諸侯○十二而冠○

二昏禮○上古雜昏○一國女子○爲一國男子所公有○故其合也無定○夫其於婦女奴婢視之不引爲敵體也○蓋是時○婦女多由戰勝他族俘虜而來○或昏夜乘女家不備○掠奪得之○然則○俘虜與掠奪○其即古代婚禮歟○迨羲皇制嫁娶○儷皮爲禮○則易掠奪○爲買賣矣○何則○皮也者古以爲貨幣者也○儷皮爲禮○所以酬女之值也○虞夏以來○禮儀遞增○至周而大備○納采問名○納吉納徵○（春秋謂之納幣○）請期親迎○所謂六禮備○而婚姻成者也○其餘關乎昏制者○（甲）尊卑殊制○天子婚制○記載特略○惟知其冕而親迎一娶十二女而已○諸侯嫁女○列國則同姓○二國各媵以女○三女皆以娣姪相從○故諸侯一娶九女○大夫娶妻亦有娣姪從嫁○士一而已○（乙）多妻制○多妻之制○由來甚久○黃帝高辛○皆有四妃○虞夏以降○妃嬪遞增○有虞之世○爲三夫人○夏加九而爲十二○殷加二十七而爲三十九○至於周○後宮凡百二十一人○此猶曰○天子也○庶人一妻○所謂匹夫匹婦也○東周之世○宋逆旅小子○有妾二人○（列子黃帝篇○）楚人有兩妻者○（國策秦策○）孟子亦云○齊

人有一妻一妾。而處室者。畜妾之風。徧國中矣。（丙）婚姻禁制。周禮媒氏之職。男子三十而娶。女子二十而嫁。仲春之月令。會男女。曲禮亦曰。三十壯有室。則早婚者禁。曲禮曰。娶妻不娶同姓。買妾不知其姓。則卜之。魯昭公娶於吳。陳司敗以爲譏。則同姓不婚。且也。母黨不婚。仇讎不婚。則昏禮之禁綦嚴。

三喪禮。太古之民。親死不葬。舉而委之於壑。（孟子）厥後厚。衣以薪。葬之中野。不封不樹。後世聖人。易之以棺槨。（易繫辭）夏殷爲之加厚。至周而其禮始備。古者。人死必於正寢。既死而復呼其魂也。嗣是沐浴飯含之節。小歛大歛之文。衣衾棺槨。務盡其美。而殯而窆。喪事備矣。其尊卑之制。（子）殯葬之期。天子七日而殯。七月而葬。同軌畢至。諸侯五日而殯。五月而葬。同盟至。大夫士庶人三日而殯。三月而葬。樹土爲冢。（丑）棺槨之等。孟子曰。中古棺七寸。槨稱之。自天子達於庶人。此蓋周公制禮。以前之法也。周公制禮。而尊卑異制矣。天子四重。上公三重。諸侯二重。大夫一重。士不重。而棺槨厚簿亦有定制。不得通用也。（寅）喪服之制。親喪三年。既葬而虞。期年而小祥。又期年而大祥。大祥叓間。一月則爲禫祭。禫祭則除服。三年之喪。二十五月而畢。自天子達於庶人。均行之其。他則齊衰一年。所謂期之喪也。（祖父母伯叔父母昆弟之服。）大功九月。(從父昆弟之服。) 小功五月。(再從昆弟之服。) 緦麻三月。(三從昆弟之服。) 則以親疏遞降焉。

四祭禮。國之大事惟祀與戎。初民皆然。不獨中國也。蓋民智甫開。生活維艱。而人禍天災。又每足以奪其食。而制其命人禍者。鄰敵之襲擊也。須以武力相抗拒。于是乎重戎。天災之來。無形迹。無朕兆。武力無所施。于是舉而委之神。又思以祈禱者。致神悅而錫之福。故不得不重祀。吾國炎黃以來。雖無可稽。而唐虞類禋柴望。夏后致孝鬼神。殷人尚鬼。而重祀。詩書所載。蓋莫不於祀事致其誠焉。而禮則惟周爲詳。茲列舉數端。以資考說。(甲)祭之等禮。祭法云。王爲羣姓立七祀。曰司命。曰中霤。曰國門。曰國行。曰泰厲。曰戶。曰竈。王自爲立七祀。諸侯爲國立五祀。曰司命。曰中霤。曰國門。曰國行。曰公厲。諸侯自而爲立五祀。大夫立三祀。曰族厲。曰門。曰行。適士立二祀。曰門。曰行。庶士庶人立一祀。或立戶。或立竈。等級甚嚴。(乙)祭之名。周禮大宗伯。以吉禮事邦國之鬼神。示有禋祀。有實柴，有槱燎。有血祭。有貍沈。而疈辜。宗廟之祭。有六享。曰肆獻祼。曰饋食。曰祠禴嘗蒸。(丙)祭之地。有泰壇。有泰折。有坎壇。而其尤重者。爲祖廟。天子七廟。諸侯五廟。大夫三廟。適士二廟。官師一廟。庶人無廟。(

祭法）而祭於寢。（王制）祭必下日。且爲之尸。其他有射及鄉飲之禮。不備述。

姓氏。（附）古民蠢蠢。焉知姓氏。厥後生齒繁。而親疏之觀念漸著。于是區分族類。而姓氏以生。吾國言姓氏。自五帝以來。或者謂古代血統相續。以女而不以男。古代帝王。大抵從母得姓。故姓字從女從生此說也。余未敢遽信。錫土賜姓。肇自有虞。夏商而後。沿用不改。左氏述魯衆仲之言曰。天子建德。因生以賜姓。胙之土而命之氏。則姓氏蓋皆出於君主之賜矣。姓者生也。以此爲祖令之相生。雖下及百世。而不改。蓋所以明世系而別種族也。其旁支別屬。則各自立氏。氏猶家也。所以表門第也。以國爲氏。以邑爲氏。以官爲氏。以字爲氏。往往一姓。而別爲數十百氏。其用之也。男子稱名冠氏。女子稱姓此其大較也。至於戰國。古制漸就淩替。貴族降爲庶民。以氏爲姓而。姓氏淆矣。

第三節　教

教之起原。萌於文化初開之日。惟是古民朴陋。所教不外治生之術。伏羲教民佃漁。神農教民稼穡。其最著者也。黃帝立成。均爲有學校之始。所教何事。史未明言。揭倫常之道爲教人之的。實始唐虞。堯之試舜也。曰愼徽五典。五典克從。舜之命契也。曰百姓不親。五品不遜。汝作司徒。敬敷五教。在寬五典也。五教也。其事一也。左傳（元十八年）伸其義曰。布五教於四方。父義母慈。兄友弟恭。子孝。是布五常之教。使人人明其義而篤其行也。夏殷及周。宗而不改。孟子曰。設爲庠序。學校。以教之。夏曰校。殷曰序。周曰庠。學則三代共之。皆所以明人倫也。則二帝三王之所以教人者。可以覩其大凡矣。校舍及課程如下。(一)校舍。義農以來。有明堂之作。說者謂宗廟國學。皆在其內。已邈不可攷矣。董仲舒。謂五帝大學曰成均。其制甚簡。虞及夏商。有大小兩種學校。大學曰上庠。(虞)東序。(夏)右學(商)小學。曰下庠。亦曰虞庠。(虞)西序。(夏)左學。(商)皆建於國都。我王子貴族。與人民子弟之俊秀者設也。地方。則夏立學於鄉。曰校。商更於鄉校之外。立學於州。曰序。則野間之民。修業之所也。至周承前代之制。建設尤爲完備。天子之學二。(一)大學在國之南郊凡五。中曰辟雍。環之以水。水南爲成均。水北爲上庠。水東爲東序。水西爲瞽宗。辟雍。周制也。尊之故居中。諸侯國皆立當代之學。而損其制。曰泮宮。(二)小學在王宮南之左。以教國子。又有四郊小學。以教國人云。地方學校。則閭有塾。黨有庠。州有序。鄉之學。不見於周官。以儀禮行鄉飲酒之禮。於庠證之。則州黨之外。別有鄉庠焉。皆所謂鄉學也。(二)課程。就教材論之。國學與鄉學無二致。不過詳略之間微殊耳。蓋鄉學多平民。國學多貴族。階級所關。而目的自異。不得不稍事區分也。鄉遂所教

○周官大司徒云○以鄉三物○教萬民而賓興之○一曰六德○知仁聖義忠和○二曰六行○孝睦婣任恤○三曰六藝○禮樂射御書數○國學○則小學有師氏○以三德教國子○一曰至德○以爲道本○二曰敏德○以爲行本○三曰孝德○以知逆惡教○三行○一曰孝行○以親父母○二曰友行○以尊賢良○三曰順行○以事師長○保氏養國子以道○而教之六藝○一曰五禮○二曰六樂○三曰五射○四曰五馭○五曰六書○六曰九數○乃教六儀○一曰祭祀之容○二曰賓客之容○三曰朝廷之容○四曰喪紀之容○五曰軍旅之容○六曰車馬之容○樂師掌其政○而教國子○小舞大學○則大司樂掌成均之法○以治建國之學○政而合國之子弟焉○以樂德教國子○中和祗庸○孝友以樂語○教國子興道諷誦○言語○以樂舞教國子○舞雲門○大卷○大咸○大磬○大夏○大濩○大武○大合○樂以致鬼神○示以和○邦國以諧○萬民以安○賓客以說○遠人以作○動物卽所教以求其性質○實包今所謂德育○智育○體育○三者而無遺○而尤以德行爲競競焉○大司樂之屬○有大胥焉○小胥焉○東遷而後○學校廢毀○世風亦遂以不古○而教育之權○遂爲個人所操持○

論曰○倫理之原○基於天○天之本質○爲道德○而其見於事物也○爲秩序○易曰○天尊地卑乾坤定矣○卑高以陳○貴賤位矣○取天道之秩序○爲人間秩序之模範○而應用於社會○以維

持之。故凡不合秩序者。皆不得為道德。帝王之為治也。以此。聖賢之為教也。以此。中國四千年來。所以支配乎人心。而維持社會之安寧者。亦莫不以此。今之人乃欲仆而僵之。嗚呼噫。

第六章　宗教之觀念

英儒韋爾斯曰。歷史上。文明與神廟。同時發生。神者。宗教之主體。由人類種種想像衝動幻想所造成者也。吾國開化甚早。則以神為中心之宗教觀念。發生亦烏能遲遲乎。

第一節　神

神之種類。吾國先民析為三宗。一曰天神。念宇宙之大。意必有創造之主。於是信仰上帝而敬天。古者天子歲一祭天。周禮所謂冬至日祀昊天上帝於圜邱是也。天神之屬又有寒暑焉。日月星辰焉。風伯雨師焉。二曰地祇。萬物芸芸悉生於地。人類資之為生活之基。於是乎又祭地。周禮所謂夏至日祭地於方澤是也。地祇之屬有社稷焉。有五岳四瀆焉。有五祀焉。三曰人鬼。人鬼之最親而最重者為祖先。他如有功德於民之帝王哲人。亦敬而祀之。以報功而示範焉。凡此三宗。皆吾古民之所謂神。各用一定儀式以祭之。三宗之外又有物魅。如祭貓祭虎之類是也。

第二節　巫祝

虔敬神明以祈福而禳禍。斯有介紹於人神之間爲之轉達辭意者。以祈禱爲事。以祭儀爲學。西方各國謂之僧侶。吾國謂之巫祝。史云少昊之末。民神雜糅。家爲巫史。則巫之由來久矣。商人尚鬼故信巫。而巫氏世相殷室。雖伊尹有巫風之戒。不能止也。至於周而祝之之官有五。巫之官有三。事神且設專職矣。

第三節　神仙

史記。黃帝采首山銅鑄鼎。荊山之陽。鼎成。乃仙去。此爲神仙說之嚆矢。自後周有王子喬。秦有肅史。皆假神仙之說。流聲後世。戰國時。燕人宋毋忌。羨門子高之徒。稱有神仙術。且言海中神山。有諸仙人。及不死之藥。燕齊諸王。類信之。而海上多方術之士盡。

論曰。古民智識未啟。斯迷信自深。政刑或背。而不守。以恣其心之所欲爲。若語之以鬼神。無不惕然。驚而帖然服者。此聖人所以有神道設教之說也。獨是中國政教分離。甚早。爲統治此大版圖之需要。哲人智士悉努力於政治之研究。卒之政治進步。一日千里。而宗教乃瞠乎後矣。西人或詆中國爲無宗教之國。抑亦知中國宗教觀念之發生。固不後於西人乎。

第七章　學術

綜宇宙之現象。人類之行爲。爲抽象之研究。欲一一明其眞像。推其原理。而學術生焉。其事所關甚巨。爲類甚繁。分述如下。

第一節　文字

文字之功用有二。通今及傳後是也。草昧之世。交通不廣。應求之際。專恃口語。固無需乎文字。其後部落漸多。範圍漸廣。傳說易歧。且難及遠。思有法焉。以通遐邇之情。爲後先之證。而文字之需要。乃隨世運而生。吾國之有文字。約分三階級。一曰結繩。二曰圖畫。三曰書契。三者皆有文字之用。而書契最便。故書契獨擅文字之名。結繩之法。起於何代。不可詳攷。然託於繩以示意。時而無繩。則所記識者。無從表示矣。進而爲圖畫。或畫於地。或畫於石。隨在皆可表示其符號。其爲便利。過結繩遠矣。圖畫之興。與書契同時。悉肇自羲皇之世。史云。史皇作圖。倉頡作書契者。非實錄也。不過二人。有精進整齊之功焉耳。文字之祖。實爲八卦。即最古之象形文字也。次有指事。獨體既成。搆而合之。而會意諧聲之字出焉。倉頡之時。具有四種。厥後字多。而訓複。則有轉注。字闕而義近。則有假借。而六書備。矣此文字發生之次第也。通志謂。倉頡石室。有碑文。周人莫識。而殷代鼎彝之文。亦與蝌蚪殊體。是倉頡之字。與後世之文不同也。衛恒乃云。自黃帝至於三代。其文不改。豈非大謬。周宣王時。太史籀作大篆。厥後孔子。有今天下書同文之言。是春秋尚以大篆爲進行之字也。迄六國而異形異聲之字。所在有之。周制大變矣。此文字變遷之概況也。

遠代文字。或書於竹。或書於木。故札檄等字。從木。篇籍等字從竹。大抵以漆液書之於簡。編之以韋。卷而藏之。惟證諸記載。初學記云。古以縑帛書字。名曰繙紙。物原云。虞舜造筆。古史攷云。墨始黃帝。似紙。筆墨三者。遠代有之。特不如後世之精且備耳。此文字紀錄之具也。

結繩小攷

(一)起源

高氏小史謂燧人刻木結繩以記事羅長源非之謂刻木結繩爲有巢氏之治許氏說文序則謂神農氏結繩爲治而統其事段書裁說文序注云自上古至庖羲神農専恃結繩諸說紛紜惟斷之以經爲最可信易曰繫辭上古結繩而治虞氏云注庖羲爲中古則庖羲以前爲上古然則小史路史謂結繩始于巢燧或不誤也

(二)方法

結繩之法不可詳攷周易正義引鄭康成云事大大結其繩事小小結其繩臆測之辭未可盡信

(三)符號即結繩之字

劉師培云結繩之字不可復攷然觀一二三諸字古文作弌弍弎蓋田獵時代以獲禽記數故古之文一二三字咸附列弋字於其旁所以表田獵所得之物數也是爲結繩時代之字結繩之文始於一字衡爲八一豎如丨縮其形則爲•斜其體則爲丿考密切反其體則爲乀分勿切折其體則爲「及反「爲「嗚旱切轉厂爲乚隱反乚爲亅居月切「及」之合爲囗轉環之則爲○是結繩文字不外方圓平直此結繩時代本體之字也是實傳會之說不足深信況結繩時代並無弋字之形又烏能因之以成字乎

(四)今世之結繩

嚴如煜苗疆風俗考苗民不知文字有所控訴必倩人代書性善記惧有忘則結於繩爲契券刻木爲信太古之遺意猶存然不獨中國苗蠻然也林勝邦涉史餘錄述法國人白爾低猷氏之人類學記秘魯之克伊普法曰秘魯國土人不知文字惟以克伊普爲記號克伊普者卽以條索組織而成於其各節各標表示備忘之意之法也凡人民之統計土地之界域各種族及兵卒之標號以及刑法宗教之儀仗無不用克伊普且各異其種類故有專攻克伊普之學者馬克伊普之法亦不一大

抵以色彩示意赤色爲兵卒及軍事黃色爲黃金白色爲銀及和睦綠色爲穀物其記數以繩索之結節爲符號如單結雙結三結等即所示之單數複數及十百千萬等之數也其記載家具之法以一大繩爲軸附以小繩若干其第一繩爲牡牛第二繩爲牝牛三爲犢四爲羊頭數年齡悉以結節表之又記琉球所行之結繩分指示及會意兩種凡物品交換租稅賦納用以記數者爲指示類使役人夫防護田園用以示意者爲會意類其材料多用藤蔓草莖或木葉等今猶用之若是則吾國古代結繩亦必有組織焉色采焉不過年遠莫攷耳

第二節　學術之一　文學

文詞之起。必先有韻文。而後有散文蓋。韻文之導源。爲謳謠。情性所至。自然流露。發生當甚早。史言葛天之民。投足以歌八闋。其辭已不可攷。堯有康衢擊壤舜。有卿雲南風。皆中國最古之韻曲也。夫詩言志。歌永言。有虞氏君臣和睦。賡歌一庭。則韻文發達之盛。可知。厥後。夏有諺。商有頌。至於周。上而公卿。大夫。下而勞人。怨婦。動成歌謠。悉諧音律。始而太史采。之繼而孔子刪之。以成三百五篇之詩。則詩也者。三代上韻文之總集也。散文雖後起。爲用實弘。除詩之外。諸經諸子。胥是物矣。

第三節　學術之二　史學

自黃帝立史官。而史學以萌。倉頡爲左史。以記言。爲尙書之源。沮誦爲右史。以記行。乃春秋之祖。後世因之。代有史官。以司記載。而周爲尤盛。內有大史小史。外有州史閭史。五官所屬。殆千餘人。所司之書。自三皇五帝之典。至閭里生齒之册。無不備具。說者謂史官莫備於周代。而歷代之書。亦莫備於周史。史官所讀之書旣多。故其學遂而史佚。伯陽父等乃抱絕學。而俱卓識矣。況如鄭之志。晉之乘。楚之檮杌。魯之春秋。列國。又皆有專書。以爲王室之助乎。

第四節　學術之三　哲學

昔者伏羲畫卦。德通於神明。情類於萬物。本天道以明人道。神農演而重之爲六十四卦。（鄭康成謂六十四卦。爲神農所演。非文王作。）遂爲黃帝堯舜制作政敎所由本。夏曰連山。（首艮）殷曰歸藏。（首坤）周曰周易。（首乾今之易是也）取法或有不同。而義則一也。文王周公孔子。各有闡發。而易理益明。我國古代哲學。此其總匯矣。然自東遷而後。王綱不振。綴說之士。各呈異說。而學術分裂。茲列諸學派於下。

一。儒家出於司徒之官。其宗孔子。其學貴仁。而務實踐。以修齊治平爲用。相傳爲北派大宗。

二。道家出於史官。其宗老子。其學貴柔。而任自然。棄禮教。薄仁義。將歸眞而返樸。蓋慨周室之衰。而有懲於尙文之弊者也。相傳爲南派大宗。

三。墨家出於淸廟之守。其宗墨子。其學貴廉。而主尙賢。兼愛節用。薄葬明鬼。非命非樂。等說。相傳爲中派大宗。

四。法家出於理官。其學以信賞必罰。佐輔禮制爲宗。蓋所謂法治主義者也。申商韓非。爲此派鉅子。

五。名家出於禮官。以正名爲主。鄭之鄧析。爲其祖惠。施公孫龍則。後起之勁也。

六。陰陽家出於羲和之官。初本敬順昊天。以授民時者也。拘者爲之。乃牽於禁忌。泥於小數矣。鄒衍最爲名家。

七。縱橫家出於行人之官。以奉使專對。不辱君命。爲其所長。

八。雜家。出於議官。兼儒墨。合名法。而無定宗者也。

九。小說家。出於稗官。街談巷語。道聽塗說者。之所爲也。

十。農家。出於后稷之官。以勸農足衣食爲主。而許行倡並耕之說。爲吾國社會主義者之先導。

第五節　學術之四　實用之學

(一)數學。班志云。伏羲畫八卦而數起。至黃帝。命隸首作算數學乃大明。古者用勾股之法。度天地之高厚。推日月之運行者。謂之蓋天之學。(事物紀原。劉氏歷曰。黃帝爲蓋天。)周髀一書。即其術也。三代以來。列數於六藝之中。爲學童必修之科。故通之者衆。孫子計然。其尤著者也。

(二)歷。學自農業既興之後。授時最爲急務。則歷尚矣。歷算之法。相傳始於伏羲神農。有歷日。史記擯而不言。惟漢律歷志云。以前歷上元泰初四千六百一十七年。至於元封。七年然不知何人所製也。歷法之備。當自黃帝。黃帝之時。占日月星氣。命容成綜。六術以著。調歷置閏。定歲二十四氣。或云。亦黃帝所分。然左傳稱少皞以諸鳥定分。至啟閉是古。止分四時。未有二十四氣之目也。少皞之末。歷法再亂。唐堯作。而以閏月。定四時。成歲之制。成遂行用。至四千餘年之久。厥後夏正建寅。商正建丑。周正建子。是爲三統。傳所謂三王異世。不相襲禮者也。然所異。特正朔耳。而四時固未變也。然測推步算。端賴器具。茲有二焉。一渾儀。劉氏日歷云。高陽造渾儀。黃帝作蓋天。則渾儀始于高陽氏矣。而形製莫攷。舜有璇璣玉衡馬蝸。鄭玄以爲即渾儀也。

二。漏刻漏刻始于黃帝。隋書天文志。黃帝創觀漏。水刻器。取則以分晝夜。厥後因以命官。周禮挈壺氏是也。

（三）醫學。醫方創於神農。醫經始於黃帝。上古之醫學。重傳授。業有兼營。至於周。醫官悉屬太宰。萬民皆得從而治之。人獸之醫。各有專科。各有定法。且進退差次。考核綦其。故進步甚速。迄春秋之世改緩。扁鵲。遂以醫學聞於世矣。

第六節　學術之五　美術學

一、音樂。　羲農以來。即已有樂。虞夏商周。學校教樂。祭祀用樂。則習之者。必衆。惟樂經久亡。多不可考耳。茲分三類。聊述其概。（一）命名伏羲之樂。曰扶來。神農之樂。曰扶持。黃帝之樂。曰咸池。顓頊之樂。曰六莖。帝嚳之樂。曰六英。堯之樂。曰大章。舜之樂。曰簫韶。禹曰大夏。商曰濩。周曰勺。至於春秋。淫聲漸起。所謂下里巴人。陽春白雪者。與而知雅樂者。鮮矣。（二）組織。黃帝命伶倫。取竹嶰谿之谷。斷兩間節而吹之。以爲黃鐘之宮。本其正聲。損益相生。制十二律。是爲樂律之始。至於周。論序列代之樂。配而用之。文之。以宮商角徵羽之五聲。播之。以金石絲竹匏土革木之八音。而組織乃備。三職官自虞廷設典樂之官。歷夏及商代有其職。而惟周爲備。大司樂。小司樂。總掌其事。

大師。小師。磬鐘笙籥等師。分典各職。列國亦各有樂官。其著譽於時者。師摯師曠其選也。

二、繪畫。古時文字始於象形字之與畫殆無區別。字體漸繁、畫遂獨立。世本云。史皇作圖。厥後釆繪衣裳。見之於虞鑄。鼎象物。見之於夏。至殷高宗之像形。求賢。周明堂之圖列古事。則由簡獨的寫眞畫。進於複雜的寫眞畫矣。東周末造。乃有奉爲専門學科者矣。

論曰。知識學術。爲大智慧人所發見。難望之庸愚也。故古代學術。悉在官府。是說也。吾援章實齋之言明之。章氏云。後世文字。必溯源於六藝。六藝非孔子之書。乃周官之舊典也。易掌太卜。書藏外史。禮在宗伯。樂隸司樂。詩領於太師。春秋存乎國史。又曰。有官斯有法。故法具於官。有法斯有書。故官守其書。有書斯有學。故師傳其學。有學斯有業。故弟子習其業。官守學業。皆出於一。而天下以同文爲治。故私門無著述。文字私門無著述。文字則官守之分職。即羣書之部次。不復別有著錄之法也。（校讐通義）自王官失守。學校破壞。私人立說。授徒。而學術始分裂矣。

第八章　社會概況

上古之世。民智未開。睢睢盱盱。純任自然。史家以理想推之。云赫胥之民。渾葛天之民樂。無懷之民泰。伏羲之民和。神農之民厚。黃帝之民讓。堯舜之世。洪水爲災。民生艱苦。然上能恤之。以仁。既得自然之幸福。又獲政治之庇護。日出而作。日入而息。鑿井而飲。耕田而食。唐虞景氣。懿歟休哉。夏承虞而尙忠。其民之弊惷而愚。喬而野。救野莫如敬。故殷人尙敬。而敬莫尊于事上。與事神。當時之民。勉于事上。國雖屢亂。而不亡。及其亡也。頑民抗周。忠義凜然。惟敬神也。故崇祀而信。巫其弊也。鬼救鬼莫如文。周人尙文。成康而後。百姓興于仁讓。嚴尊卑之分。重倫常之禮。成周風化。不讓唐虞。周公制禮。作樂之效果也。然繁文縟節。上行下效。尙文之弊。民氣漸弱。諸侯跋扈。力不足以制之。馴成春秋之局。綱紀頹廢。君臣父子。夫婦漸失。其道而篡弑蒸淫之禍。生凌夷。至于戰國。諸侯惡法度之害己。而去其籍。機權變詐之風。瀰漫神洲。方之春秋。更不如矣。若尊禮重信。一尊王宗周。二嚴祭禮重聘享。三論宗族辨姓氏。四宴會賦詩。五赴告策書。六凡春秋士大夫所競競注意而不敢違者。求之戰國。烏可覩哉。

第二編　中國文化史

太古文化至中古而已變。其醞釀改造。蓋在東周之末。惟典籍喪亡。無由攷其眞相耳。亭林顧氏有言曰，春秋終於周敬王三十九年庚申之歲。西狩獲麟。又十四年爲貞定王元年。癸酉之歲。魯哀公出奔。二年卒於有山氏。左傳以是年終焉。又六十五年威烈王二十五年戊寅之歲初。命晉大夫魏斯趙籍韓虔爲諸侯。又十七年安王六年乙未之歲。命齊大夫田和爲諸侯。又五十二年顯王三十五年丁亥之歲。六國以次稱王。自此之後事乃可得而紀。（即戰國策）自左傳之終以至此。凡一百三十三年史文缺軼。然戰國諸侯盡去周籍。（孟子）雖有紀錄。不過爭城爭地之血迹。與說士捭闔之詐術耳。以言文化蓋寥寥矣。

太古文化悉漢族創造。至爲純潔。至中古而成分混淆。秦漢而後。闢疆拓土。域外民族如匈奴如氏羌始而接觸。繼而遷移。卒且入室操戈。割據神洲焉。其習俗禮制。流入不少。東京之初。佛敎東渡。與魏晉玄風機鋒相投。故其傳播之速如駿馬騰霄。一日千里。舉凡一切飲食衣服藝術禮俗。無不受其影響者。是實爲中華文化與印度文化融化之期。

版圖廣則鄰比之國衆。勢力强則往來之族多。文化交換。歷史上恒有之現象也。異族文化輸入我國者固多。而我國文化之傳播於外國者亦不尠也。朝鮮日本非其彰彰較著者乎。

第一章　生活要素

人類依物產爲生活。物產有變動。則人之生活方法亦必有變動。中古以來。土地廣闊。物產之供量日增。而種類亦日繁。生活狀態之生差異也亦固其宜。況又有各方面之特別影響乎。

第一節　衣服

衣服原料。仍以絲麻皮革爲大宗。而花樣繁縟。名色新奇矣。如綾羅（范子）綺紈（漢書）之類。率爲太古所無。木棉之爲用。南北朝有之。然來自遠方貢品。非普通衣料之質也。玆述中古衣服之制。仍分冠衣裳及履三項。

（甲）冠　秦滅六國。往往以其王冠賜臣下。漢人因之。遂爲臣僚制服。歷代亦相沿而不改。如惠文冠高山冠獬豸冠是也。皇帝所服。則仍冕旒邃延耳。若長冠（漢高祖微時以竹皮爲此冠世謂劉氏冠）制之儉者也。魏晉而後。務爲華靡。則有何尙之（宋）鹿皮冠。陳伯之（梁）獺皮冠。冠之外又有幘。有巾有帽。後漢書輿服志云。古者有冠無幘。秦雄諸侯。加其武將首飾爲絳袙。以表貴賤。實爲幘之始。漢元帝額有壯髮。引幘覆之。羣臣隨焉。而幘乃爲上下貴賤之通服。王莽頂禿。又加屋焉。巾以葛爲之。古庶人服也。漢末王公名士。多委王服。以幅巾爲雅。是以袁紹劉表之徒。雖爲將帥。皆著縑巾。（傳子）而太平妖賊。以黃巾爲號。亦足證巾之普行於社會矣。自魏武造帽而巾廢。隋志云帽以白紗爲之。隋唐以來。通爲慶弔之服。「幘」晉書志云，其本纚也。古者冠下有纚。以繒爲之。後世施幘於冠。因裁纚爲幘。自乘輿宴居下至庶人皆服之。唐六典天子服有白紗帽。視朝聽訟。則以進御。然時漸忌白。恆以烏紗代之。烏紗帽遂爲天子百官及庶人之通服焉。「席帽」。則傳自羌人。「風帽」則創於隋代。又帽之特制者也。

(乙)衣裳　秦滅六國。即天子位。滅去禮學郊祀之服。皆以袀玄。漢初雖有五時服之說。然自西京以迄東漢。百官之服。仍皆袀玄爲常。至其種類之見於記錄者。有汗衫。有襖子。有袜肚。衣之類也。有袴有褌。有裙。裳之類也。霞帔始於秦。短袴始於魏。長袖始於隋。而衣服之制。以色別貴賤。亦隋制也。至於唐禮服。兼用歷代之制。唐六典乘輿之服。有大裘冕。百官有朝服公服袴褶之服。常服以袍而別其色與飾。士庶禮服或加半臂焉。至衣服之長短寬狹。雖有定例。然各地風氣時有變遷。奢侈者往往流於長闊矣。若僧尼衣服。悉仍袈裟梵服之舊規。而色則初尚赤。後乃易以雜色。後魏僧尼之服。有號偏衫者。或即袈裟之類歟。(丙)履。履之類凡三：(一)曰襪。三代以來有之。但其制與後世異。魏文帝吳妃乃改樣以羅爲之。加以緣繡。隋煬帝宮人織成五色。立鳳朱錦襪靿。則又踵事增華矣。(二)鞋漢之履也。以皮與麻爲之。漢人率用布爲質。以錦爲飾著者。有伏虎頭履。繡鴛鴦履。魏晉而後易以絲。有鳳頭。聚雲。(東晉)重台。(宋)笏頭(梁)等名。唐之馬周復以麻爲之。始名曰鞋。以草製者厥名不借。言其輕賤易得。人人自有。不須假借也。(三)靴。本胡服。趙武靈王製黃皮爲之短靿。後世易以長靿。爲軍戎通服唐馬周殺其靿加飾焉。公卿且服之入殿省矣。

論曰。民知日啓。斯民俗益侈。而表現此奢蕩浮靡之象者。惟衣服爲尤著。賈長沙有言曰。今民賣僮者。爲之繡衣絲履。偏諸緣。內之閑中。是古天子后服。所以廟而不宴者也。而庶人得以衣。婢妾白縠之表。薄紈之裏。緁以偏諸。美者黼繡。是古天子之服。今富人大賈嘉會召客者以被牆。古以奉一帝一后而節適。今庶人屋壁得爲帝服。倡優下賤。得爲后飾。又王符有言以譏東京之俗云。今京師貴戚衣服飲食奢過王制。固亦甚矣。且其徒御僕妾皆服文組。綵。牒。錦繡。綺。紈。葛子。升越。筩中。女布。犀。象。珠。玉。虎魄。瑇瑁。石山隱飾。金銀錯鏤。窮極麗靡。轉相誇咤。其嫁娶者。車軿數里。緹帷竟道。夫兩漢號稱樸茂。即二子之言推之。已覺西漢奢於周。東京又逾西京矣。況魏晉以來。荒主輩出。士大夫競尚豪華。則風俗之侈靡。又當何如耶。至此期中衣服變遷之情狀。則有沉存中之言在曰。中國衣冠自北齊已來。乃全用胡服緋綠。唐武德貞觀中猶爾。開元之後稍裒博矣。

第二節　飲食

飲食之進步。惟製作之種類與烹調之方法耳。原料所需。無大異也。

(一)食品　米穀與肉。仍爲食料要品。其種類漢唐稍有異同。漢人小餐有糗。續齊諧謂始於光武。)餅(漢書有之。)饅首(事物紀原謂始於諸葛亮。)麵粉(學齋呫嗶)云。至莽始有啖麵。)豆腐(始于淮南王安。)皆穀食也。肉于六畜之內特嗜狗。故屠狗之風最盛。而燒割則製肉之新法矣。唐則穀肉雜制之品獨多。加炙膾蒸丸脯羹餤餅餛飩糕包子等是也。肉於六畜之外。兼嗜野禽野獸及魚龜蛤蜊之類。烹飪之法。韋巨源食譜中詳言之。其著者有小天蘇五生盤過門香等名。而製特別食品以鳴於時者。有張手美家之節物。與熊翻家之過廳羊焉。至調食之料。在漢則有鹽豉醡。佐其烹調。蜜及蔗汁。助其滋味。香料則薑桂之外。又有蒜荽及脂蔴。張騫得之西域者也。唐則有桃花醋葫蘆醬照水油。均爲世俗流行之珍品。糖霜之法。傳自印度尤佐食上品也。

(二)飲品　飲品之流行最廣而最盛者。厥爲酒與茶。嗜酒之戒由來久矣。漢高祖時羣臣飲酒爭功。帝頗厭苦之。於是有禁酒之律。至武帝乃榷酒酤嚴其禁。雖嗣後時禁時開。爲法不定。而世人嗜酒於此可證。魏晉之世。名士風流。率沈湎於酒。豈非以時局不靖。將於醉鄉覓片刻安寧乎。畢卓劉伶輩其尤著者。至於唐王無功有斗酒學士之譽。杜子美著醉中八仙之歌。士大夫不諱豪飲。蓋唐初無酒禁。故得爾也。若夫茶則始於秦。而盛於唐。六經無茶字。茗飲宜非上古所有。而或謂今之茶即古之荼。爾雅檟苦荼郭景純注云。葉可煑作羹飲。今呼早采者爲荼。晚取者爲茗。一名荈。蜀人名之曰苦荼。而陸德明釋文曰。荼直加反。蜀人以作茗飲。然其說經學家多疑之。又或據本草以爲始於神農。援小正以爲昉於大禹。附會之說。尤不敢信。顧氏日知錄云。自秦人取蜀。而後始有茗飲之事。以郭景純陸德明二家之說證之。則荼之即茶。雖有可疑而蜀人之有茗飲當不誤也。秦人滅蜀而其事傳於中土矣。然茶飲之見於史。則實自吳韋曜之茶荈當酒始。厥後用代湯飲。在生活方面視酒爲尤要。至唐陸羽作茶經。究栽植之術。研焙製之方。而茶品之精過於前代。茶飲之風亦盛於前代。西北諸部嗜茶如命。茶遂爲國際貿易之要品。牟利諸臣榷茶有令。茶遂爲國家稅收之大宗矣。

論曰。民知日高。而慾望亦日高。其竭口腹之欲而日趨精美。亦如衣服之日趨奢靡無足異者。而唐人之飲食。又有其特異者焉。不可不知也。唐六典膳部郎中掌邦之牲豆酒膳。辨其品數。凡親王以下常食料。每日細白米二升粳米粱米各一斗五升。粉一升。油五斤。鹽一升。醋二斤。蜜三合。粟一斗。梨七顆。酥一合。乾棗一升。葱韭蒜豉薑椒之類。各有差。每月給羊二十口。猪肉六十斤。魚三十頭。(各一尺)酒九斗。三品以上食料九盤。每日細米二升二合。粳米八合。麵二升四合。酒一升半。羊肉四分。醬四合。醋四合。瓜三顆。鹽豉葱薑葵韭之類亦各有差。四品五品常食料七盤。每日細米二升。麵二升三合。酒一升半。羊肉三分。瓜兩顆。餘同品若斷屠及決囚。日則停肉給油一合。小豆三合。(三品以上亦同此。)六品以下。九品以上。常食五盤。每日白米二升。麵一升一合。油三勺。小豆一合。醬醋。)各三合。豉鹽葵韭之類有差。凡諸王以下皆有小食料。午時粥料各有差。又有節日食料階級分明。不得紊也。又珍羞署有錫匠。良醞署有酒匠。皆唐所特置。尤可見唐人之特嗜焉。

第三節　宮室　凡建築悉歸此類

建築之術。至中古而大進。其規模之巨。結構之麗。遠非上古所及。列述於下。

(一)宮室之建築　宮室爲住所之總名。上古無貴賤均稱之。至中古惟天子之居得稱宮殿。六國之滅。諸侯宮室之制。悉萃於秦。秦之宮殿遂極從來未有之大觀。而朝宮爲最著。漢代宮室壯麗。視秦無遜色。始於高祖之長樂未央。極於武帝之建章甘泉。魏之許昌洛陽二宮。(明帝時)陳之臨春結綺望仙三閣(後主時)史皆譏其奢。則宏麗可想矣。隋唐都長安。(隋曰西都唐曰西京)以洛陽爲陪都。(隋曰東都唐曰東京)城坊壯偉。軼於前代。而煬帝之華芳園。明皇之華淸宮。荒主肆欲。不惜民力。其宏麗又非秦漢魏陳之宮殿所可比。官吏之居。漢唐同異。其詳不可考。而皆以階級爲差等。漢之官吏皆有賜室。而賜室有大第小第之分。(史記高帝紀)若外戚權臣如王氏梁氏者。宮室或仿帝王之居。則奢而僭矣。唐則左校令掌供差構梓匠之事。致其雜材。差其曲直。程其功巧。凡宮室之制。自天子至於士庶。各有差等。天子之宮殿。皆施重拱藻井。王公諸臣三品以上九架。五品以上七架。並廳厦兩頭。六品以下五架。其門舍三品以上五架三間。五品以上三間兩厦。六品以下及庶人一間兩厦。五品以上得制烏頭門。庶民之居。上古前堂後室。不知何時移室於堂之兩旁。而爲三間五間之式。或者環堵之室。(禮儒行。儒有一畝之宮。環堵之室。)有室無堂。不可以別內外。故於室中隔爲三間。以中爲堂。兩旁爲室。以示別乎。由此觀之。自秦以來迄於漢。民居多爲一堂兩室之制。(漢書鼂錯傳古之徙遠方者。先爲築室家。有一堂二內。門戶之閉。)亦與唐之一間兩厦無大異也。後世民居多則三間少則三間。蓋猶沿唐制云。

(二)防禦之建築　高城深池。守國者無不視爲急務。赫連之城統萬。隋皇之城大興。土木之功。在此期中固爲甚巨。而彪炳史册。猶莫若長城。工始戰國。至秦聯成之。東起遼東。西迄臨洮。凡萬餘里。用作胡馬之限。厥後代有修繕。顧亭林考其事而錄之曰。漢武帝元朔二年。遣將軍衛青等擊匈奴。取河南地築朔方。復繕故秦時蒙恬所爲塞。因河爲固。魏明帝泰常八年二月戊辰。築長城於長川之南。自赤城西至五原。延袤二千餘里。太武帝太平眞君七年五月丙戌。發司幽定冀十萬人。築城上塞圍起上谷西至河廣袤千里。北齊文宣帝天保三年十月乙未。起長城自黃櫨嶺至社平戍四百餘里。六年發民一百八十萬築長城。由幽州北夏口起至恆州九百餘里。七年自西河總秦戍築長城。東至於海。八年於長城內築重城。自庫洛拔而東至於塢紇戍。凡四百餘里。又斛律羨傳云。羨以北虜屢犯邊。須備不虞。自庫堆戍。東距於海。隨山屈曲二千餘里。其間二百里中。凡有險要。或斬山築城。或斷谷起障。並立戍邏。五十餘所。北史謂齊前後所築長城。東西凡三千餘里。率十里一戍。周宣帝大象元年六月。發山東諸州民。修長城西自雁門。東至碣石。隋文帝開皇元年四月。發稽胡修築長城。五年使司農少卿崔仲方發丁三萬於朔方靈武築長城。東距黃河。西至綏州。南至勃出嶺。綿歷七百里。七年發丁男十萬餘人築長城。煬帝大業三年七月。發丁男百餘萬築長城。西踰榆林。東至紫河。四年七月辛巳發丁男二十餘萬築長城。自榆林谷而東者。此特史書所載修繕之大役耳。嗚呼吾民爲國家任此重役。成此宏功。豈不偉哉。

(三)交通之建築　交通路線。厥爲水陸。陸路建築前有秦漢。後則隋唐。雖其原因不盡出於正。而其卒之便交通利民生則一也。史記秦始皇本紀二十七年治馳道。三十五年除道道九原（今河套地）抵雲陽。（今陝西淳化縣北）塹山堙谷直通之。據賈山至言及蒙恬傳。則二十七年所治。爲東西之道。三十五年所治。爲南北之道。山之言云。秦爲馳道於天下。東窮燕齊。南極吳楚。道廣五十步。（顧祖禹方輿紀要亦云。秦馳道舊迹闊五丈餘類太何道）三丈而樹。厚築其外。隱以金椎。樹以青松。其道至漢時猶可通行。規模之大可知。漢因秦制。亦有馳道。道側植樹。著於官守。凡秦時道路所不通者。復隨時興作。如張卬唐蒙司馬相如鄭弘等。皆以開通道路著名史冊。險遠之地。以次交通。迄至隋代。混一南北。文皇之世。天下富庶。煬帝承之。乃大肆奢欲。大業三年發河北丁男鑿大行達於并州。以通馳道。既而還上太行開直道數十里。以達濟源。又令突厥發楡林東達於薊。長三千里廣百步。舉國就役。開爲御道。而自長安至江都。沿渠之旁亦築御道。樹以柳。工程浩大。決不讓於秦政。唐無馳道之修築。而交通設備更爲詳密。唐六典云。駕部郎中掌天下之傳驛。凡三十里一驛。天下凡一千六百四十有三所。度支郎中掌水陸道路之利。凡陸行之程。馬日七十里。步及驢五十里。車三十里。水行之程。泝河日三十里。江四十里。沿流之舟。河日一百五十里。江百里。餘水七十里。而運價亦有定數。其便利爲何如也。水路亦代有修濬。而隋爲最多。文帝之開廣通渠也發其端。至煬帝而大事疏鑿河北則永濟渠。河南則通濟渠。江北則邗溝。江南則江南河。吾國運河爲世界人工河之冠。其功實煬帝居多。

四宗教之建築

(甲)僧寺　僧史略云。攝磨騰竺法蘭之初來華也。漢明帝於鴻臚寺延禮。之鴻臚寺者本禮四夷遠國之邸舍也。尋令別擇洛陽西雍門外建一精舍以處二僧。因白馬馱經筴。故用白馬爲題。即所謂白馬寺也。是爲中國建僧寺之始。東漢之末。已有浮圖。(即塔也)至於晋世洛中益盛。尼菴之設。則自何充捨宅始。江南有寺。昉於吳之建初。自是南北相望。競事營構。杜牧有詩云。南朝四百八十寺。以金陵一地而論。已有四百八十之多。則金陵城外之曰郡曰州者。又當何如耶。然北魏信佛。寺塔之多尤盛於南魏。書釋老志云。自興光至太和。京城寺新舊且百所。四方諸寺六千四百七十八。延昌中州郡寺共一萬三千七百二十七所。神龜中且三萬有奇。其宏大壯麗。則以永寧寺爲巨擘。隋崇宮室。寺塔無甚增益。唐之寺廟掌於祠部。據唐六典開元中天下寺總五千三百五十八所。而武宗時有四萬餘所。(通鑑會昌五年祠部報天下寺四千六百蘭若四萬)經武宗沙汰。而勢稍衰矣。

(乙)道觀　自張陵輩託老子爲道敎之祖。東漢以來老子遂與浮圖並祠。因又附會其寄足之所以爲道觀之始。事物紀原云。周穆玉尙神仙召尹軌杜冲居終南山尹眞人草樓之所。（尹喜故宅）因號樓觀。（方輿紀要云盩厔縣東三十里有老子陵一名樓觀山舊尹尹先生草樓。）葢道觀之初也。晉世以來信道者多。若魏太武若周武帝頗有事崇奉。故道宮道場之建設。亦恆見於史冊。特無人統計而書之。故無考耳。其存於記載者惟劉宋之一柱觀。北周之通道觀而已。隋煬帝改道觀爲玄壇。旋復爲觀。唐代道觀亦隸於祠部。唐六典云。凡天下觀總一千六百八十七所。亦云盛矣。

（丙）諸夷寺　中古以來。東西之交通大闢，而夷教之自西方傳入者。有回教景教祆教摩尼教等。唐武德中回教建懷聖寺於番州。在諸夷寺中爲最早。景教自唐太宗貞觀九年來華。十二年命有司於長安建波斯寺。高宗時又令諸州置波斯寺。玄宗改爲大秦寺。以景教原出大秦也。祆神之崇奉。北齊北周以來有之。其建寺實在唐初。通典注武德四年置祆神寺及官。舊唐書憲宗紀元和六年正月。回紇人請於河南府太原府置摩尼寺。許之。諸夷寺中建築爲最後云。

論曰中古建築中心更移。形式亦變。秦漢承上古遺習。以宮室爲建築中心。仍沿用一種翬飛式。殿宇四阿飛簷翼然者是也。入六朝後。一變而以宗教建築爲中心。由是中國建築羼入印度制度矣。魏書釋老志云。自洛中構白馬寺。盛飾佛圖。畫迹甚妙。爲四方式。凡宮塔制度猶依天竺舊狀。而重構之。從一級至三五七九。世人相承。謂之浮圖。由是社會建築乃有定式。營宮室則循翬飛之舊。崇塔廟則沿印度之規焉。至建築飾堪稱中國特色者。有搏風屋脊飛魚鴟吻飛昂鋪作浮漚獸環等。

第二章　工具

吾國文化之完全入於鐵器時代。實自秦漢以來。用鐵之始或在商代以前。周末雖已通行。然兵器用具。猶是銅爲大宗也。觀賈誼稱秦收天下之兵。以爲金人十二。及近今發掘所得之商周什器可知矣。且應劭有言曰。古者以銅爲兵。(史記集解卷六引)劭東漢人謂銅兵爲古。知東漢始不用銅爲兵矣。銅器衰而鐵器代興。故秦漢之際以鐵冶致富者甚夥。如漢書貨殖傳所載蜀卓氏之先趙人用鐵冶富。秦破趙致之臨卬。即鐵山鼓鑄。富至童八百人。程鄭山東遷虜辦冶鑄富埒卓氏宛孔氏之先梁人用鐵冶爲業。秦滅魏遷孔氏南陽大鼓鑄。家致數千金。魯之丙氏亦以鐵冶起富至鉅萬。而鐵官之布在各地者四十九縣。豈非以需要之量宏。營之者獲利厚而趨之者衆乎。至工具類別。仍依前例分述如左。

第一節　武器

自入中古以來。競爭之範圍大於上古。戰鬥之能力高於上古。則殺人之器之改造而更犀利也。亦固其宜。長兵用弓矢。短兵用刀劍。以及戈矛殳戟。凡上古所有。無物不備。至新製之品。則有鎗（續事始云。諸葛亮置木作槍。長二丈五尺。以鐵爲頭。然二儀實錄云。黃帝時即有鎗。其制不可攷。）槊（梁簡文帝馬槊譜序。馬槊爲用雖非遠法。近代相傳。稍以成藝。）機弩（漢代有之。諸葛亮及馬鈞均有改造。）砲石（漢書甘延壽投石絕於等倫。張晏曰范蠡兵法飛石重十二斤爲機。發二百步。延壽有力能以手投之。後郝昭之石磨李密之將軍砲皆依此爲之。）鐵蒺藜鐵菱角（漢書鼂錯守邊議云。具藺石布渠答蘇林曰渠答鐵蒺藜也。鐵菱角則隋煬帝征遼東時有之。）衝車火箭（魏志諸葛亮圍陳倉亮爲雲梯衝車以攻之。郝昭則爲火箭石磨以禦之。）木驢雉尾炬（梁侯景與羊侃所製。）等。隋煬帝之北幸。又施弩牀以禦侮。其堅利而殺人多。能不令古人咋舌哉。

第二節　飲食之具

中古之初。此類器具仍以竹木陶銅製者爲多。隋唐而後。瓷器大興。而情形一變。惟是飲食之器。往往互用。有盌（說文盌小盂也。字或椀。漢書淮南王傳食器。顏法云杯椀之屬。）有甌（淮南子翩甌。有隄。說文盃小甌。方言甌盃。）有盞托（其制萌於周。具於漢。而改良於唐崔寧之女。）有水灌（其制始於晉惠帝。）有鉢（事物紀原本天竺國器。晉宋間中夏始用之。）有注子偏提（事始云始於唐元和間）是時飲茶之風方張。所製大抵以飲器爲多。

第三節　交通之具

交通所關。惟商業爲最鉅。吾國自古抑商。故交通之具爲營商而創製者甚少。大抵爲軍事漕運及游幸設耳。（一）陸行之具。車之爲用廣於上古。而種事增華。名目綦繁。如金根車辟惡車記里車等。皆皇帝出行以壯儀衛者也。至庶民所需。不過犢車鹿車而已。若夫乘人之車。則由輦而進者也。爲檐子爲兜子大抵始於漢。而盛於唐。（二）水行之具。自漢以來。水戰大興。故船之進步視車爲速。漢武帝時有樓船有戈船有下瀨有橫海。江淮靑齊皆置樓船軍。（通攷）則造船之多可知。晉王濬謀伐吳。乃作大船。連舫百二十步。受二千餘人。以木爲城。起樓櫓開四出門。上可馳馬往來。隋文帝伐陳。命楊素造大艦名五牙。上起樓五層。高百餘尺。容戰士八百人。次曰黃龍。置兵百人。（通攷）煬帝幸江都。御龍舟。龍舟四重。高四十五尺。長二百尺。皇后乘翔螭舟。制度差小。而裝飾無異。別有浮景則水殿也。後宮諸王公主以及衛士。亦各乘舟。共計約萬餘艘。舟楫之盛。前無古人。至用機械於交通之具。則有諸葛之木牛流馬。祖冲之又因木牛流馬別造一器。不用風水施機自運曰千里船。日行百里。更奇者王莽時有飛行之器。惜不能研究改良。以比美於今之飛機耳。

第四節　農具

吾國重農。農具進步。固其宜也。男耕女織。各有工具爲之助。（甲）男耕之具。又分兩種。耕田之具。與溉田之具是也。耕田之具。有牛耕（崔寔正論云。漢武帝以趙過爲搜粟都尉。敎民耕植。其法三犂共一牛。一人將之。下種挽耬。皆取備焉。通鑑亦云。其耕耘下種田器皆有巧便。）有樓犂（魏略皇甫隆爲燉煌太守。敎民作耬犂。省力過半）溉田之具。古者抱甕而汲。後世易之以桔槔。太古之利器以此。至於魏有馬鈞者作翻車。（一名水車。令兒童轉之。而灌水自覆。更入更出。其巧百倍於常。鈞事見三國志杜夔傳注。）引水灌田。費力少而成功多。勝桔槔遠矣。或曰翻車始自畢嵐所創。女織之具。古者緂麻索縷。手經指挂。後世爲之機杼勝複以便其用。（淮南氾論訓）機杼之設由來已久。勝複之製。或始自漢。至馬鈞思綾機之變而改易之。則省功多矣。

第五節　雜具

（一）几席之用。易爲桌椅。魏晉而後。席地而坐之風漸殺。几席不適於用。於是伸几之足而爲桌。仿胡之式而爲椅。（風俗通曰漢靈帝好胡服。景師作胡牀。此蓋其始。孔穎達曰。今之交椅制自虜來。隋以讖有胡改名交椅。）其原始不敢定爲誰氏也。（二）杵臼之利。易爲碾磨。杵臼作於黃帝堯舜之世。（易繫辭）公輸般易之以禮（世本）便利多矣。中古以來有磨。（事物紀原云方言禮謂之縷說文礱石磑也䃺古磨字）有碾。（魏書崔亮在雍州教民爲碾）至牀帳織扇。則踵事增華而已。不具述。

論曰。物產量增。生活慾高。則必力求工具便利。以達其生活之慾。況知識日進。而奢華之風與之俱進。裝飾其用具以爲美觀。又人情之所必至乎。故吾國工藝進步。恆在窮奢極欲之朝。此按之史籍而可信者也。至若車輿之裝飾不同彩。牛馬不並駕。則仍古人車服以庸以遺意。而因時爲損益耳。

第三章　生業

生活之慾既高。利用之器復便。智能進而收效多。固勢所必至。又況逐胡討羌。拓土域以張其經營馳逐之範圍乎。則中古生業之遠邁上古。不亦宜歟。茲仍依前例。分農工商三項述之。

第一節　農業

農爲立國之本。前已言之矣。中古以來。守其策而不變。故自秦迄唐代。有重農之令。惟是田制屢更。農民狀態不能不因之爲轉移。（用買賣之法。則貧富相懸。行授受之制。則貧富差均〇）茲分述於下：

（甲）農官。周代農事總於地官司徒。歷代因之。而名稱迭更。或稱大司徒。（漢及北周）或稱度支（魏晉及宋齊等朝）或稱民部。（隋）或稱戶部（吳及唐）至專司農事者。秦有理粟內史。漢景帝置大農令。武帝更名大司農。厥後或名大農。（東漢建安中）或名司農。（魏晉及南北朝）亦代有其官。惟唐稱司稼爲稍異耳。若地方典農之官。間代有之蓋有郡守縣令負其責。無設專司之必要故也。餘如漢之搜粟都尉。梁之勸農謁者。唐之勸農使。時一設之。非當置之員也。然農官之建置雖密。而注意田賦之搜括者多。留心農事之教督者少。農業放任之風。中古己啟其漸矣。

（乙）田制。上古井田之制。至商鞅而大壞。漢書食貨志云。秦孝公用商君。壞井田。開阡陌。又云秦用商鞅之法。改帝王之制。除井田。民得買賣。自是而兼并隱占之弊生貧富不均。兩漢因而不改。其弊當亦無異於秦。故董子師丹急急以名田爲言。豈非目覩時弊。而謀所以捄之哉。至晉武帝平吳之後。計丁課田。粗有限制。然亦未嘗明定授受之法也。南渡而後。以迄梁陳。軍國所需臨時徵賦。更無定法恒令矣。晉代田制列後。

晉書食貨志。平吳之後。計丁課田。男子一人占田七十畝。女子三十畝。其外丁男五十畝

○丁女二十畝○次丁男半之○女則不課○官吏亦以貴賤占田○品第一者占五十頃○第二品四十五頃○第三品四十頃○第四品三十五頃○第五品三十頃○第六品二十五頃○第七品二十頃○第八品十五頃○第九品十頃○

拓跋氏起於北荒○入據中原○値大亂之後○轉能計口授田○至孝文帝太和中○遂普行均田之法○蓋以兵革之後○田土無主○地多入官○故能由民有之制○復變爲國有之制也○錄北魏均田之制如左：

魏書食貨志○太和九年下詔○均給天下民田○諸男夫十五以上○受露田四十畝○婦人二十畝○奴婢依良丁○牛一頭○受田三十畝○限四牛○所授之田率倍之○三易之田○再倍之○以供耕作○及還授之盈縮○諸民年及課○則受田○老免及身歿○則還田○奴婢牛隨有無以還受○諸桑田不在還受之限○男夫給田二十畝○課蒔餘種桑五十樹○棗五株○楡三根○非桑之地○夫給一畝○依法課蒔楡棗○奴各依良○限三年種畢○不畢○奪其不畢之地○諸還受之田○不得種桑楡棗果○種者以違令論○諸桑田皆爲世業○身終不還○恒從見口○諸麻布之土○男夫及課○別給麻田十畝○婦人五畝○皆從還受之法○諸還受民田恒以正月○若始受田而身亡○及賣買奴婢牛者○皆至明年正月○乃得還受○諸遠流配謫無子孫及戶絕者

。墟宅桑榆盡爲公田。以供授受。

北周北齊悉仿魏制。行均田之法。延及隋唐。更爲詳明。且唐爲行均田制之最後一朝。茲復錄其制。以爲之殿。

通鑑唐高祖武德七年。初定均田。丁中之民。給田一頃。篤疾減十之六。寡妻妾減七。皆以什之二爲世業。八爲口分。唐書食貨志。唐制度田以步。（五尺爲步）其闊一步。其長二百四十步爲畝。百畝爲頃。凡民始生爲黃。四歲爲小。十六爲中。二十一爲丁。六十爲老。授田之制。丁及中男年十八以上者。人一頃。其八十畝爲口分。二十畝爲永業。老及篤疾廢疾者。人四十畝。寡妻妾三十畝。當戶者增二十畝。皆以二十畝爲永業。其餘爲口分。永業之田。樹以榆棗桑。及所宜之木。唐六典凡道士給田三十畝。女冠二十畝。僧尼亦如之。凡官戶受田。減百姓口分之半。凡天下百姓給園宅地者。良口三人以上。給一畝。三口加一畝。賤口五人給一畝。五口加一畝。凡應收授之田。皆起十月畢十二月。凡授田先課後不課。先貧後富。先無後少。

夫均田之制。與井田相出入固甚美矣。惟止憑一時戶口。而不爲異日計。故生齒繁而授受之術窮。又無振貧之策。而許其賣田。故貿易行而兼併之漸啟。行未久。而有豪右占田逾制之弊。亦其宜也。況自開元而後。天下戶籍久不更造。丁戶轉死。田畝賣易。而其法大壞。代宗補救無術。乃以畝定稅。迄德宗相楊炎定兩稅之法。田制又復秦漢之舊矣。陸贄雖有占條限之請。乃亦如董子師丹徒空言而已。夫誰聽之哉。

（丙）稅法　孟子曰。有粟米之征。有布帛之征。有力役之征。中古稅法。仍不出此三類。不過有輕重之不同耳。史記秦本紀。孝公十二年。爲田開阡陌。十四年初爲賦。蓋田制既更。則賦法自異也。漢書食貨志云。始收泰半之賦。（顏注三分取二。）又曰田租口賦鹽鐵之利。二十倍於古。而屯戍力役。三十倍於古。則其重也可知矣。況貧民耕豪民之田。見稅什五。私稅較官課爲尤苛。當時之民。衣牛馬之衣。而食犬彘之食有以哉。漢高祖有鑒於秦約章。省禁輕田租什五而稅一。量吏祿度官用以賦於民。景帝二年。又詔民半出田租三十而稅一。兩漢以爲常制。說者謂漢稅。不但輕於秦。亦且輕於古矣。惟是用民之力頗重。猶不僅三十倍於古而止。且人出口算役其身。復稅其身。實前古所未有。至武帝與桓靈之苛歛於常賦之外者。又比比焉。平均計之。亦未見其輕於古。晉行均田。定戶調之法。南朝因而不革。雖輕重不能盡同。要亦無大差異也。隋書食貨志云。其課丁男調布絹各二丈。絲三兩。綿八兩。丁女半之。其男丁每歲役不過二十日。其田畝稅米二斗。蓋大率如此。北朝之制。率本於魏。其民調一夫一婦帛一疋粟二石。民年十五以上未娶者四人出一夫一婦之調。奴任耕婢任績者八口當未娶者四。牛二十頭當奴婢八。其麻布之鄉。一夫一婦布一匹。以下至牛以此爲降。至力役之征。北齊男子二十充兵。六十免力役。北周則豐年三旬。中年二旬。下年一旬。參互考之。可以知其概矣。唐代田制詳密。而稅法亦復明善。其法曰租庸調。有田斯有租。每丁出粟二石。（新唐書志云。凡授田者。丁歲輸粟二斛。稻三斛。謂之租。宋王伯厚以爲太重。）有身斯有庸。用人之力。歲二十日。閏加二日。不役。則收其傭。日爲絹三尺。有事無加役者。旬有五日。免其調。三旬租調俱免。通正役不過五十日。有戶斯有調。隨土地所宜。歲輸絹綾絁各二丈。布加五之一。輸絹綾絁者棉三兩。輸布者麻三斤。非蠶鄉則輸銀十四兩。若嶺南諸州。則稅米。上戶一石二斗。次戶八斗。下戶六斗。夷獠之戶皆從半輸。蕃人內附者。上戶丁稅錢十文。次戶五文。下戶免之。附經二年者。上戶丁輸羊二口。次戶一口。下戶三戶一口。凡水旱蟲蝗爲災。捐十之四免租。十之六免租調。十之七課役俱免。租庸調法。以人丁爲本。開元而後。天下戶籍久不更造。且經大亂。法制遂壞。至德宗時楊炎爲相。乃改行兩稅法。（夏輸無過六月。秋輸無過十一月。置兩稅使以總之。凡百役之費。先度其數。而賦之民。量出制入。戶無主客。以見居爲簿。人無中丁。以貧富爲差。不居處而行商者。在廳州縣稅三十之一。度所取與居者均。使無饒利。與租庸雜徭悉省。）自是朝廷專重田賦。而古代均地均賦之義亡矣。

論曰炎黃子孫。以農立國。而農業基於田。國家之賦稅資於是。庶民之經濟資於是。故患社會經濟之不平均。莫如均賦。而均賦必先均田。此井田均田之所以爲良法也。馬端臨有言曰。隨田之在民者稅之。而不復問其多寡。始於商鞅。隨民之有田者稅之。而不復問其丁中。始於楊炎。三代井田之良法。壞於商鞅。唐租庸調之良法。壞於楊炎。嗚呼自是吾國社會經濟階級生矣。

第二節 工業

自秦廢井田。而貧富之階級生。然聰明材力。原不因階級而異。貧者既無田以爲生。乃乘社會需要之繁。逞其智巧。以事工作。而工業有發達之機。歷代帝王以天下之力。窮奢極欲。以事營造。又與工業發達以助長之益。故中古工業。頗有進步可述。

(一)工場之擴大。 人口增則器具之需要量大。必有大規模之製造。方足以供其求。而無缺。史言漢文帝時。成都一隅。織造鍛冶。其場大者役工千餘人。而州郡多有工官。蓋爲董督工作設也。雖不能盡如成都之盛。要亦必有可觀者。且如晉隋製造船舶。少者數十。多至數萬艘。非有宏大場所。烏能成此巨工乎。惜記載不詳。無由盡悉吾先民之鴻業耳。

(二)實用品之發明。所發明品之關係最大者有二。在漢爲紙。在唐爲瓷。後漢書蔡倫(和帝時宦官)傳云。自古書契。多編以竹簡。其用縑帛者謂之幡紙。縑貴而簡重。並不便於人。倫乃造意用樹膚麻頭及敝布魚網以爲紙。天下咸稱蔡侯紙。然終漢之世。未甚盛行。紙之盛行。約在魏晉之世。自是紙有南北之分。至李唐而蜀紙待盛。瓷之原本陶也。蓋自晉至北魏而漸多。其見於史策。自隋之何稠始。至唐禁造銅器。而陶瓷乃大盛。其產地如河南邢州豫章等處。其名窰如壽洪越鼎婺岳邛等。其品第則陸羽茶經詳言之。而昌南鎭之瓷。實今景德鎭瓷器之祖。

(三)機械學之進步。東周之末。機械工藝。即極發達。如諸子所云。公輸墨翟是矣。秦治驪山機巧又進。惜學者弗道。其法無傳焉。然天機已啟。勢難中止。自是而後。若丁緩之七輪扇。(西京雜記)張衡之候風地動儀。(後漢書張衡傳)諸葛亮之木牛流馬。鈞之百戲。(三國志杜夔傳注引典略)祖冲之之指南車。(南齊書祖冲之傳)宇文愷等之觀風殿。(通鑑隋煬帝紀)楊務廉之木妓。(唐書)韓志和之龍床。(雲仙雜誌)皆所謂巧奪天工者也。惟後學不克研究改良。俾裨實用。爲史册增光耳。

論曰典訓垂淫巧之戒。（月令）政府無勸工之令。人民自不敢肆力於工巧。雖歷代董工有專官。（中央如少府將作兩監地方如工官鐵官服官之類）然以供皇室之用。無與於一般社會也。且器俱各有程式。匠人亦不敢隨意改作以逞巧。故智巧之士迭生。而吾國工業不能因之大放光彩焉。豈不惜哉。

第三節　商業

自秦滅六國。宇內統一。而交通以便。厥後英主迭興。開土拓疆。而外族之接觸愈繁。於是依市門者獲利。恆倍蓰於耕作。故雖政府抑商。社會賤商。而其進步發達如朝日東升。光輝漸肆。茲述其梗概於左。

（一）抑商之政。　重農抑商。秦漢迄唐。如出一轍。其術不外嚴法與重稅。商鞅立法。凡事末利及怠而貧者。舉以爲收孥。抑商之令於是始。自漢而後。或減其禮數。（如漢高祖令賈人。毋得衣錦繡綺縠絺紵操兵乘騎馬）或奪其權利。（漢法商賈不得爲吏與名田。隋文帝開皇十六年詔。商人不得仕進。）或貶其人格。（漢武帝天漢四年。謫發七科。而關於商人者四。唐高祖武德七年。詔工商雜類。不得預於士伍。）凡此皆嚴法以抑商者也。漢初行政即寓重課商稅之意。（高惠時凡民一算商賈獨倍。文帝十三年詔曰。農天下之本務莫大焉。今廑身從事而有租稅之賦。是爲本末者無以異也。其於勸農之道未備。其除田之租稅。觀此知免田賦。而不免商賈之稅也。）厥後商之用俱有稅。（漢武帝元光六年初算商賈。注云始稅商賈車船令出算也。）商之資本有稅。（漢武帝元狩四年。初算緡錢。二千而一算。唐德宗令商賈錢緡稅二十。）營業有稅。（通攷晉自過江至於梁陳。凡貨賣奴婢馬牛田宅有文券。率錢一萬。輸估四百入官。賣者三。買者一。其無文券者亦百分收四。名爲散估。歷以爲常。）通過有稅。（宋孝武大明八年詔。東境去歲不稔。宜廣商賈。遠近販鬻米粟者。可停道中雜稅。自東晉至陳過津者十分稅一。以入官。唐德宗時。諸道津會置吏。閱商賈錢。每緡稅二十。竹木茶漆稅十之一。）入市店舍有稅。（後魏後周皆有入市稅。人一錢。後魏北齊皆有店舍稅。分五等。收稅有差。）凡此種種。雖或出於朝廷之搜羅。而仍以爲抑商計者多也。

（二）市令之制。市制詳明惟新莽與唐耳。餘多不可攷。莽於長安及五都立五均官。更名長安東西市令。及洛陽邯鄲臨菑宛成都市長。（觀此知漢有市令市長等官。）皆爲五均。司市稱師。東市稱京。西市稱畿。洛陽稱中。餘四都各用東西南北爲稱。皆置交易丞五人。錢府丞二人。諸司市常以四時中月。實定所掌。爲物上中下之價。各自爲用。其市平。毋拘他所。至於唐。民居與市廛不雜。長安有東西二市。洛陽有南北西三市。爲商店所聚。而掌以市令。

（唐六典京都諸市令。掌百族交易之事。丞爲之貳。以二物平市。以三價均市。）兩代市制不甚相遠。而後人每於莽多貶辭。然莽之失在操持急切。政令繁苛。而市制無與焉。

三商業情狀。 利之所在。人爭趨之。原非區區政治所能限。惟商業情狀。則分兩端。即國內貿易與國外貿易是也。

（甲）國內貿易 中古以來。馳道運河。交通之便利多矣。商賈往來。當已徧及神洲。惟人民輻輳。多在都邑。故自漢迄唐。東西兩京。恆爲商業之中心（見前）而郡國治所。亦每爲商賈所萃。（史記周人既纖。而師史尤甚。轉轂以百數。賈郡國無所不至。晁錯亦言商賈大者積貯倍息。小者坐列販賣。操其奇贏。日游都市。）至郡國中之以商業特著一方者。漢則邯鄲臨甾宛成都。隋唐則江陵成都丹陽京口會稽。以及揚汴蘇洪也。（唐食書貨志）且江左以來。淮水之北。大市百餘。小市十餘。又可知政治勢力雖南北對峙。而貿遷有無固未嘗因之成睽隔也。

（乙）國外貿易。 板圖既擴。往來之民族自繁。秦漢而後。國外貿易與年俱進。迄隋唐而盛極一時。惟是吾國境域。西北接陸。而東南枕海。故國外貿易。有陸路海路兩方面。（一）陸路方面。陸路通商。秦時已啟其機。（秦統一中國南北。海陸交通無阻。昔時化外廣漠之鄉。多有中國商人營業其地者。）漢武帝繼迹秦皇。逐匈奴通西域。商業範圍大形擴張。迄東漢而益盛。始而康居大宛。繼而大夏安息。終且溝通歐亞。遠及大秦矣。其道則由中亞（天山南路）橫貫西亞。其地則河西四郡也。晉以稅苛而中絕。元魏崛起北方。頗注意及此與西域諸國及波斯印度交通頻繁。至於隋河西諸郡爲中國國外貿易中樞。中外商人麕集其地者四十餘國。唐興置安西都護府於龜茲。西域商人來者益衆。而吾國人之經商於波斯印度者。亦實繁有徒。當是時握陸路貿易權者。（西自歐非東迄漢土）厥爲猶太人。（二）海路方面。海路貿易。肇端漢初。由徐聞合浦航通南海諸國。（漢書地理志）厥後逐漸擴張。而範圍愈廣。然自兩漢以迄於晉。印度洋航業爲羅馬（即中史所謂大秦也）商船所獨占。自佛敎東來。錫蘭及南洋諸國。皆通道於我。而中國之海運以興。經蘇門答拉至錫蘭之航路。遂歸於我。歷南北朝至隋唐初葉。國勢日張。通商之途益廣。或自錫蘭沿印度海岸。至波斯灣。或循阿拉伯海岸抵紅海之濱。是時大食國興。蠶食西亞北非。沿海港灣。及印度河口。並携波斯猶太人擴漲其航業。經南洋諸國以通市諸國。而廣州泉州杭州揚州均爲船商走集之所成大埠焉。是時操海路貿易權者。實爲阿拉伯人。厥初商市率掌於地方官吏。未有專官司其事者。至隋始有互市專官。唐亦有互市監掌諸蕃交易。而廣州又特設市船使。則嶺南商業之尤盛於諸邊也可知矣。

論曰。政治方面。雖相沿以商爲末業而抑之。而一班社會對於商業之觀念。已逐時勢而大變。秦烏氏獲封君之賜。巴寡婦有懷淸之臺。朝廷已開優禮商人之端。東漢第五倫樊重。皆負淸望之顯宦也。而不以經商爲恥。呂蒙詐爲商人。以取荆州。且假爲用焉。隋唐而後。貿易廣而獲利益厚。衆人趨之必若鶩矣。此所以歷代抑商。而商業之進步仍不少息也。貨幣權量附於後。

(甲)貨幣　貿易之營業愈繁。則貨幣之爲用愈廣。然貨幣之性質雖同。而其種類不一。中古期中流行於社會者凡三焉。(一)金銀：管子書「有黃金一斤直食若干」之語。用金爲幣。或始於此。至戰國黃金之用益廣。(是時或專用之)或以鎰計。或以斤計。或不言斤鎰。但言金若干。秦兼天下。幣爲二等。黃金以鎰爲名曰上幣。漢復周制。黃金仍以斤爲名。武帝時又造銀錫爲白金。用作貨幣。王莽因之。遂有金貨銀貨之別。梁初交廣之域。全用金銀爲貨。(二)銅錢：中古錢制。前推五銖。後推開元。(即開元通寶錢)輕重適宜。流弊最少。故行之亦最久。秦之下幣。厥爲銅錢。質如周錢。文曰半兩。重如其文。漢興以爲秦錢重難用。迭事改造。至武帝元狩五年。初鑄五銖。(初以白金。後用赤仄。)王莽篡漢。更作寶貨。然未幾破滅。光武用五銖。自是迄隋無大變異。唐高祖武德間。鑄開元通寶。每十錢重一兩。終唐之世常以爲式。（三）紙幣：紙幣萌芽。當自漢武帝之皮幣始。（元狩四年。議更造錢幣以贍用。時禁苑有白鹿乃以白鹿皮方尺緣以繢爲皮幣直四十萬。）至唐而有飛錢之名。（舊唐書食貨志。憲宗時商賈至京師。委錢諸道。進奏院。及諸軍諸使富家以輕裝趨四方合券乃取之號飛錢。）嗣因商民之利。遂准其於官府飛錢。以紙券代錢幣之用。視彼挾貲遠行者。便利難以倍蓰計。此則後世紙幣與匯兌之始也。

（乙）權量。度之尺丈。量之升斗。衡之銖兩。凡關乎通制者與古無異。（唐制以十寸爲尺尺二寸爲大尺。十升爲斗斗三升爲大斗。大尺大斗之名爲古所無。）所異者特大小損益之耳。晉尺（泰始中荀勗所造。一曰晉前尺。）較之古尺長幾半寸。（以始平所得古銅尺較。）唐尺較之六朝尺。又長二寸。（通攷引程氏繁演露。）此則尺之異也。宋人謂秦漢六斗。當今一斗七升九合。三斤當今十三兩。漢之一斛。當今二斗七升。百二十斤爲石。當今三十斤。是漢人斗稱爲甚小也。齊人以古升。五升爲一升。開皇以古斗。三升爲一升。大業初復古斗。齊以古秤一斤八兩爲一斤。周玉秤四兩當古秤四兩半。開皇以古秤三斤爲一斤。大業復古秤。又言（通典）六朝量三升當今一升。稱三兩當一兩。此又量衡之異者也。

第四章　團體之組織

團體組織。與民族程度爲比例。故完全之團體組織。必在民族文化增進之後。吾國自上古以來。經無量聖賢仁人發明締造。至中古而知識大啟。文化增進。故團體之範圍愈大。而團體之秩序愈整。玆述如下。

第一節　家族之組織

父子兄弟夫婦猶是古之道也。至異於古而特著者凡三(一)析居：自井田廢而土地私有。父母遺產乃成家庭間重要問題。況秦又爲法以驅之乎。然自漢迄唐。古道猶存。率視分居爲惡俗。朝廷且申禁焉。(二)家法：世風漸漓。有心人恐不肖子之爲祖宗玷也。往往自爲家法。以約束其子弟。如漢之石氏。(萬石石氏)北魏之楊氏。唐之柳氏。其彰彰者也。(三)門第上古階級之制。至周末而已壞。自五胡雲擾。種族殆不可辨識。衣冠之族不得不自標異以別於胡羯。於是以望族爲士。平民爲庶。士庶之見。至唐初而猶熾。

第二節　鄉里之組織

鄉黨之制。上古最爲詳明。蓋人口稀少。便於分配也。至中古而人口稠密。厥制不得不隨時變更。秦漢行縣鄉亭之制。(十里一亭。亭有長。十亭一鄉。鄉有三老。縣大率方百里。)

而民之所居有聚。(如陽人聚慇狐聚劉聚等)有社。(說文社地主也。周禮二十五家爲社。禮記鄭注大夫不得特立社。與民族居。百家以上則共立一社。孔疏云：秦漢以來。雖非大夫。民二十五家以上則得立社。漢書郊祀志。高祖禱豐枌楡社。二年令縣爲公社。十年令民里社各自裁以祠。是以社爲中心。而互相連絡者也。)晉制。縣之下有鄉。(每縣戶五百以上置鄉。三千以上置二鄉。五千以上置三鄉。萬以上置四鄉。鄉置嗇夫一人。)有里。(又縣率百戶。置里吏一人。)北魏。行三長制。五家立一鄰長。五鄰立一里長。五里立一黨長。三長三載亡愆則陟用之。北齊及隋制又小別。唐代承之。以成村坊之制。據通典大唐令百戶爲里。五里爲鄉。四家爲鄰。五家爲保。每里置正一人。掌按比戶口。課植農桑檢察非違。催驅賦役。在邑者爲坊。別置正一人。掌坊門管鑰。督察姦非。在田野者爲村。別置村正一人。其村滿百家增置一人。掌同坊正。其村居如滿十家者。隸入大村。不須別置村正。天下戶爲九等。三年一造戶籍。凡三本。一留縣。一送州。一送戶部。此則中古期中鄉里組織之大概也。

第三節　國家之組織

中古以來。部落遺跡已不存於社會。而國家組織則由分治制。進爲統一制。根基更爲鞏固矣。

自秦廢封建改爲郡縣。歷代因之。然其間損益進退。亦不無異同。大約秦與隋爲類。漢與唐相比。三國及南北朝悉取法乎漢者也。茲爲表於下。

朝代	部(州)道	郡國	道	縣	事略
秦	無	郡四十	無	未詳	秦廢封建無國其疆域秦紀云東至海暨朝鮮西至臨洮羌中南至北向戶北據河爲塞並陰山至遼東
前漢	部(州)十三	一〇三	三二	一三一四	漢並用周秦之制尚有侯國二百四十一其疆域則左東海右渠搜前番禺後陶塗据楊雄言
後漢	同前	一〇五		一一八〇	東漢縣邑道侯國有總計而無分數故於縣格列其總數而已四履之盛亦幾於前漢
魏	州十三	六八			得漢郡五十有四十三州之九
吳	州五	四三			得漢郡十有八十三州之三
蜀	三	二二			得漢郡十有一十三州之一

晉	州十九	一七三		一一〇九	東渡後止餘六州而僑置之州頗多
宋	州二十二	二六八		一二九九	
齊	州二十三	三九五		一四七四	
梁	州二十三	三五〇		一二〇二	
陳	州四十二	一〇九		四三八	
魏	州百十一	五一九		一三五二	據魏書地形志
齊	州九十七	一六〇		三六五	
周	州二十一	五〇八		一一二四	

隋		一九〇		一二五五	隋志開皇以官繁民弊廢郡用州治民大業中又改州爲郡其域東南至海西至且末北至五原
唐	道十—十五	三五〇		一五五一	依貞觀十三年定簿其域東至海西踰葱嶺北被大漠南盡林州

論曰。吾國團體組織。以家族爲單位。集家族而成郡縣。集郡縣而成國家。國家者以明乎國之以家爲基也。故國民之家族觀念甚重。而國家亦利用之以爲策勵個人努力國事之準。故一人榮則祖父同封。一人辱則妻孥咸罪。蓋自三代後沿而不改者也。

第四章　倫常之道

社會組織。必有說焉。爲之中心。而後可恃而可久。中古以來。吾國社會要以儒家之說爲中心。故君臣父子夫婦之倫。悉視爲天經地義。而不敢違。惟世風所關。時參以佛老思想及儀式耳。

第一節　禮

恕之爲用。已如前述。中古言倫常自禮始。其要則爲昏禮喪禮與祭禮。

(一)昏禮。冠禮上古頗重。至中古崇禮之家或一爲之。(如東晉王堪爲內外四孫行冠禮是。

）難言通行也。晉禮多沿六禮之舊。其特創變例而影響於後世者。（甲）（財婚。此風根於六禮之納幣漢。時長安之民婚嫁爭尙奢靡。（前書王吉貢誼傳。後書王符傳。）財婚之弊由是而滋。永嘉亂後羣以門第相高。閥閱之家。利卑族之財賄。而與之結婚。如北齊封述爲次子娶盧莊女。述以盧氏之爭財物也。而訴之府。（封述傳）相習成風。迄於唐而未改。觀高宗之詔可知也。（通典顯慶四年十月詔天下嫁女受財。三品以上之家。不得過絹三百匹。四品五品不得過二百匹。六品七品不得過一百匹。八品以下不得過五十匹。皆充所嫁女貲裝等用。其夫家不得陪門之財。）（乙）早婚。兩漢北朝此風特盛。漢王吉云。世俗嫁娶太早。未知爲人父母之道。而有子。是以教化不行。而民多夭。又北魏景穆太子十三歲而生文成帝。獻文帝十三歲而生孝文帝。北齊文宣帝十二歲而尙馮翊公主。後主緯十四歲而生子恆。恆之弟儼被殺時年十四。已有遺腹子四人。此皆早婚之可證者也。惟唐人多守古制。（唐制男年二十女年十五以上可以嫁娶。）（丙）冥婚。曹操幼子沖卒。操爲聘甄氏亡女與合葬。是爲冥婚之始。（丁）婚姻不論行輩。漢惠帝后張氏。乃帝姊魯元公主之女甥也。哀帝后傅氏。其祖母傳太后從弟之女姑也。宋蔡興宗以女妻姊之孫袁彖是也。（戊）崇尙門第。五胡亂華之後。中國士庶之階級綦嚴。故結婚之時。往往比量父祖庶族以通婚。高門爲榮。而士族則恥與卑族爲姻。唐高宗所以有望族相爲婣娶之禁也。

(二)喪禮　凡禮之沿自上古者。不復述。其特異之禮凡有四焉。(甲)關乎治喪之情者。(1)薄葬厚葬之說。倡於儒家。戰國以來。厥風甚熾。靡財招禍。在所難免。故智士(如劉向貢禹王符等)率以爲言。而崇奬薄葬。其甚者或主張倮葬焉。如楊王孫及趙咨是也。(2)短喪自漢文下短喪之詔。景帝遵而行之。相沿成例。然禮與情乖。斯人心有所不安。自好之士。猶多守古禮。故兩漢喪服無定制。厥後各朝帝室。率用短喪之制。而一班社會。則仍以三年爲常。(3)停喪。自建安離析。永嘉播竄。爰有不得已而停喪者。後之人或因拘忌回避。而亦停喪不葬。則弊風也。(晉書賀循傳)(乙)關乎治喪之具者。(1)紙錢。自漢以來。葬有瘞錢。後世里俗稍以紙寓錢。自唐而後遂爲喪葬所必須。(2)方相。方相之設。由來已久。至隋定喪儀。四品以上用方相。七品以上用魌頭。是爲開路神之始。(丙)關乎表墓之具者。(1)墓碑。古之葬有豐碑以窆。秦漢以來。死有功業生有德政者皆碑之。稍改用石。晉宋之世。又有神道碑。(2)墓銘。石誌雖不出禮典。然魏晉以來。其事已著。(3)石獸。炙轂子云。秦漢以來。帝王陵寢。有石麒麟石辟邪兕馬之屬。人臣墓有石人羊虎柱之類。皆表飾墳壠。如生前儀衛。(丁)關乎迷信之事者。(1)七七百日之說。北史魏靈太后父胡國珍卒。詔自始薨至七七。皆爲設千僧齋。令七人出家。百日設萬人齋二十七人出家。是爲七七百日之說所自始。亦喪中用佛事之濫觴。（2）避煞之說。不知始於何時。而唐太常博士。呂才百忌歷。載喪煞損害法。是唐時已有其事矣。（3）相墓之說。東漢袁安用三書生言。以葬其父。而累世隆盛。是爲相墓之始。至晉郭璞而大盛。以圖墓爲業者。乃代不乏人。此又風水之說也。

（二）祭禮　郊天祀祖。禮沿上古。雖不敢謂絕無出入。然大較莫外也。有上古所有。而中古特盛。與上古所無。而中古特創者數事述於下。（甲）祭之神。其一曰社。羣祀之制。恆有等級。惟社最爲普遍。說文云。社地主也。即後世所謂土地祠。每村聚必有之。自漢高祖起枌榆社。令民常祀社。歷代因之。迄明清不革。而村農父老又往往以社酒社肉爲朋曹歡會之期。唐且著爲令焉。則其盛可知矣。其二曰竈。每家必祀竈。主飲食之事。（禮記注）原非尊神。然媚竈之風。春秋已然。至晉與唐。謂人家壽命禍福悉操之竈神。（抱朴子及西陽雜俎。）故其奉之也彌篤馴。且尊爲司命。奉爲一家之主云。其三淫祀。春秋以降。漸有淫祀。（如臧文仲之祀爰居。秦文公之祀陳寶。）秦漢之際。方士神仙之說興。而淫祀愈繁。讀史公封禪書知之矣。加以讖緯之說。盛於東漢。巫風滋長。而淫祀更不可究詰。（乙）祭之具。其一楮鏹。即紙錢也。其源起於古之牲帛。漢乃有寓龍寓馬。（史記封禪書）然用木而不用紙。南齊東昏侯好鬼神之術。剪紙爲錢。（牛僧孺云始於唐初）以代束帛。至唐開元間。王璵爲祠祭使祈禱。或焚紙錢以爲有益幽冥。而其事遂盛行。范傳正云。唯顏魯公張思業家祭不用紙錢。知不用者之寡。則知用之者之衆矣。其二曰香。古者宗廟之祭。焫蕭令馨香而已。至於灌獻尙鬱。食品用椒。皆取其味。而未以奉鬼神也。用香禮神。或云起於漢。梁武帝祭天用沈香。祀地用土和香。（程大昌演繁露）此則祀神用香之見諸記載者也。（丙）祭之地。古不墓祭。漢明帝以後。有上陵之禮。蔡邕議以爲禮有煩而不可省者是也。至於唐寒食上墓。編入五禮。（舊唐書玄宗本紀開元二十年）永爲定例矣。然民間墓祭之風。實始東周之末。（丁）祭之位。古者祭必爲尸。至中古而尸之禮廢。乃易爲像。影堂之設。導源戰國。（宋玉招魂有像設君室之語。）漢唐以來。厥風益熾（麒麟雲台凌煙之圖功臣像即其類。）顧亭林曰。尸禮廢而像事興者。斯之謂也。

氏族（附錄）

氏姓之淆自戰國。於是世族之階級削。氏族之起自東晉。於是士庶之階級生。降至唐代其風猶存。故太宗命諸儒譔氏族志。甄差羣姓。而柳芳著論言之尤詳。茲節錄其文以見梗概。其言曰魏氏立九品。置中正。尊世胄。卑寒士。權歸右姓。晉宋因之。於時有司選舉。必稽譜籍。而考其眞僞。故官有世胄。譜有世官。賈氏（執）王氏（僧孺）譜學出焉。由是有譜。局令史職皆具。過江則爲僑姓。王謝袁蕭爲大。東南則爲吳姓。朱張顧陸爲大。山東則爲郡姓。王崔盧李鄭爲大。關中亦號郡姓。韋裴柳薛楊杜首之。代北則爲虜姓。元長孫宇文于陸源竇首之。郡姓者以中國士人差第閥閱爲之制。凡三世有三公者曰膏粱。有令僕者曰華腴。尚書領護而上者曰甲姓。九卿若方伯者爲乙姓。散騎常侍大中大夫者爲丙姓。吏部正員郎爲丁姓。凡得入者謂之四姓。北齊因仍舉秀才州主簿郡功曹非四姓不在選。江左定氏族。凡郡上姓第一。則爲右姓。太和以郡四姓爲右姓。齊浮屠曇剛類例凡甲門爲右姓。周建德氏族以四海通望爲右姓。隋開皇氏族以上品茂姓爲右姓。唐貞觀氏族志凡第一等則爲右姓。路氏著姓略以盛門爲右姓。柳冲姓族系錄凡四海望族則爲右姓。不通歷代之說。不可與言譜也。今流俗以崔盧李鄭爲四姓。加太原王氏蓋不經也。厥後士庶通譜。義男冒姓。族類淆而此風遂替。

第二節　教

中古教育。範圍之擴大。組織之完密。視上古原無遜色。惟目的繆誤。故獲效無多。上古教育在明倫。故其學重實踐。中古教育在儲官。故其學尚記誦。且文武分途。而國家無全材矣。

茲分學制與學科述之。

（甲）學制。有國家經營之學校。有個人經營之學校。國家經營之學校。又分中央及地方兩種。先言中央學校。秦法民之欲學者。以吏爲師。意重通今。而不專讀古書。亦未爲非。然學校則未聞也。中古建學。自漢武帝始。沈約宋書百官志漢武帝建元五年。初置五經博士。宣成之世五經家法稍增。經置博士一人。東京凡十四人。博士弟子員（元朔五年置）初五十人。西漢之末至三千人。（成帝末）東漢之末。凡三萬餘。（順帝時）嗚乎盛矣。晉武帝咸寧二年起國子學。北魏文帝又於京師置四門小學。然其盛均無以逾於漢。唐代學校。可比隆於上古之周。其京師學校有隸國子監者。（沿隋制也。隋以前京師學校。均隸太常寺。）有隸門下省者。隸門下省者二。曰弘文館。曰崇文館。爲皇子及一品功臣子孫求學之所。即後世所謂貴胄學校也。隸國子監者六。曰國子曰太學曰四門曰律學曰書學曰算學。其學生以階級分之。各有定額。及肄業年限。每旬有考試。業成者上於監。無成者免。地方學校造端於文翁之治蜀。（漢書循吏傳。文翁景帝末爲蜀郡守。立學官于成都市。）至武帝乃令天下郡國皆立學校官。王莽柄國。特尚學術。郡國鄉聚皆立學官。東漢承之。北至武威。南至桂陽。僻壞蠻陬。莫不有學。班固云。四海之內。學校如林。洵非虛語。自是而後。雖盛衰不同。亦代有鄉學之設。州縣廢學。惟隋而已。若唐則尤備於漢。都督府及州縣學校學生均有定額。設博士助教等教之。觀於此知漢唐之統一寰宇。歷年數百非無故也。私人講學。東周已開其端。自漢而後。厥風愈盛。經師家居教授。各有簿錄。載其門徒多者至萬餘人。不能徧教。則使高業弟子以次相傳。至於南北或開講肆。（沈峻）或有學主。（裴植）或持本。（張吾貴）或執疏。（徐遵明）文中子講學河汾。弟子自遠方來。唐初開國之佐。率出其門。統計其績。則家私教授。成就之多。決不讓於官立之學校也。

（乙）課程學校課程。要以研究經學爲主。而經學之師法。莫嚴於漢。經學之統合。莫過於唐。漢文帝置一經博士。武帝置五經博士。至東漢立學官者凡十四家。師之所傳。弟之所受。一字毋敢出入。背師說即不用。其嚴如此。鄭玄生東漢之末。集漢之大成。然師法之壞。實自玄始。故曰鄭學出而漢學衰。（皮錫瑞說）東晉之後。南北對峙。而經學亦有南學北學之目。自隋混一南北。而經學亦趨於一。（政治統一。南併于北。經學統一。北併于南。）唐太宗以儒學多門。章句繁雜。詔國子祭酒孔穎達與諸儒。撰定五經正義疏。以爲天下學子定本。而統一之規定。其在學校則分羣經爲三等。禮記左傳爲大經。詩周禮儀禮爲中經。易尚書公羊穀梁爲小經。各有分配。與年限以爲定程。若夫五經之外。關乎實用與時尙者。又有玄學。（晉宋及唐）及天文歷算方術法律之學。代或有之。不能與經學爭也。

論曰。六經者孔子所修定以爲教者也。中古以來。學以是爲宗。行以是爲準。所以持綱常而維社會者胥是道焉。

第六章　宗教

吾國實有宗教肇自中古。若道若佛則自漢、若回若景若祆若摩尼則自唐厥中。惟道教爲吾所自創。餘皆來自西方。玆分自創之教與外來之教兩節述於下、

第一節　自創之教　道教

本原　道教之原有四。（一）巫覡：巫覡之風。由來尚矣。而其要不外事神役鬼除病禳災而已。（二）方士：戰國以來。方士神仙之說興。秦皇漢武窮奢極欲謀於富貴之外。別求長生之術。於是祠神製藥崇信方士。而一般人民亦翕然信世間眞有神仙也者。（三）讖緯漢之經師。多通陰陽之學。其後由陰陽家而變爲讖緯。大抵起於哀平之世原天道以究災異者也。皇帝篤信其說。士子精研其術。而其風愈盛。（四）老莊：老莊之學。無與於宗教。然其書言眞人言至人言神仙。故方士悉依託老子以爲神仙之宗。凡此數端。雜揉而統合之。而道教成焉。

成立　道教之成立。厥爲張陵。陵沛國人。生於建武之末。後客蜀學道鵠鳴山中。造道書四十六篇。以惑百姓。從受道者出五斗米。因號五斗米道。世或謂之米賊。陵死子衡傳其道。衡死魯復行之。（三國志張魯傳）魯敗後其子孫乃竄居江西之龍虎山。（貴溪縣）世爲道教之宗。即所謂張天師者也。張角之起。號太平道。其與陵有無關係。雖莫可稽。而符水療病之術固無別也。

派別　成分既雜。學者各就所好而求之。於是派別生焉。

宗派	主義	起源
清淨派	老子之說清淨無爲此派在道教爲最上乘避世者宗之	莊列盛宏此旨延至魏晉流爲玄談則其弊也
丹鼎派	道教原有煉養服食二派新會梁氏以其指歸相同合爲一宗名曰丹鼎派	戰國方士初倡此說至漢而盛漢末魏伯陽著參同契密相傳授其訣益播迄晉葛洪而集大成
符籙派	以符咒治療疾病攝伏鬼魅爲事張氏傳之爲道教正派	淵源于巫而成于東漢之末張角用此術以亂天下張陵亦託此術以惑世後世仰爲眞人奉爲天師
占驗派	以推知未來禍福炫世	漢人好陰陽五行之說故多精風角占驗之方道教適于此時成立故襲其風

崇奉　魏晉玄風暢行。君子尚淸談。小人喜符咒。道教亦漸隆盛。駸駸與佛教相並。而成一種宗教勢力。自王浮作化胡經。援佛入道。而二教之爭以起。南朝君主多信佛。道教無甚起色。北朝則魏太武信奉道士。寇謙之君主即位。輒受符籙制爲常儀焉。北周武帝頗亦信道而輕佛。故道教特盛。至於唐自爲李姓出老子之後。奉道教爲正教。名位常在佛教上。武宗之毀佛衛道。有固然矣。

第二節　外來之教　（一）佛教

傳來　佛教之入中國。當西漢之末東漢之初。（如秦景憲之受浮屠經在哀帝時。傅毅之以佛對。明帝在永平七年。楚王英之祠浮屠在永平八年。）而譯經造像建寺始於蔡愔。（永平十年）攝竺東來。既受優遇。而月氏安息僧徒遂接踵而至。然漢魏之世。惟聽西域人出家。漢人不能也。故其教猶未盛行。僅桓帝之祠浮屠像。笮融之建浮屠寺。見諸史傳而已。中國人依佛戒披剃爲僧。始於魏之黃初。而依釋命氏始自道安。於是四民之外。別有出家之人。空教勢力乃日蒸蒸矣。

譯經與講法　弘法之事。莫重於翻譯。漢開其端。（開元釋教錄云。漢自永平至建安末緇素十二人譯佛經律二百九十三部。計三百九十五卷。）厥後累朝踵其事。譯業益隆。至唐而極盛。（開元釋教錄自曹魏迄北齊緇素一百一十一人。譯經律論一千五百六十七部。計四千零十八卷。）其於譯業特著之人。在姚秦則鳩摩羅什。在唐則玄奘也。至講學之盛。亦推中古。此風開自印度。番僧東渡。因而不革。既聚徒衆。殫研宗義。復開講席。兼教僧俗問難質疑。不憚往復。每有勝義。講主爲之款服。當是時佛法風行一世。豈曰無自哉。

求經 佛典東來。端賴胡僧展轉迻譯。往往文句簡略。意義未周。學者病焉。有志之士。謀得眞本正其缺誤。或究梵書直接誦讀。於是西行求經之舉興。其事始於魏之朱士行。厥後代有其人。茲擇要列表於左。

姓名籍貫	時代	經歷之地	所得經典
朱士行洛陽人	魏甘露五年西行	發於雍州西渡流沙卒于于闐	梵書正本九十卷使弟子弗如檀送回
法顯龔姓	晉隆安二年出晉義熙十二年歸	發自長安西渡流沙至於印度歷三十餘國由海道返國	譯出摩訶僧祇律方等泥洹經雜阿毗曇心論垂百餘萬言著有佛國記
宋雲敦煌人	魏神龜二年出正光中還	發京師渡流沙歷十餘國凡三年而後歸	一百七十部大乘妙典

寶暹未詳	齊武平六年西行	採經西域往返七載	梵本二百六十部
玄奘陳姓偃師人	唐貞觀二年出貞觀十九年歸	遍遊五印度經百餘國	凡得經論共六百五十七部著有西域記十二卷
義淨張姓范陽人	唐咸亨二年出聖歷元年歸	發番禺由海道赴印度歷三十餘國往返二十五載	梵本經論律近四百部
悟空車姓雲陽人	唐天寶十年出貞元五年歸	巡歷數年	譯成十地迴向輪論
寶雲姓未詳涼州人	晉隆安初西行	歷于闐天竺諸國	學梵書音字訓詁悉皆備解
法勇李姓幽州黃龍人	宋永初元年出	集同志沙門僧猛等二十五人適西方至罽賓國	學梵書梵語數年

三國迄唐。中國僧徒遊印度者不下五十餘人。而有傳記可考及成績卓著爲世所稱者。不過此數人耳。

宗派　佛法深廣。多方便門。學者執取不無同異。自晉至唐。皈佛之徒。宗派蔚起。初分十三。後並爲十。茲列表於後。

宗名	宗依	西土祖師	中土祖師及其盛衰
律宗	以律藏爲所依中土之律凡有四種即十誦律四分律僧祇律五分律是也	佛住世時以佛爲師佛滅度後以戒爲師戒乃佛隨機談說以爲規儀者也	曹魏嘉平中曇柯迦羅來洛陽譯四分律是爲中土有律之始至唐南山道宣盛弘此宗而大盛
俱舍宗一名有宗	以俱舍論爲所依俱舍此云藏謂對法藏論也說一切法實有爲宗故又名有宗	世親造論始宏厥旨	陳眞諦三藏譯出不傳唐玄奘法師重譯三十卷門人普光法寶作記作疏大事宣揚遂立爲宗
成實論	以成實論爲所依成實者謂釋成如來三藏中實義也	訶梨跋摩取諸部最長之義而造此論訶梨跋摩者佛滅九百年薩婆多宗學子也	姚秦鳩摩羅什譯出此論六朝名德專習者衆別爲一宗至唐而衰

三論宗 一名性空宗	以三部論（中論百論十二門論）爲所依故以無所得爲究竟正合般若眞空之旨又名性宗	文殊室利爲初祖龍樹（造中論十二門論）提婆（造百論）等繼之	羅什至秦盛弘此法至唐之吉藏專以此宗提振學徒斯爲極盛中唐以後漸衰
天台宗 一名法華宗	智者大師棲息天台山故名天台又依法華經爲宗名法華宗	龍樹	此宗之旨蓋自北齊慧文發其端以授南岳慧思思傳之智顗（即智者大師隋陳時居天台山）而其道大顯至唐末而衰
華嚴宗 一名賢首宗	以華嚴經爲所依故故	一祖馬鳴二祖龍樹華嚴爲經中之王秘於龍宮龍樹乘神通力誦出略本流傳人間	隋時杜順和尚依經立觀是爲初祖傳於唐之智儼智儼傳法藏即所謂賢首大師也作華嚴疏大弘此宗有唐一代遂彌盛行然亦至唐末而衰
法相宗 一名慈恩宗 一名唯識宗	以明諸法體相爲宗故名法相此宗大義明唯識故又名唯識成唯識論實所依據	彌勒爲初祖無著世親相繼弘揚	唐之玄奘至印度就學於戒賢論師精通其法歸而盛弘此法有唐一代甚爲隆盛至宋而大衰

禪宗	以禪那爲主不立文字直指人心見性成佛	自釋迦如來付囑迦葉爲第一祖二十八傳而至菩提達磨	達磨東來卓錫少林爲東土一祖六傳而至惠能衣止不傳而法周沙界迄宋元明清而不衰
密宗 一名眞言宗	以大日經金剛頂經等秘密眞言爲其所憑	龍猛菩薩（佛滅後七百年時）開南天竺鐵塔遇金剛薩埵受職灌頂秘密法門方傳于世薩埵親承大日如來即毘盧遮那佛也是爲教主	唐初善無畏東來是爲此方初祖又有金剛智不空及其弟子惠果大闡密教至宋而大衰西藏喇嘛頗崇密乘是其教至今未絕也
淨土宗 一名蓮宗	以往生淨土爲願以念佛爲法此念佛往生一門爲圓頓教中之捷徑	普賢爲初祖馬鳴龍樹亦暢其緒	東晉慧遠棲匡廬山結白蓮社實爲此宗初祖承繼有人宗風大暢至明末始衰

以上十宗次序。依近世佛學家楊仁山所定。楊氏之言曰。出世之學。以持戒爲本。故首標律宗。佛轉法輪。先度聲聞。故次之以小乘二宗。東土學者。羅什之徒。首稱興盛。故次以三論宗。建立教觀。天台方備。賢首闡華嚴。慈恩宏法相。是爲教下三家。拈花一派。教外別傳。灌頂一宗。金剛密授。故列於三家之後。以上各宗。專修一門。皆能證道。但根有利鈍。學有淺深。其未出生死者。亟須念佛生西。以防退墮。即已登不退者。正好面覲彌陀。親承

法印。故以淨土終焉。

（二）景教

景教者。基督教之別派也。其開祖爲羅馬高僧納司托留斯。以唱新義爲衆教徒所責。謫居小亞細亞。其徒從其說。宣揚教義。復被東羅馬帝國斥逐。徒黨竄避波斯境內。受薩山朝之保護。教勢日隆。唐太宗貞觀九年。波斯人阿羅本齎經像來長安。帝留之內殿。翻譯經典。命有司造波斯寺爲度僧二十一人。號其教曰景教。蓋取光輝發揚之義也。高宗勅諸州各置景寺。以阿羅本爲鎭國大法主。由是景教漸見流行。玄宗亦極尊尙。且改波斯寺爲大秦寺。緣已知景教之源初。非波斯而爲大秦也。肅代以來。信者日衆。德宗建中二年大秦寺。僧景淨乃建碑以誌其盛。卽世所傳之景教流行碑是。會昌（武宗年號）而後乃隨佛教共廢。永不復振。

（三）祆教

祆教爲波斯古教。而成立於瑣羅斯德者也。謂之瑣羅斯德教。又以其崇拜天日也。曰祆教。其教旨以爲世界有陰陽二神。陽神淸淨。爲至善之本。陰神汚穢。爲衆惡之原。故吾人宜以助陽神抑陰神。爲最大之天職。其教儀則以火表陽神而崇拜之。故曰拜火教。厥後大食蹶起。壓迫波斯波斯人避難東來者甚衆。其教亦隨之流傳於中土。唐高祖武德四年。即有在長安段祆神祠者。太宗貞觀五年。有傳法穆護何祿（波斯人）來長安，從事布教。太宗敎之。爲建祆寺。置祆正祆祝等職。（以胡人爲之）及平西域。祠部歲再祀磧西諸州火祆。亦云盛矣。武宗後衰亡。

（四）摩尼敎

摩尼敎乃西元第三世紀中葉（漢獻帝建安中）波斯人摩尼所創。其源本於拜火敎。參酌佛陀耶穌等敎。而別爲一派。唐武后延載元年。波斯人佛多誕始以其經來。其徒所守之法曰摩尼戒。頗詭異。故明皇嚴加禁斷。（惟西胡等自行其法者不科罪）顧回紇人宿崇此敎。安史之亂。以兵入援。留居內地。祈請建寺。代宗勅立摩尼寺。賜額曰大雲光明。憲宗時又徇其請。於河南太原府置摩尼寺焉。武宗崇道。廢罷大秦摩尼諸寺。其敎徒死者甚衆。

（五）回敎

回敎本阿拉伯人穆罕默德所創之伊斯蘭敎。揉合猶太基督二敎而成者也。隋唐之際。大食寖其敎勢崛起西方。屢與唐人交通。武德中即有由海道來華者。（斡葛思等）建寺廣州。是爲回敎入中國之始。終唐之世。止南陬海濱。稍有流傳。且武宗後亦與諸夷敎同歸衰運。

論曰外敎闖入。惟唐爲溢蓋自太宗以來。往往以懷柔政策肆其略侵之雄圖。而懷柔之術惟利用宗敎收效最捷。中古民智尙未大開。宗敎迷信殆若天性。優崇其敎。斯認爲同羣而歸心焉。

第七章　學術

論學術者。輙謂中古爲吾國學術衰退時代。是特就儒術言耳。達士盛扇。玄風緇流。大弘佛旨。吾國思想界學術界。無不受其影響。大放異彩。安見其衰退也哉。即就儒術論。君臣建言。引經義爲依據。國家大疑。援春秋以比決。一時循吏。尤能推明經意。移風易俗。號爲經術飾吏治。漢政近古。實由於此。（皮錫瑞語）唐承兩晉南北朝學術衰替之後。起而振之。使各種學術面目一新。爲宋元明淸之淵泉。其功顧不偉歟。玆分述如下：

第一節　文字

秦漢近古。關于字之改作猶夥。秦書八體。（一）大篆。（二）小篆。（說文敘云。李斯作倉頡篇。趙高作爰歷篇。胡毋敬作博學篇。皆取史籀大篆。或頗省改。所謂小篆者也。）（三）刻符。（四）蟲書。（所以書「旛信」也。）（五）摹印。（即繆書）（六）署書。（凡一切封檢題字皆曰署。）（七）殳書。（言殳以包凡兵器題識。不必專謂殳。）（八）隸書。（漢書藝文志云曰。是時始造隸書。起於官獄。多事苟趨省易施之於徒隸也。）流行最廣。實爲小篆（段玉裁云其時所最重。)與隸。(唐張懷瓘曰。官吏刑獄用隸書。餘尚用小篆)。漢興有草書。(宋王愔文字志云。元帝時黃門令史游作急就章。解散隸體麤書之。章章之始也。)而行。(書斷穎川人劉德昇。桓靈之時。以造行書擅名。)而楷。(今之所謂正楷。非一家之創作。蓋自魏晉以來。漸由分隸蛻化。至唐初虞歐出。復改正而完成之。)而八分(王次仲作。蔡文姬所謂八分隸法。二分篆文者是。)飛白(蔡邕作。王僧虔云飛白八分之輕者也。)等體。遂漸成立。于是漢文之字體始備。三國而後。有書法(書法歸入美術條。)之研究。而無字體之創作矣。他與文字有關者有二事焉。(甲)書寫之具。即所謂文房四寶者也。(宋蘇易簡著文房四譜五卷。尤袤遂初堂書目作文房四寶譜。紀曉嵐云考洪邁歙硯說跋。稱揭蘇氏文房譜于四寶堂。當由是而俗呼四寶。因增入書名。)紙已詳於前。茲不贅。筆之創作。羣推蒙恬。(博物志)崔豹古今注牛亨問曰。古有書契便應有筆。世稱蒙恬造筆何也。答曰。蒙恬始作秦筆耳。以柘木爲管。鹿毛爲柱。羊毛爲被。然太公陰謀載筆之銘曰。毫毛茂茂。陷水可脫。陷文不活。恐筆之用毫。亦不自秦始也。或蒙恬因舊法稍加損益。遂誤爲創作耳。漢人造筆。莫過張芝。晉代擅名。厥惟韋昶。宣州之筆。自晉迄唐。舉世莫比。陳氏與諸葛氏。前後相繼世其業焉。其次爲墨。桂馥云。漆書之後。皆用石墨以書。大戴所謂石墨相著則黑者也。魏晉時始有墨丸。乃漆烟松煤和合爲之。（輟耕錄）即松烟墨也。惟古人用墨多自制。故工者不顯。而法亦不傳。其著者於魏得韋誕一人。晉得張金一人。劉宋得張永一人。（陵友仁墨史）唐以後姓氏始稍稍出。兗州陳氏。易水祁氏奚氏。皆名聞天下。硯之制。由來久矣。漢李尤墨硯銘曰。書契既造。墨硯乃陳。若是則硯與墨並起。而相胥爲用者也。古用石墨。魏晉而後。始尙松煙。而硯之爲用。亦必改作。以求其宜。故說者謂硯始魏晉之間。米芾畫史云。晉唐皆鳳池硯。中心如瓦凹。故曰硯瓦。陶宗儀所謂凹心硯者也。石材則首推靑絳。（四庫全書總目云。端硯始見李賀詩。柳公權論硯。首靑絳二州。不言端石。宋蘇氏文房四譜。亦尙以靑州紅絲硯爲首。）不重端歙也。（乙）印刷之術。胚胎於秦漢。分娩於隋唐。其間蛻化演進。有資於佛道二教者。亦復不少。蓋秦多石刻。漢創石經。（秦漢印章篆刻。古樸典雅。爲古今獨步。似亦與雕板有關。）其機已兆。厥後道士之符籙。釋子之佛像。往往板印以代寫錄之勞。由佛像而佛經。而佛經以外之典籍。其用愈推愈廣。陸深河汾燕閑錄云。隋文帝開皇十三年十二月八日。勅廢像遺經。悉令雕造。燉煌石室書錄。大隋永陀羅尼本經。上面左有施主李和順一行。右有王文沼雕板一行。是隋代印刷惟佛像佛經而已。至於唐漸及於佛經以外之書。柳玭訓序「中和（唐僖宗年號）三年。在蜀閱書肆。所鬻書率雕本。」國史志。唐末益州。始有墨版。多術數。小學字書。蓋其時墨版之書。惟蜀最多。西人戴聞達謂中國之最初印本書籍。出於蜀中。且謂四川爲唐代重要文化中心地之一。非無故也。

第二節　文學

古之學者。以學爲文。未嘗以文爲學也。漢魏以降。經子之學衰。而文章之業盛。作者如林不可殫述。於是史列文苑。士有文集。而選錄文章之書。批評文章之籍。亦相因而生。斯實中古之特色。異於上古者也。至文之性別。仍分二類。(甲)有韻之文。其別凡二。其一曰賦。賦之導源。始於詩。成於荀子。助其談者。屈原之騷也。惟是騷以主觀的感情爲主。賦以客觀的娛樂爲主。性質不無小別。漢人之賦。瑰偉宏麗。獨步千古。六代以來。沿其餘風。然氣質卑靡矣。其二曰詩。漢人之詩。多爲新體葩經。以四言爲常。漢人謹守遺規。如韋孟諷諫詩者固甚通行。他若七言詩。創于高祖。而成于武帝。五言詩則自枚乘始也。樂府（樂府與詩古合而漢分。）三言四言。錯出成章。而以唐山夫人安世房中歌爲首出。凡此數類。淵源雖各有所自。而體格實成于漢時。東京六代。蕭規曹隨。無大變更。至李唐而詩學界乃大放異彩。前者詩體無今古之別。有之自唐始。古體存魏晉之遺意。今體沿徐庾之餘波。四傑崛起。風格漸整。其所爲詩名曰排律。初用六韻。繼用八韻。後且有數十韻。以迄百韻者。由是而律（七言五言兩種）而絕。（卽五七言絕句也）詩體悉備。而詩律彌嚴矣。原唐詩格律，所以嚴整之故。則音韻學之發明是也。音韻原本天籟。吾國古民。以與樂相附。故其學不顯。自古樂亡。而音韻之學興。言語文字之用。因以益精。釋文序錄云。古人音書。止爲譬況之說。孫炎始爲翻語。（卽反切也。晁氏云上字爲切。下字爲韻。）魏朝以降漸繁。（陸氏之說。本于顏氏家訓。）或別五聲。或分爲四。沈約起而用廣。法言生而書成世。或謂吾國切韻之學。出于西域。蓋亦受佛教東來之影響耳。（乙）無韻之文。亦有駢散之別。散文之盛。導源周末。儒家之論（約）孟。（暢）道家之老（奧）莊。（幻）以及左（華）國（勁）孫（奇）韓。（刻）皆各盡其妙。而駢文常錯出焉。是爲駢散並用時期。自秦李斯爲文。好事排衍。而駢漸與散分。及賈誼揚雄崔（駰）蔡（邕）輩爲之。去散益遠。魏晉以降。文率詞藻宏麗。裁對精工。而氣質卑靡。義理淺薄。世所以嘆文運之衰也。北周崛起。詔誥體用尙書。漸開散文復振之機。逮及有唐。文體三變。駢文散文均極大觀。新唐書藝文志有云。唐有天下三百年。文章無慮三變。高祖太宗大難始夷。沿江左餘風。絺句繪章。揣合低卬。故王（勃）楊（炯）爲之伯。玄宗好經術。羣臣稍厭雕琢。索理致。崇雅黜浮。氣益雄渾。則燕（燕國公張說）許（許國公蘇頲）擅其宗。大歷（代宗年號）貞元（德宗年號）間。美才輩出。擩嚌道眞。涵泳聖涯。於是韓愈倡之。柳宗元李翺皇甫湜等和之。排逐百家。法度森嚴。抵轢魏晉。上軋漢周。唐之文完然爲一王法。此其極也。

第三節．史學

吾國史學之盛。厥惟中古。體制多肇于漢。而編纂多成于唐。（以正史爲限）體制凡七（一）紀傳體：創于司馬氏父子之史記。凡十二本紀。十表。八書。三十世家。七十列傳。共一百三十卷。班氏父創斷代爲史之例。作漢書一百二十卷。爾後歷代官選之書。率遵是體。（二）編年體：劉知幾深通史法。分敘六家。統歸二體。則編年紀傳均正史也。中古以來。編年之作。首推漢紀。（東漢荀悅著）蓋上承左氏。下開司馬者也。（三）雜史體：雜史者。義取兼包衆體宏指殊名。創始于國語。（左邱明著）國策（劉向編輯）中古作者。則吳兢之貞觀政要。裴庭裕之東觀奏記其選也。（四）傳記體：此體原本晏嬰。（齊相晏平仲也）中古以來。作者甚夥。而爲類頗繁。如列女傳。（漢劉向著）高士傳。（晉皇甫謐撰）卓異記。（唐李翺著）等是也。（五）載記體：羣雄割據。各設史官。事迹亦不容泯。或稱僞史。（阮孝緒七錄）或改霸史。（隋書經籍志）代有作者。要以漢趙煜之吳越春秋爲始。（六）掌故體即政書也。杜佑之通典。實爲創製。凡二百卷。分八門。曰食貨。曰選舉。曰職官。曰禮。曰樂。曰兵刑。曰州郡。曰邊防。每門又各分子目。（七）史評體：劉子元之史通。厥爲獨唱。蓋考辨史體。非博覽精思。不能成帙。故作者稀也。綜計七類。始于漢者五。自漢迄唐。正史之作。共有十五。除史漢及後漢書。（宋范曄撰）三國志。（晉陳壽撰）宋書。（梁沈約撰）魏書。（北齊魏收撰）南齊書（梁蕭子顯撰）外。成于唐者八。晉書（房喬等奉敕撰）梁書陳書（姚思廉撰）北齊書（李百藥撰）北周書（令狐德棻撰）隋書（魏徵等奉敕撰）南史北史。（李延壽撰）

第四節　哲學

中古哲學。視上古稍遜。然就其發達之特色言之。可分三期：東西兩漢爲一期。晉及南北朝爲一期。唐爲一期。茲分述如下：

第一期　漢去古未遙。餘風猶存。故諸子之學。承繼有人。道家之說名爲黃老。上而宮庭。（如文帝竇后楚王英等）下而卿相。（曹參用蓋公言以清靜治國。張良從赤松子遊。汲黯修黃老術。治民主清靜。耿況學老子于安丘先生。）士子（司馬談。楊王孫。范升。矯愼等。）好而習之。或以施治或以授徒。其盛也幾與經術爭衡。習法家言者。則有鼂錯（學申韓刑名於枳張恢生所。）韓安國（受韓子雜說。）陽球（好申韓之學。）其人確爲法家正系。他之以法律名者。如路溫舒杜延年于定國鄭昌鄭弘（西漢人）郭躬父子侯霸鍾皓（東漢人）等。雖不盡傳諸子之言。其宜屬諸法家也則無疑。陰陽之學。漢爲最盛。儒者往往以其說。附會經術。哀平之際。讖緯學興。蓋由陰陽家蛻化而出者也。後漢大師。率攻此術。餘如從橫家。（主父偃蒯通等）雜家（田蚡淮南）農家。（董安國氾勝之）亦莫不受授有人。惟名墨兩家。爲無聲色耳。

第二期魏晉之初。經術式微。而諸子之學亦漸歸澌滅。惟道家（刑名之說。間雜其中。）猶賈餘勇。馳騁神宇耳。

計是時依附道家以立說者。其別凡五：（採謝无量之說）

(一)才性論　傅嘏鍾會爲宗。阮武劉劭爲輔。

(二)虛無論　王弼何晏爲宗。竹七賢爲輔。流爲王衍樂廣之淸談。

(三)崇有論　裴頠著崇有論。以正虛無論之弊。

(四)神仙論　葛洪綜古來之神仙說。述出世之修養法。

(五)無君論　鮑敬言申上古之無君。論破世間之政治論。

永嘉之後。迄於齊梁。梵學猖獗。又有以奪柱下（老子）漆園（莊子）之席。然出世法與世法殊科。其於君臣父子夫婦兄弟之倫。皆所割捨。吾國素重倫理。（吾國社會心理以孔子之儒術爲背影。）雖魏晉以來。多蔑棄禮法之士。而禮教信條。深入人心。大多數之人。必不以背棄君父爲然。故佛教與儒家之衝突又起。由是疑信雜出。緜歷年所。儒也道也佛也遂成鼎足之勢。是非莫定。士夫憂之。乃起而倡調和之說。或謂儒佛一致。孫綽之喻道論是。或謂道佛一致。顧歡之夷夏論是。或謂三教（舊唐書經籍志有齊三教論七卷衞元嵩撰據此知三教之名始于北周）一致張融（著有門論明三教一致之旨。）與周顒之說（著有三宗論）是。

第三期　唐人泥於科舉。嫻於詩賦。留意形而上之學者稀。哲學最爲不振。其能宗儒家之義。探性命之源者。惟昌黎韓氏（著有原道原性等文。）習之李氏（著有復性書一文）而已。然實爲宋代理學之先驅。

第四節　實用之學

（甲）歷算　歷算之學。後盛於前。蓋理愈窮而愈精。法益積而益密也。玆就著述儀器兩方面。述其梗概。秦政焚燒天文歷數之書未遭厥劫。漢人研究有資。其學遂大昌。若司馬遷之天官書。趙君卿（序中自程爽或其名也）之注周髀算經。徐岳等之數術記遺。他諸儒之精於天文星算者。實繁有徒。而尤以張平子爲巨擘。魏晉以還。著書尤多。今世所傳算學十書。（九章算術。周禮保氏之遺法。魏劉徽注。海島算經劉徽撰。孫子算經。漢以後人所輯。或云出於孫武。夏侯陽算經。張邱建算經。陽與建皆晉人。五經算經。五曹算經。北周甄鸞撰。綴術算經。南齊祖沖之撰。緝古算經。唐王孝通撰。）徐周髀九章外。皆此期所成。李淳風僧一行則輝映於唐代。均稱大家。（淳風著法象書。一行著開元大衍歷算經行世。）至於特著之發明。則虞喜之歲差法是也。若儀器則有二種。（一）渾天儀。古有其法。至秦而亡。漢武帝時。洛下閎營之。（謂始經營之也。史云閎造員儀。以考歷度。）鮮于妄人度之。耿中丞（壽昌）象之。（鑄銅爲之象也）而儀成。自後踵而爲之者頗多。（如張衡等）而要以李淳風之銅儀爲最精。（二）候風地動儀。張衡所創造。實一種地震測驗器也。

（乙）醫學　醫藥之書。未燬於秦火。而漢人又復重之。故醫經（凡七家二百一十六卷）經方（凡十一家二百七十四卷）之載在漢志者甚夥。且也診脈之術。傳自倉公。（史記本傳）解剖之方。述於華佗。（後漢書三國志有傳）張仲景（名機）之金匱要略傷寒論等。趙宋而後。奉爲典型。與素問難經並重。則漢代醫學之發達可知。南北惟褚氏稍著。唐則孫思邈王燾甄權各有述作。爲世所宗。而孫氏爲尤著。

第六節　美術之學

（甲）音樂　中古以來。中國之舊樂浸亡。而外國之新聲流入。故不得不分兩部述之。（一）中國之樂。三代之樂亡於秦。漢興魯人制氏猶能傳其節。後叔孫通制廟樂。李延年司協律。樂乃漸備。後漢明帝時。樂分四品各異其用。（一曰大予樂。郊廟上陵諸食舉之。二曰周頌雅樂。辟雍饗射六宗社稷用之。三曰黃門鼓吹樂。天子宴樂羣臣用之。四曰短簫鐃歌樂。軍中用之。）後更喪亂其道孔衰。曹操命杜夔創定雅樂。而魏樂遂寖寖復古劉石之亂。晉之伶官樂器悉被刧奪。故東晉之興樂官缺乏。自符秦滅。樂工楊蜀來江南。音樂始具。（梁武帝好古。自制雅樂。聲音之道復隆。北魏雖得古樂。然傳習無人未能有所興發也。隋師滅陳。南朝之舊樂伶官悉歸於北。乃煬帝好淫曲。古制以衰。唐初雖有祖孝孫呂才等更定雅樂。至玄宗而又壞。玄宗立樂部。有立部坐部之分。太常閱坐部。伎之不可教者隸立部。又不可教者乃習雅樂。則雅樂之壞。不其宜乎。（二）夷部之樂。自周鞮鞻氏掌四夷之樂與其聲歌。夷樂乃播於中土。張騫使西域而胡樂傳。南人修朝賀而蠻樂入。嗣是夷部樂之傳入華夏者日多。自東夷來者。有高麗樂。（唐初盛行）新羅樂。（唐太宗時始有之）自西夷來者。有高昌樂（西魏始有之）龜茲樂（後涼呂光時始有之）疏勒樂（後魏始有之）康國樂（北周帝時始有之安國樂）（北魏時始有之）自南夷來者。有天竺樂（漢安帝時始入中國唐高宗刺禁之）南詔樂驃國樂（均唐德宗時傳入中國。）自北夷來者。有鮮卑樂。爲夷樂之最著者。盛行於北方。以北方多鮮卑人也。

（乙）書畫　上古造字。不言書法。故未與於美術之列。至中古始有以書法名家者。乃與繪畫分道而馳。各極其妙。共爲美術上乘。玆分述於下：（一）書法：秦代書家。端惟李斯。漢室宗匠。定推蔡邕。（或謂劉表爲書家之祖）綿延薪傳。自漢迄唐。凡世所謂書家巨擘。皆其嫡派也。錄元鄭杓（字子經仙游人泰定時辟南安教諭著有衍極書專論書法）書法流傳圖資考證焉。

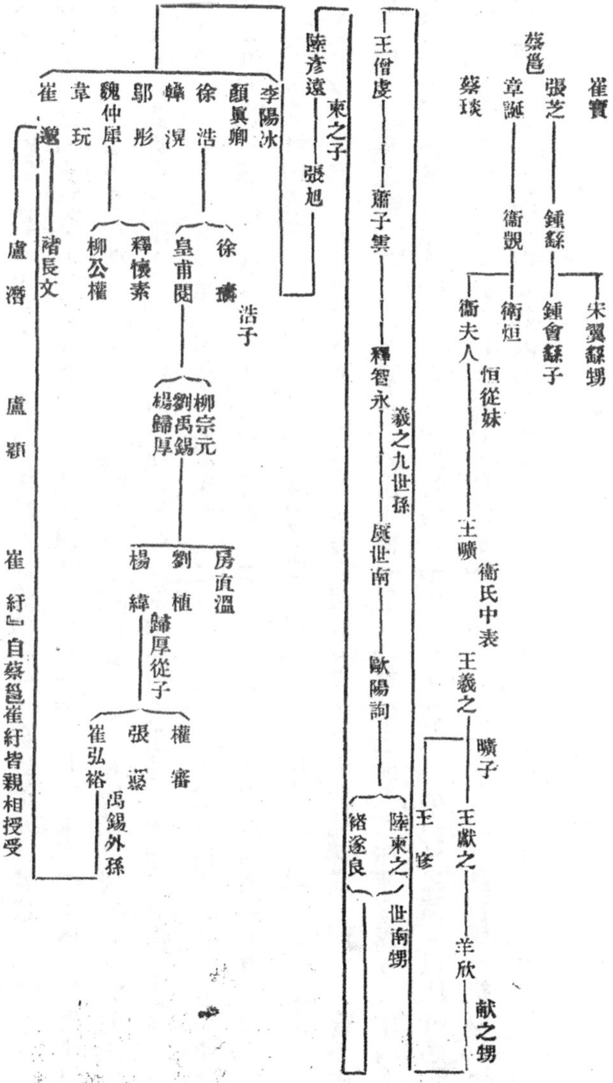
崔寔
張芝
鍾繇
宋翼 繇甥
鍾會 繇子
蔡邕
章誕
衛覬
衛瓘
衛夫人
恒從妹
蔡琰
王曠
衛氏中表
王羲之
曠子
王獻之
羊欣
獻之甥
王修
王僧虔
蕭子雲
釋智永
羲之九世孫
虞世南
歐陽詢
陸柬之
世南甥
褚遂良
陸彥遠
柬之子
張旭
李陽冰
顏眞卿
徐浩
徐璹
浩子
韓滉
鄔彤
魏仲犀
韋玩
崔邈
釋懷素
柳公權
皇甫閱
柳宗元
劉禹錫
楊歸厚
房直溫
劉植
楊緯
歸厚從子
權審
張䂮
崔弘裕
禹錫外孫
褚長文
盧潛
盧穎
崔紓
『自蔡邕崔紓皆親相授受』

習書之法。厥爲臨摹。臨摹之具。端賴碑帖。而碑帖之分。自典午始。晉代石刻之字。多方整。而幾帖則多圓美。蓋旨趣有別也。然北魏周齊石刻極夥。其字畫亦多工妙。後世學書者宗焉。北朝書家。如張景仁。冀儁。趙文深。鄭道昭輩又咸不在傳授之列。其當時書法亦分南北。而此爲別派歟。(二)畫法。漢運勃興。繪事亦與之俱進。蓋西京有尚方畫工。東都別開畫室。「隋則寶蹟臺之畫藏。唐置集賢院之畫直。」君主好之。斯臣民趨之。繪事之盛。亦其宜也。然漢代近古。作法古拙。且率以歷史人物爲題材。而壁畫特盛。其存於今爲世所重者。有孝山堂祠。(在山東肥城縣一名巫山)武梁祠。(在山東嘉祥縣)二石刻焉。魏晉六朝。宗教勃興。人類思想解放。實足促繪畫之發展。人物畫中別開釋道一門。(曹不興。爲我國佛畫像之祖。)而山水畫(是時山水畫。爲人物畫中之配景)亦萌芽焉。(宗炳王微實爲先進)作風日趨妙媚。且吸取印度藝術之采色矣。唐初畫風承六朝之緒。以細緻豔潤爲工。開元而後。畫風大振。山水畫代人物畫而起。南宗北宗各極其致。且授受不紀以迄今。而花鳥之畫。亦肇其端。並附表於後：

人物派別源流略表

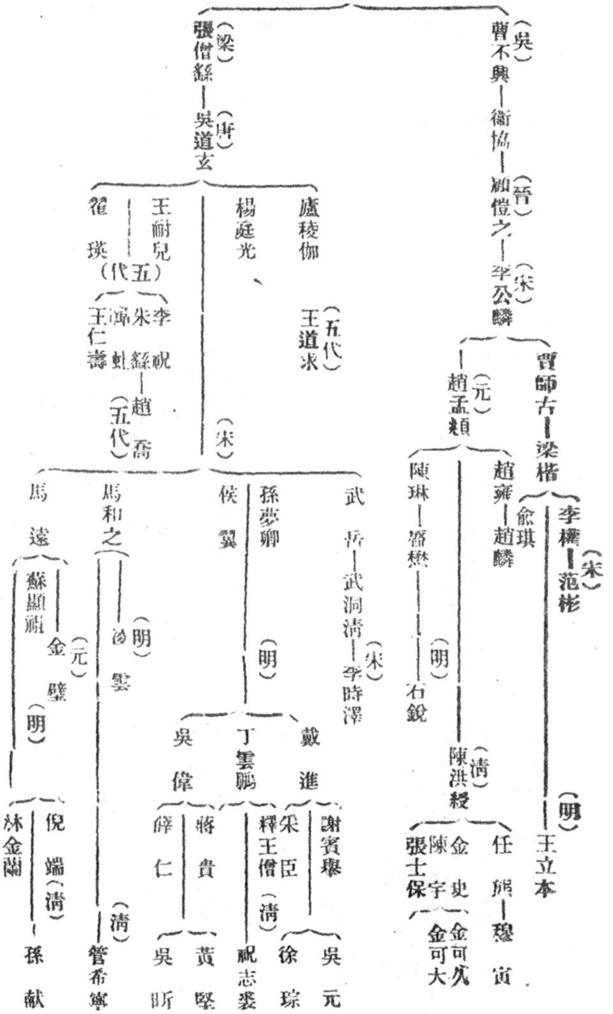
(吳)曹不興—衛協—(晉)顧愷之—(宋)李公麟
賈師古—梁楷
(宋)范彬
(明)王立本
俞琪
(元)趙孟頫
趙雍—趙麟
陳琳
(明)石銳
(清)陳洪綬
任熊
金史
張士保
金可大
(梁)張僧繇—(唐)吳道玄
盧稜伽
(五代)王道求
楊庭光
王耐兒
翟琰
(五代)
李祝
朱繇—趙喬
王仁壽
(五代)
(宋)
武洞清—(宋)李時澤
孫夢卿
(明)
戴進
丁雲鵬
吳偉
謝賓舉
吳元
宋臣
徐琮
(清)
薛仁
吳昕
馬和之
(明)
(清)
管希寧
馬遠
(元)
(明)
倪端(清)
孫獻
林金蘭

山水畫流派系統表

- 北宗唐李思訓金碧青綠一派
  - 宋
    - 趙伯駒、李唐、劉松年——青綠巧整一派
    - 院體
    - 馬遠、夏珪——水墨蒼勁一派
  - 明
    - 周臣、唐寅、仇英——院體派
    - 戴進——浙派
    - 吳偉——江夏派
    - 藍瑛
- 南宗王維水墨渲淡一派
  - 五代
    - 荊浩、關仝
  - 宋
    - 董源、巨然、李成、范寬
  - 元
    - 黃公望、王蒙、倪瓚、吳鎮
  - 明
    - 沈周、文徵明、董其昌、陳繼儒——吳派
    - 顧正誼……華亭派
    - 趙左……蘇松派
  - 清
    - 羅收……江西派
    - 蕭雲從……姑熟派
    - 釋宏仁……新安派
    - 王時敏、王鑑、王翬、王原祁——江左四王
    - 王翬——虞山派
    - 王原祁——婁東派

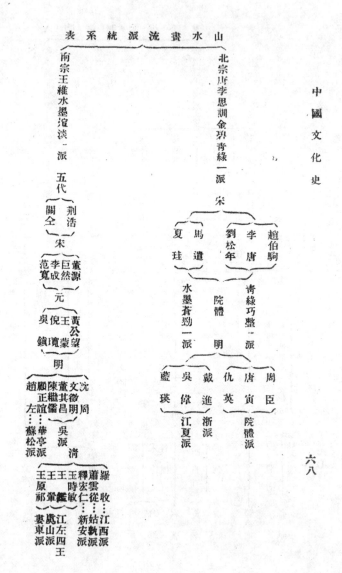

花鳥派別源流略表

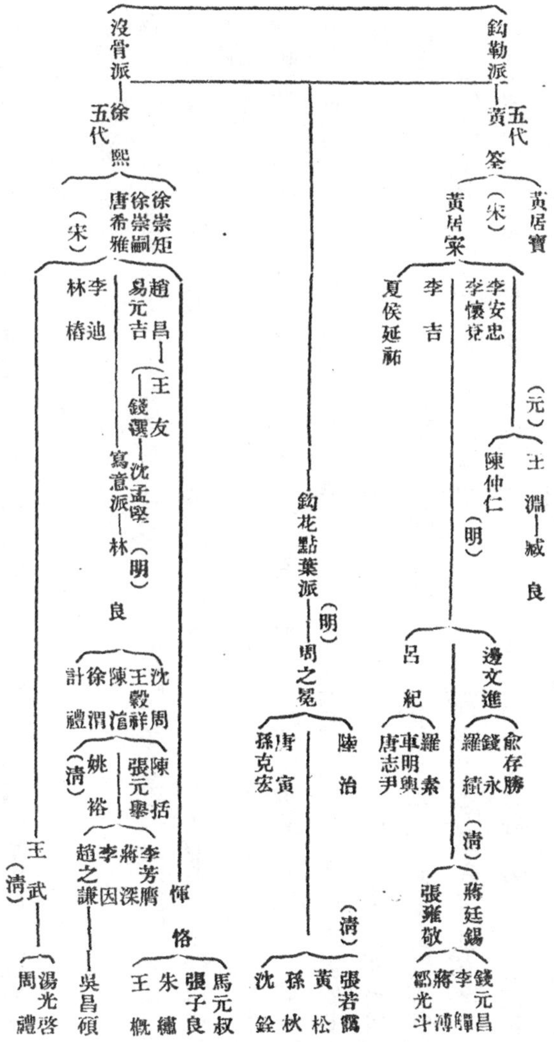

以上表錄自國聞週報卷十二十一二兩號姚漁湘中國畫的技術與派別其文頗可供參攷

論曰。中古學術。就表面觀之。虛浮煩瑣。似無進步。就內容察之。儒也。道也。佛也。其學說思想之衝突在此時。調和亦在此時。交換雜揉別成新異之發達。爲學術界開新境界。宋代理學。非其醞釀之結晶歟。

第七章　社會狀況

周以文爲治。凡所以束縛人民之自由者。既詳且嚴。反動力起勢必至紀綱法度蕩焉無存。秦民暴戾。固其宜然。然觀秦代石刻之文。往往以坊民正俗爲言。且必男女並舉是不獨三代理教猶未大潰。且足證男女平等之精神焉。戰國以來。士氣已張。嬴秦坑燒。愈激愈厲。至於漢而游俠眦睢。干犯法紀。景武之時。摧滅豪強。遷徙殺戮。而士氣大衰。且表彰六經。以儒術善其後。世家尚禮文。庶民化之。馴至奢華浮囂。而不明義利之分。新莽假之以成其篡。光武中興。知不敦氣節之不足立國也。乃崇獎忠義清高之士。（如卓茂嚴光等）而風俗丕變。東漢之末。錮黨禍起。士大夫依仁蹈義。捨命不渝。氣節道義。光耀史冊。夫豈無自哉。然奢靡之風。實不減于西京。王符潛夫論可考。（按此風歷魏晉南北迄于隋唐日有增加）黨禍之後。士夫畏避。希圖自全。益以操重偏才。丕慕曠達。而天下賤守節矣。及其流也。綱維不攝。而虛無放誕之論。盈于朝野。是則兩晉清談之動機。士大夫放達任情。蔑棄禮法

○不復以國事爲憂○卒召五胡之亂○此范武子之所以痛恨於何晏王弼也○且以九品中正之制○而生士庶之階級○矜尚門第○區別流品○江左建國○循行不廢○北朝多胡羌○風俗質朴○習勤耐勞○且饒尚武精神○當是時也○南北風俗○劃若鴻溝○元宏（魏孝文帝）遷洛○推崇華風○江左士夫○競學鮮卑○蓋因接壤而交通○因交通而模倣○風尙調和之動機於是乎萌○隋乘其會○統一中國○風尙遂聯合而趨歸一致○唐代隋命○其社會風俗大都前代遺物○（一）徵之婚姻○自晉以來○社會婚姻爭尙門第○至唐猶然○（二）徵之奴婢○奴婢之制○由來蓋久○迄唐猶盛○唐制區平民爲兩等○（甲）良丁○即自由之農工商人○（乙）賤戶○又分雜戶○番民○奴婢三等○至自成之風氣○則醉心科舉○是科舉之風○肇端于隋○（煬帝始建進士科而鄉舉里選之法絕）而擴大于唐○（唐代選士之法○因于隋○而科目益繁○有秀才○有進士○有俊士○有明經○有明法○有明字○有明算○有一史三史○有開元禮等○）科舉之制○士得投牒自進○益以唐代以來女主權相藩鎮宦官○迭執大柄○士夫以依附爲榮○不羞自薦○馴至廉恥道喪○氣節全無○而附逆從叛○冒宗聯姻○干兒義孫之流○恬不爲怪○嗚乎○此五代之亂之所由來乎○

中古期終

中國文化史下編

目錄

頁數

第三編　近古文化史

漢族勢力。唐爲極盛。然盛之極即衰之始。故自唐而後。宛如夕陽西下。光彩漸黯矣。趙宋統一。不能恢復已失之燕雲。馴且失淮北。失嶺南。以至於亡。朱明崛起。驅逐胡元。然亦僅守漢土。（長城以南之地。即中國本部也。）不克有所拓闢也。遼夏侵邊。元淸入主。各携其特殊之藝術風習。以與漢族抵觸和合。於是文化之成分雜而進步速。（德儒有言曰。每個團體。必先與外來團體相接觸以後。才有新時代成立。必須團體間有新的混合或相互的影響的時候。不同的民族相接觸的時候。才有重要的進步發現。）且與我發生關係之民族既多。則交通之範圍彌廣。西亞東歐。賈客學子。漸有携西洋系之文化東渡者。（歐洲人回敎人仕於元者甚多。明末淸初。天主敎士來華者尤衆。）其動機實蒙古之西征。與鄭和之下西洋有以啟之。

西洋文化漸輸入矣。然中土士夫。夷狄視之。猶未能精研其義。俾與漢族文化。水乳相融。以利民生也。（如徐光啓李之藻輩。示過少數之人。）故曰溝通時代。

第一章　生活要素

生活要素。前二期中發明創造。所關甚鉅。而言之稍詳。至此期承襲前代。略備無缺。故衣也食也住也。非特創之品有關重要者。悉從略焉。

第一節　衣服

衣服之料。絲麻而外。益以綿毛綿織之物。漢唐來雖已有之。皆係貢品與商貨。中國未有其種。故民不以爲衣。而官不以爲調。宋元間始由南洋傳入。宋太宗太平興國七年。令諸州自今。只織買綾羅紬絹布木棉等。元世祖至元二十六年。置浙東江東江西湖南福建木綿提舉司。責民歲輸木綿十萬疋。成宗元貞二年。定徵江南夏稅之制。輸以木綿布絹絲綿等。知國家征調之多。斯知閭閻種植之廣。宋明而後。爲用益弘。太祖初立國。即下令凡民田五畝至十畝者。栽桑麻木綿各半畝。十畝以上者倍之。麻畝徵八兩。木綿畝徵四兩。而木綿與桑麻並重矣。

棉之小史　棉有木棉草棉兩種。木棉受氣候之範圍。中國嶺南間有之。今蕃殖中土(藝諸町畝者。皆草棉也。惟人民不察。亦以木棉呼之。名稱殊嫌混淆耳。其原產地厥爲印度。(西史。亞烈山大王東征印度。棉種始傳於歐洲。漢書張騫在大夏見蜀布。大夏人謂市之身毒。梁書。唐書。均載天竺出吉貝。)其傳入中國也由兩路來。(一)經西域(魏略有大秦布。溫宿布。梁書唐書。均稱西域高昌。有草名白疊。擷花可織布。宋史載龜茲以花蕊布博易。)巴蜀(後漢書馬援在蜀。公孫述爲制都布單衣。都布即白疊布。唐張籍詩。蜀客南行祭碧鷄。木棉花發錦江西。今四川成都資

棉名地。

中。仍爲產遼陸而輸入關陝。元代拓域至葱嶺以西。西域棉種。順黃河流域以東播隴右關陝。（一）由東南海島。禹貢。島夷卉服。爲草棉輸入中國之開端。而安南。張勃吳錄。交趾安定縣。有木樹高數丈。其棉如絮。可作布名白緤。南史。林邑等國出吉貝布。木棉爲之。而閩粵。周去非嶺外代答云。吉貝雷化廉州及南海黎峒富有。謝紡得詩嘉樹種木棉。天何厚八閩。陳高詩。炎方有種樹。衣被代蠶桑。而江浙。今上海縣烏泥涇。有黃道婆祠。道婆本烏泥涇人。淪落崖州。元成宗貞元中。附海舶歸。閩廣多種木棉。紡織爲布。名曰吉貝。道婆普是業。州里宗之。沿海而來。遂徧全國矣。

毛織之品。古名爲褐。賤者之服。其用甚廣。其工則粗。至唐而絨褐特盛。視古褐爲精細。以蘭絨爲最佳。（產地以蘭州爲中心。故又名蘭絨。）其法蓋傳自夷人。他若涼州（武威 髭布。西州（吐蕃）白 。（唐六典）會州。（甘肅靖遠）駝毛褐。（唐書地理志。）亦其類也。金元以來。毛織之物。尤爲衣料要品。攷元制置局弘州。以汴京織毛褐工三百戶隸之。知製造之盛。斯知用途之廣。蓋女眞蒙古。本牧獵民族。皮毛爲衣。習俗然也。

衣服之制。滿蒙二族。與漢族對峙。衣服亦各從其俗。大抵滿（遼金淸）蒙（元）重胡服。宋明遵唐制。其尤異者。遼制北班國服。南班漢制。各從其便。元之只孫。（華言一色服也。）各朝所無。自天子百官。以至樂工衛士皆有之。雖精粗之制上下之別不同。總謂之只孫。而其服之別貴賤也。以花（一品紫大獨科花。徑五寸。二品小獨科。花三寸。三品散答花。二寸無技葉。四五品小雜花。一寸五分。六七品小雜花。一寸。八九品無文。至仁宗定服色。一品二品服渾金花。三品金答子。四五品服雲袖帶欄。六七品服六花。八九品服四花。）山龍黼黻之章。至是革矣。宋從唐制。三品以上服紫。五品以上服朱。七品以上服綠。九品以上服靑。其制曲領大袖。下施橫欄。而有借賜之制。庶人服白。太平興國七年。李昉奏請。流外官及貢舉人庶人通許服皂。自是皂白爲庶人之常服。明制尤嚴。而其分等也。文官以鳥。武官以獸。洪武二十四年。定公侯駙馬伯服繡麒麟白澤。文官一品仙鶴。二品錦鷄。三品孔雀。四品雲雁。五品白鷴。六品鷺鷥。七品鸂鶒。八品黃鸝。九品鵪鶉。雜職練鵲。風憲官獬廌。武官。一品二品獅子。三品四品虎豹。五品熊羆。六品七品彪。八品犀牛。九品海馬。官吏衣服用雜色。紵絲綾羅。惟不得用玄黃紫三色。及龍鳳紋。儒士則巾有兩種。（一）四方平定巾。（洪武三年。令士人戴四方平定巾。）（二）軟巾。（二十三年。定軟巾垂帶。）服則襴衫。（二十三年定。以玉色布絹爲之。寬袖皂緣皂絛）庶人初戴四帶巾。洪武三年。改四方平定巾。雜色盤領。衣不許用黃。惟婚事許假九品服云。清初衣服爲便利計。列入近世。

飲食無新發明。從略。

第二節　宮室（凡建築悉附此節）

建築之事。分四項述於左：

（一）宮室之建築：（甲）關於帝室者：宋代宮殿。甚爲儉陋。東京內宮。止用黑漆窗戶。頂用玻璃瓦者。惟前四殿而已。南渡而後。規模益狹。宋史輿服志云。中興服御。惟務簡省。宮殿尤朴。皇帝之居曰殿總。曰大內本杭州治也。紹興初創爲之。後又作崇政垂拱二大殿。其修廣僅如大郡之設廳。金代燕京宮殿。號稱壯麗。（范石湖攬轡錄盛稱之。）然實取則東京。或增飾耳。元代宮殿精麗。甲於近代。而以大明殿爲最。明代南北兩京。宮殿備極宏壯。然規制實無大異。明史地理志云。永樂十五年。作西宮於北京。凡爲屋千六百三十餘楹。十八年建北京。凡宮殿門闕規制。悉如南京。（南京宮殿。洪武八年建十年落成。）壯麗過之。清因明舊。無所變更。（乙）關於官民者。宋制宰相以下治事之所。曰省。曰台。曰部。曰寺。曰監。曰院。在外監司州郡曰衙。私居執政親王曰府。餘官曰宅。庶民曰家。六品以上宅舍。許作鳥頭門庶人舍屋許五架門一間兩廈而不得施重拱。藻井及五色文采爲飾。元制未詳。明制（洪武二十六年定。）公侯前廳。七間兩廈九架。中堂七間九架。後堂七間七架。門三間五架。用金漆及獸面錫環。一品二品。廳堂五間九架。門三間五架。綠油。獸面錫環。三品至五品。廳堂五間七架。門三間三架。黑油。錫環。六品至九品。廳堂三間七架。門一間三架。黑門鐵環。門窗戶牖。不得丹漆。庶民不得過三間五架。不許用斗拱飾彩色。旋又中禁不許造九五間數。房屋雖至一二十所。隨其物力。但不許過三間。後雖稍有變通。而大致莫外也。

(二)防禦之建築。屬於內者。以京城爲重。屬於外者。以長城爲要。京城則宋之汴京。城凡三重：(一)外城。亦曰國城。(周顯德三年築名曰新城。宋代累有修築。且廣大之。)周五十里。百六十五步。(二)裏城。亦曰闕城。(侯鯖錄云。唐汴州舊城也。建中二年。節度使李勉築。)周二十里。(三)宮城。曰大內。亦曰皇城。即宣武軍治所。(朱梁建都。以衙署爲建昌宮。晉周與宋均都此。)周五里。明之南京。本六朝故都。洪武初建爲京師。城凡二重。內爲宮城。亦曰紫禁城。門六。外曰京城。周九十六里。門十有三。其外郭則依山帶江。周百八十里。門十有六。(洪武二十三年建。)若北京則遼金元之故都。而位置稍異。遼之南京。在今北京西南。城二重。曰皇城。周七里。曰都城。周三十六里。(太宗時建。)金改燕京。(即遼南京。)爲中都。天德三年。命張浩等增廣燕城。或稱其規模宏大。爲北京有偉大建築之始。元世祖定鼎於中都東北三里。築大都城。視遼金益宏擴矣。建皇城於中。外爲都城。周六十里。十一門。元末殘燬。明永樂中。（永樂四年閏七月。建北京宮殿。修城垣。十九年正月告成。）修建北京內爲宮城。周六里一十六步。亦曰紫禁城。門八。宮城之外。爲皇城。周一十八里有奇。門六。皇城之外曰京城。周四十五里。門九。嘉靖二十三年。又築重城包京城之南。轉抱東西角樓。長二十八里。門七。即今之所謂外城者也。若長城惟明代之工作最勤。蓋宋邊不及塞。而金元淸跨之。均無需於此。獨明與元爲世仇。且適以長城爲界。不得不恃爲防禦之資。故當時大臣持議。以爲塹不如窖。窖不如垣。（塹窖多鑿於近垣。以阻侵軼鑿地横垣曰塹。間鑿間否。形如品字。有降有伏。互相倚伏曰窖。）故修繕之工加勤焉。茲爲表於左以誌梗概。

（此表采自明史兵志）

洪武	徐達巡邊至山海關，乃治牆·南抵海，北抵南山，設墩臺以資防守。
永樂	帝於邊備甚謹，自宣府迄山西，緣邊皆峻垣深濠，烽堠相接。又敕武安侯鄭亨書云：各處煙墩，務增築高厚。
正統	元年朱純請修塞垣，後以工難，改築赤城等堡烟墩二十二。
成化	二年，總兵王璽於偏頭關北六十里，起老營石角墩至老牛灣，築牆一百四十里，又關東北三十里，有李瑾所築長城七十里，又本關二里，起鷹窩山至教場一百二十里之邊牆，則兵備張鳳翔所築。
弘治	十三年，巡撫洪鍾，於永平修邊牆二千四十八丈。是年又修自山海關迤西至李家谷止，邊牆二萬八千一百七丈。十四年，敕修嘉峪關，防吐魯番之亂也，
正德	元年，總制三邊楊一清，上修築定邊營等六事，雖以忤劉瑾罷，猶成塞垣四十里，
嘉靖	十三年，都御史陳構於甯武路築長城八百八十里，東起陽房經温嶺至八角堡，二十三年曾銑又增築之，三十年，宣大總督翁萬達請築宣大邊牆千餘里，烽墩三百六十三所。

隆慶而後。俺答稱貢。邊事稍息。長城之修繕無聞焉。

（三）交通之建築。仍分水陸兩方面。陸路則元明特著。元太宗時設站赤。元史兵志云。站赤者驛傳之譯名也。蓋以通達邊情。布宣號令。古人所謂置郵而傳命者也。凡陸站以馬以牛以驢以車。而水則以舟。遼陽且有狗站一十五處。其官有驛令。有提領。（總于通政院及中書兵部）站有站戶。有倉廩。此通西北諸汗國之路也。而內地站赤。亦各省悉設。明改驛館。承用宋制。二十里有馬鋪歇馬亭。（即周禮所謂路室也）六十里有馹。馹有餼給。（即周禮所謂候館也）且分置守兵。以衛行旅。而交通稱便。清沿用未改。若後唐明宗之止絕牛車不許過天津橋。明制兩京官道。不許牛車入城。亦潔治道路之一般。水路惟運河最重。創而成之者元。修而用之者明清。（一）會通河。元至元中。用韓仲暉等言。自安民山（即東平之安山牐）開河。北抵臨清。引汶絕濟。直屬漳衛。名會通河。宋文璨云。世祖開會通河千有餘里。明永樂九年濬故道。自濟寧北至臨清。凡三百八十五里。南至江蘇沛縣。凡三百里。而南旺湖地勢特高。於是相地置牐。以時啟閉。自分水北至臨清。地降九十尺。為閘（牐同）十有一。而達漳衛。南至沽頭。（沛縣）地降百十有六尺。為閘二十有一。而達河淮。（二）通惠河。元世祖至元二十九年動工。明年告成。從都水監郭守敬之議也。導昌平白浮村神山泉。與西山玉泉諸水。穿都城至通州之高麗莊入白河。共一百四十六里有奇。每十里置一閘。以時蓄洩。明自永樂以來。迭修迭廢。至嘉靖修濬之後。交通無阻。（嘉靖六年。濬大通河至通州城北之石壩。凡四十里。）自是而運河悉通。不惟漕運賴之。且爲南北交通上惟一之路線。

（四）宗教之建築。佛寺道觀。依然舊規。不過裝飾點綴加麗耳。惟元人崇信喇嘛。廣營塔廟。其構造形式。漸改印度制爲西藏制而已。滿清對於黃教之建築頗多。

論曰。建築方面。時有滿蒙人思想加入。而營建規制。亦與漢唐無大出入。惟宋神宗勅撰營造法式一書。爲中國有建築專書之始。實可貴也。

第一章　工具

此期工具。完全爲鐵器時代。鍛冶之術熟。（後唐長興中。准人民自造農器諸物。熟鐵亦任百姓自鍊。宋時善鍛者。上饒葛溪。鐵精而工細。明以來鍛工益多。而技藝亦進步。）而制作日巧。鐵器之外。首推瓷器。或稱此期爲瓷器時代。亦非過當。茲仍分四項述之。

第一節　武器

刀槍弓矢。仍沿前制。特創之品。厥爲火器。火藥發明。始於唐。然唐人戰爭無用火藥者。（金史實嘉紐勒琿傳。哀宗天興元年二月。守歸德患礮少。父老有言北門之西一菜園中。時得古砲。云是唐張巡所埋。掘之得五千有奇。似唐人已用火品戰矣。然大學衍義補云。李光弼作砲飛巨石。一發輒斃二十餘人。是唐人之砲仍以發石耳。非火器也。）至宋始有火箭。（太祖時）火球。（眞宗時）爲軍中利器。南渡而後。砲之爲用乃大與。明史兵志云。古所謂砲皆以機發石。元得西域砲。攻金蔡州。始用火。若其器始於蒙古者然。金史特嘉睦齊喀傳云。元兵攻汴梁。金守城之具。有火砲名震天雷。（其法以鐵罐盛藥。以火點之。礮起火發。其聲如雷。）及飛火槍。（注藥以火發之。輒前燒十餘步。）爲元兵所畏。又似金人先已有此器矣。而宋理宗淳祐間。沿邊州郡。降式製回回礮。且爲破砲之策。則宋人亦有火器。元世祖至元九年十月。回回伊斯瑪音。創作巨礮來獻。命送襄陽軍前用之。而呂文煥降。至渡江南下。無不以火礮獲勝。蓋元軍中。用礮爲尤多云。明代火器。益有進步。有銅銃信礮。（軍器局三年一造）大將軍。二將軍。三將軍。神鎗。神銃等。（兵仗局造）嘉靖時。又有佛郎機礮。萬曆間。又有紅夷礮。則歐西軍器。漸流入中土。清代火器。大者曰礮。小者曰銃。曰鳥槍。曰噴筒。皆隨時造成。而礮之欽名將軍者甚夥。

第二節　交通之具

交通之具。仍分陸路及水路述之。（甲）陸路用具。車輿之外。又通用轎。轎也者。由檐子肩輿演進而成。宋代舊制。百官入朝乘馬。若耆德大臣及宗室尊屬。許乘肩輿。政和三年冬。以雪滑暫許百官乘轎。路通復常。建炎初。高宗在維揚。以道滑。特許羣臣乘轎。惟不以入皇城。自是乘轎遂成常制矣。元人質朴。仍用車輿。明制，轎輿車同制。等級分明。後又令在京三品以上文吏得乘轎。（景泰四年）由四人舁之。擅用八人者奏聞。（弘治七年定制）而武官無尊卑。非奉特恩。不得乘轎。蓋尙武習勞之意也。有淸一代。京朝官頗多變更。初承明制。文大臣多乘肩輿。乾嘉間易以騾車。自杜紫綸太史詔始也。然幃幔樸素。且少開門者。道光初。京官復乘轎。同治間。後檔車（開門于車旁。移輪軸於車後也）大興。而乘轎者又寡。轎又有顯轎幃轎之分。顯轎者可露坐。上下左右無障而易見者也。亦曰明輿。幃轎有八轎。轎之四周。幃以綠呢。以八人舁之。有四轎。幃以藍呢。四人舁之。有花轎。四周繪人物花鳥。罩紅幃其上。婚嫁所用也。（乙）水路則用船舶。自唐迄宋。南方船舶之制。因自然之需要。日有進步。元興海運。多造平底船。明初鄭和航海。造大船。修四十四丈。廣十八丈者。六十有二艘。則又海船之發明也。

第三節　農具

農具惟踏犁。爲新發明之品。宋史食貨志。太宗淳化五年。宋亳諸州。牛疫死過半。屬時雨霑。而購牛者未歸。太子中允武允成獻踏犁。不用牛以人力運之。詔依造以給民。甚賴之。中國原係小農制。此種器具。與貧民不無裨益。周去非嶺外代答。言其法頗詳。

第四節　雜具

眼鏡之爲用。古所未聞。撈鶉堂筆記云。淮南子泰族篇。欲知遠近。而不能教之。以金目。注金目。深目。疑即今之眼鏡。然不能詳矣。宋始有之。一名靉靆。正字通曰。靉靆。眼鏡也。由外國輸入。方輿勝覽云。滿剌加國出靉靆。而元人小說。則謂出西域。其爲外來之商品無疑。洞天清錄云。靉靆老人不辨細書。以此掩目則明。是所有者惟花鏡。且止老人用之。猶未通行也。降及有明。始爲普通用品。而製造大興。其原料厥爲水晶云。

論曰。火藥海船爲。此期工具上兩大進步。由是而戰爭愈烈。交通愈廣。實爲近世海上競爭之動機所關。顧不重歟。

第三章　生業

近古以來。社會狀況。猶是中古之舊。故生業方法。亦無大變化。不過人口增加。（後附歷代人口表）必須努力生產。以維持其生活。而產出之量或加增耳。

朝名及時代	西歷	人口
西漢平帝元始二年	二	五九，五九四，九七八
東漢桓帝永壽二年	一五六	五六，四八六。八五六
唐玄宗天寶十四年	七五五	五二，九一九，三〇九
北宋徽宗崇寧元年	一，〇二	四三八二〇，七六九
元世祖至元二十七年	一二九〇	五九，八四八，九六四
明神宗萬歷六年	一五七八	六〇，六九二，八五六
清高宗乾隆四十八年	一七八三	二八四，〇三三，〇八五

清文宗咸豐元年　一八五一　四三二，一六四，〇四七

第一節　農業

（一）田制　自兩稅法行。土地自由買賣。官課其稅而已。不復問地之誰屬。嗣是而田制遂無可言。周世宗雖有均田之圖。仍在均稅。而無與於劃疆授田之法。宜注意者。惟水利及墾荒耳。自西門豹史起以來。代有經營。（著者如秦之鄭國李冰。漢之文翁鄭當時召信臣。元魏之刁雍。唐之長孫祥。白居易。）宋元而後所關尤鉅。宋太宗詔河北開水利田。（淳化四年何承矩及黃懋等）神宗遣使察農田水利於天下。（熙寧元年）金則定縣官增水百頃以上者則升官。日陞除之制。（章宗明昌六年）元且設專官以司其事。（世祖至元七年。立司農司。專掌農桑水利。仍分佈勸農官及知水利者。巡行郡邑。）故金元水利之成功頗著。明初承元制。亦設營田司。專掌水利。然其於溝渠閘堰之修築。一以興農。一以治水。不純爲灌漑耕耘也。有清一代。東南籌疏導之方。西北資灌漑之利。致力頗勤。墾荒之政。由來已久。孟子謂闢草萊者次之。闢草萊即墾荒之謂。惟李悝商鞅最著。嗣是代致力焉。而宋清爲盛。蓋宋時人口漸增。田園漸闢。土地私有制漸確定。故墾田之數日益多。乾德時。獎勵人民。開墾荒

田。至至道中。募民耕曠土。使爲永業。免三歲之租。三年後分徵三分之一。自是以來。募民墾荒之事。屢見迭出。神宗元豐間。天下總四京。一十八路。墾田四百六十一萬六千五百五十六頃。雖較之統一之朝。(漢元始中。墾田八二七五〇〇〇頃。隋開皇時墾田一九四〇四〇〇〇頃。唐天寶時墾田一四三〇八〇〇〇頃。)或有不逮。然宋政寬厚。遺利之在民者。蓋甚多也。清代農政。亦惟墾荒爲最著。順治元年。定開墾荒地之例。州縣衛所荒地。分給流民及官兵屯種。官給牛種。三年起科。(清初定例。新墾田地。皆以三年起科。康熙十年。準三年再寬一年起科。十一年。令寬至六年之後。十二年。再加寬限十年。方行起科康熙十八年。仍復六年起科之例。雍正元年。定水田六年起科。旱田十年起科。)六年。定州縣以上官。以勸墾爲考成。(州縣以勸墾之多寡爲優劣。道府以督催之勤惰爲殿最。每歲終載入考成。)十五年。又定督撫以下勸墾議叙之例。(督撫一年內開墾荒地二千頃至八千頃以上。道府開墾千頃至六千頃以上。州縣開墾百頃至六百頃以上。衛所開墾五十頃至二百頃以上。分別議叙。不準以二三年墾數合算。)獎勵既明。斯官民競趨。故墾荒成績。於斯爲美。直至清室末造。河套洮南。開闢蒙荒。蓋猶是祖宗之遺意云。

附錄旗地

攷旗人圈占地畝。鑒于入關之初。東來王公及八旗兵丁。强佔田地。視爲己有。圈以標記。是謂圈地。蓋當混亂之際。又屬異族入主。乃不啻取消前朝之土地所有權。而以圈畫爲先佔也。及燕京奠定政府。悉承認而經理之。觀順治元年之諭可知矣。

諭戶部曰。我朝定都燕京。期於久遠。凡近京各州縣。無主荒田。及前朝皇親駙馬公侯伯內監歿于寇亂者。無主莊田甚多。爾部清釐。如本主尚存及有子弟存者。量給與。其餘盡分給東來諸王勳臣兵丁人等。蓋非利其土地良。以東來諸王勳臣兵丁人等無處安置。故不得已而取之。可令各州縣鄉村。滿漢分居。各理疆界。以杜異日爭端。今年從東來諸王各官兵丁及見來在京各部院官。著先撥給田園。其後至者。再酌量撥給。

當時旗人圈佔田房。强奪橫侵。而漢民之驚擾竄避流離失所也必矣。雖政府亦謀補救之方。然些須小惠。又安能爲民福也。

順治二年諭戶部。民間田房。有爲旗人指圈。改換他處者。視其田產美惡。速行補給。務令均平。倘瞻顧徇庇。不從公速撥。從重處分。

順治三年議。准直隸人民田地被圈者。以各州縣連界地畝撥補。其不願往他處者。以未圈之民房地。均分居住耕種。

非但京師附近有旗地也。而各省駐防官員兵丁。亦各撥給田園。不過不能如京師附近之自行圈佔耳。夫客民有佔地之利。斯土著有失業之憂矣。當是時吾漢民之纍纍喪家者。蓋不知凡幾。順治十年。始有圈撥民間房地。永行停止之令。然因旗下退出荒地。復行圈補。遊牧投來人丁。復行圈撥。及圈補時。圈及接壤民地等情形。迄康熙初年而未息。康熙八年諭下。始毅然禁止。諭曰民間房地。圈給旗下。嗣後永行停止。今年所圈房地。悉令給還民間。夫圈地之舉。不惟強佔民田。奪其生計。且驅役佃戶如牛馬。竟抑農民爲農奴矣。清初苛政。此其一也。

(二)稅法自楊炎創行兩稅法。歷代沿用之。以迄於今。惟元代取民。以唐爲法。內郡有丁稅地稅。倣租庸調之意。江南則夏稅秋糧。沿兩稅之制。然所徵悉本色。銀錢折徵。雖自唐有之。而規爲定制。實始於明之中世。續文獻通攷云。田賦輸銀。始見於宋神熙寧十年。時夏稅有銀三萬一千九百四十兩。秋稅有銀二萬八千一百九十七兩。(見馬氏通考)金元以來無行之者。明洪武九年。雖有聽民以銀準米之令。永樂時歲貢銀有三十萬兩。亦不過任土便民。與折芝蔴香漆之屬等耳。自正統初以金花銀入內庫。而折徵之例定。自是遂以銀爲正賦矣。唐德宗作兩稅。而以錢代輸(時歲歛錢二千五十餘萬緡。米四百斛。以供外錢。九百五十餘萬緡。以供京師。陸贄疏云。今兩稅效算緡之末法。估資產爲差。以錢穀定稅）。明英宗折金花。而以銀充賦。若古今農政中更制之大端也。至力役之征。即唐法所謂庸者也。舊制悉用差役法。妨農害民。莫此爲甚。至宋神宗時。改行雇役法而民便。然色目繁雜。徵斂重迭。猶是累民也。至明之一條鞭法行。（神宗萬歷九年 合丁稅於田賦。而併一徵之。而民始獲免於胥吏之擾。清代田賦。仍沿明制。惟因氣候有早晚之差。故月限各省不同。稅率亦因地有肥瘠遠近之異。而生差別。丁稅初有編審之法。五年一舉。丁增而稅從之。康熙五十年。丁額凡二千四百一十七萬九百九十九口。五十二年。即據爲定額。而下永不加賦之令。（曰今國帑充裕。屢歲蠲免。輒至千萬。而國用所需。並無不足之虞。故將見徵錢糧册內。有名人丁。永爲定數。嗣後所生人丁。免其加增錢糧。但將實數造册具報。）至雍正五年。攤丁銀於田賦中。而地丁始合一矣。由是無業之民。終身無納稅之義務。是又清代寬政之一也。然悉徵折色。（以銀爲準）徵本色者。惟江浙皖贛湘鄂豫魯八省耳。共四百五十萬石。即所謂漕糧也。由漕運總督運貯通州北京各倉。以爲京官及旗丁之俸米。

（三）農政。其可考且可爲法者。有三事焉。（甲）宋之農師。太宗太平興國中。兩京諸路。許民共推練土地之宜明樹藝之法者一人。縣補爲農師。令相視田畝肥瘠及五種所宜。又令察民有飲博怠於農務者。白州縣論罪。以驚游惰。(乙)元之社法。至元七年。頒農桑之制十有四條。其(一)云縣邑所屬村疃。凡五十家立一社。擇高年曉農事者一人爲之長。增至百家者別設長一員。不及五十家者與近村合爲一社。社長以教督農桑爲事。(丙)明代里社之制。組織頗完備。其爲社也。非特祈報而已。兼寓讀法講約之意焉。清初老人之舉。亦重農之意云。

(四)農書。關乎農桑之著述。宋代甚寡。元世祖勅撰農桑輯要七卷。頒布天下。魯明善又撰農桑衣食撮要二卷。以補其缺。王禎農書二十二卷。(讀書敏求記曰。農桑通訣六。穀譜四。農器圖譜十二)明徐光啟之農政全書六十卷。內分農本田制農事水利農器。樹藝蠶桑廣類種植牧養荒政十一門。雖採自諸書。而較諸書之各舉一偏者。特爲完備。且水利一門。採取熊三拔泰西水利法。是爲歐西農事知識輸入中國之始云。

論曰。生殖繁而需用多。爲人民謀生計。不得不以墾田勸耕爲要務。惟是設官立法。雖云詳備。亦不過勸之督之而已。實於農法無所發明。其注意者。惟易古來墨守之春耕爲秋耕耳。(元武宗至大三年。許民秋耕。仁宗皇慶二年。申秋耕之令。且云秋耕之利。掩陽氣於地中。蝗蝻遺種。爲日所曝死。次年所種。必盛於常禾。事見元史食貨志。)

第二節　工業

工業之隆替。與世運之治亂爲表裏。故國勢擴張之世。即製造發達之時。漢唐無論矣。即胡元朱明工業進步。都視宋代爲優。蓋元則國力膨脹。明則國帑充盈。較宋之版圖狹隘。經濟困難者。固不侔也。至工業情狀。仍分述之如下。

(一)工場之情況。民間工業。記載不詳。然觀君上之經營。即可知民間之趨向矣。元代多設署場。以督工事。如梵像提舉司。(掌雕刻繪畫)出臘提舉司。(掌出臘鑄造之事)各地染織提舉司。(凡十六所以掌染絲棉織布帛等事)等。他若織繡金銀木石油漆窰冶。莫不設局製造。明則有局(兩京織染內外皆置局蘇浙皖蜀閩等產絲省分皆置織造局)有所(如儀眞六合置藍靛所陝西設官監督毛織品)有廠。(臨清京師蘇州饒州皆置廠燒造磚瓦磁器。)以製造御用之品。而民間什器之製造。當視此爲更多。工場林立。不可由此以窺見一斑乎。

(二)實用品之製造。瓷器之用。至此期而益私。故其製造亦特盛。五代秘色磁器。(錢氏有國時。越州燒進。爲供奉之用。臣庶不得用。故曰秘色。)當時視爲珍品。而窰業則惟柴窰(周世宗時燒造)最著。至宋而益盛。官(政和間自置窰燒造。)曰官窰。南渡後之內窰亦曰官窰。）哥（龍泉窰。本處州人章氏世業。後生一生二兄弟。各主其一。生一以兄故。所陶爲哥窰。生二則仍龍泉之號。）汝（出河南汝州。亦曰南定窰。）定（出定州。以政和宣和間者爲最佳。）其最著者也。次則象窰建窰吉州窰均州窰亦頗有名。元代無稱。明時窰業集中於景德鎮。自洪武以來。均設御器廠於此。較之前代。益有進步，而以宣德青花成化五彩爲最著。淸承明制。而康熙彩最著。彩備而畫工。質佳而色耀。雍乾之間。燒瓷與雕瓷特盛。若瓷器之旁支。而爲世所重者有二（一）景泰藍。明景泰時製造最精。故以爲名。日人所謂七寶燒者也。其法來自大食。以銅作身。塗以琺瑯質。（今所謂發藍也）燒成各種花紋。周圍或界以銀銅之絲。產地以北京爲最著。（二）宜興泥器。或名陽羡陶有紫泥朱泥白泥等器。不用釉繪。發明於江蘇省之金山寺。明萬歷時。寺僧以其法傳于龔春。（或作供春）後有董（翰號後溪）趙（梁一作良）元（暢）時（朋亦作鵬）號四名家。（皆萬歷間人）而時朋之子大彬者。晚出爲著。其爲器不務妍媚。而樸雅堅緻。妙不可思。與季仲芳（大彬高弟）徐友泉並稱壺家妙手。明末迄淸。名家不絕。嘉慶時有楊彭年者。一門眷屬。並工此技。創爲捏嘴。不用模子。隨意製成。頗饒天趣。磁器之外。爲社會所通用者有發燭。其製始於五代北宋之交。其法削松木爲小片。薄如紙。鎔硫黃。塗其頂。

分許。名曰發燭。亦曰焠兒。（見輟耕錄）陶穀淸異錄亦云。批杉條染硫黃。置之待用。一與火遇即然。呼引光奴。今有貨者。易名火寸。即後世火柴之見端也。

（三）西洋輸入之新製造。火器製造。宋元已盛。（說詳前）朱明末造。西國教士來華者甚多。先以學術博華人之信仰。而學術用品之輸入自繁。其關於天文地理者。有天文儀器。測高器。地圖。（萬曆二十七年利瑪竇獻）星屏。輿屏。（崇禎十二年畢方濟獻）關於時刻者。有自鳴鐘，時錶。（萬曆二十八年利瑪竇龐迪我等獻）關於音樂者。有洋琴。風篁。（崇禎十二年獻萬歷二十八年有西洋琴。）他有千里鏡。（即望遠鏡）火鏡（即顯微鏡）玻璃器等。華人之倣而造之者有茅伊。能手製自鳴鐘。（明末宣城人）

論曰。近古工業。多新異之製造。其法悉外番輸入。由是知各地環境不同。需要自異。製造之發達。不能不爲特殊之進步。迨交通大啟。文化接觸。製造之品。由比較而生優劣。採人之長。補己之短。互相倣造。而新異之品出。交通功用。詎不大哉。

第三節　商業

交通製造。爲商業上兩大要素。近古以來。交通彌便而彌廣。製造愈進而愈精。在在足以促商業之進步。獨是時局不靜。商法不良。又在在足以爲之妨礙。以故商業有進步之機。卒不克爲充分之發達。雖然。近百年來商業隆盛。前無往古。其基實肇於此期。故商業上有種種現象。多非前期所能比擬。玆分述於下。

(一)商政　抑商之政。仍沿前代。故關乎商法之組織。多不完美。宋代「市易法」爲商政大端。而其弊亦最甚。王安石秉政。汲汲以理財治兵爲務。此爲其理財政策之一。夫市易之設。本於漢之平準。所以制物價低昂而平均之也。用意本以富國而利民。

宋神宗熙寧三年。王韶倡沿邊市易之說。請假官錢爲本。詔秦鳳經略司。以川交子易貨物。給之命韶領其事。五年詔出內帑錢帛。置市易務于京師。以呂嘉問爲提舉。賜內庫錢百萬緡。京東路錢八十七萬緡爲本。三司請立市易條例。七月以榷貨務爲市易西務下界。市易務爲東務上界。在京商務院雜買務雜賣場隸焉。又賜錢帛五十萬於鎭洮軍。置市易。旋改提舉京師市易務爲都提舉市易司。諸州市易務皆隸焉。凡可以收買或滯於市塲不能售出之物。則平價收買。或以官物交易。商人欲賒買官物或借貸。則以金帛或田宅爲抵。無抵者三人擔保。責期使償半。歲輸息十一。及歲倍之。過期不輸。罰錢百分之二。

徒以行之不得其法。主之不得其人。弊竇叢生。利民者反以累民。富國者反以病國。遂金市政無可述。元代則有諸路平準庫。(中統四年。立平準庫於燕京。至元元年。立諸路平準庫以平物價。）諸路市易庫。（至元十三年。立諸路市易庫。凡十有一。掌市易幣帛諸物。）市易司（至元二十二年。各都立市易司。從盧世榮之請也。）等。爲管理商業機關。但久而弊生。利商者反以病商耳。朱明最注意於度量之較勘。（洪武元年十二月令。較勘斛斗秤尺。宣德三年三月。命各倉斗斛。一準洪武中制度。正統元年。令部頒鐵斛銅尺木秤於各倉庫。景泰二年。命工部成造等秤天平各四十。頒給內外衙門。使其所屬各依式成造應用。成化中亦有此等命令。）而管理商業之權。則兵馬司兼領之。（洪武元年十二月。詔中書省。命在京兵馬司並管市司。三日一次較勘斗秤。並依時估定物價。在外府州各城門。兵馬一體兼領市司。）介紹貿易者。則牙儈也。清初沿明制。無大更易。

（二）商稅　五代紛擾。商稅由州縣及關鎮徵收。（大者專官監臨。小則州縣官兼領。）行者齎貨。謂之過稅。（周顯德五年。勅諸道州府應有商賈與販牛畜。凡經過處不得抽稅。）居者市鬻。謂之住稅。（周令每千錢稅三十）隨地而殊。無所謂稅制也。宋興。修改商稅。（乾德間。文臣知所在場務。或遣京官監臨。集財政權於中央。故得從容整頓。）頗以寬簡爲務。（建隆元年。定商稅則例。榜於稅務門。不得苛留行旅。齎裝非有貨幣當算者。無得發篋搜索。太宗令細碎交易。均勿徵稅。熙甯七年。減國門之稅數十種。南渡之初。減免亦甚多。）元初雖無定制。（三分取一之制。乃至元七年所定。）而恤商免稅。亦史不絕書惟是軍事不息。荒主肆欲。計臣以理財迎合上意。而橫徵暴斂。商民並困。宋元如出一轍。明清兩代。重農抑商。政令嚴苛。然恤商之政。亦有足多者。明太祖令民間貨物價值。親民官按月申報。以憑照價收買。又令內外官司。不得借和雇和買擾商民。清聖祖康熙四年。嚴禁各關違例收稅。並禁地方官吏濫收私派。科道督府失察者。坐罪。五年命於徵收關稅處。繕具稅則。刊刻木板。以杜吏役濫收。雍乾兩朝。勵行不革。

（三）商狀　分國內國外兩種。（一）國內商狀。總其類有四。（甲）鹽商。唐以來有之。（肅宗乾元中。第五琦初變鹽法。）宋承前制。總中國鹽於官。商人得入實錢以易官鹽。官授以券。就所在地之鹽給之。任其鬻賣。元制。由官給引販鹽。（太宗二年始行鹽法。每鹽一引重四百斤。價銀十兩。後迭有增減。）明清兩代沿用之。唯引斤多少不一致耳。（明代鹽引有大小之分。大引四百斤。小引二百斤。商人可入米易引。鬻畢即以原引赴所在官司繳之。清初每引斤數。各處不同。亦時有增減）（乙）茶商。唐以來業茶者日衆。故榷茶之法生。至宋凡鬻茶商人。亦由官給引。或給由帖。（零售）始得販賣元明及清。悉沿其制。（丙）牙儈。一曰駔儈。或曰牙人。由來已久。唐時凡賣牛鬻馬皆有牙人。宋元因之。張士誠即鹽場牙儈也。明清各府州縣。均有牙行。以介紹貿易。（丁）經紀。即負販。古所謂販夫販婦也。宋時業小經紀者。專售班朝錄供朝報畫字本諸品。厥後生計日蹙。業此者愈衆。國內商狀大略如此。（二）國外商狀。即國際貿易也。宋雖版圖狹小。而國際貿易。亦頗發達。元明迄清。以交通擴張。則尤甚焉。就陸路言。遼金西夏與宋緣邊互市。歷有年所。明代北胡西羌。貨物往來。厥爲茶馬。職自茶馬司。私人不得擅其利。西歐諸國與滿清互市。唯俄最早。其往來純由。恰克圖一路。出他途者且得罪矣。就海路言。宋元以來。番船多來海上。其事悉由市舶司主之。（番商發船廻帆。必著其所至之地。由市舶官驗其所易之物。給以公文。限以日期。）而商埠則以廣州杭州明州泉州爲最盛。通商之國。遠則波斯大食。近則南洋諸夷。明末清初。歐商漸至。規模私遠。往往經營根據。作持久之計。近世歐美租地互市之局。實昉於此。總計其國有四。

（一）葡萄牙　葡人於西元一四九八年。航海至印度。取科亞爲根據地。一五一六年（正德十二年）又東歷南洋羣島。達我澳門。是爲歐洲商船內渡之始。翌年比勅斯來華。請締商約。明政府許以船二艘航行廣東。葡商遂大至。率留住於廣州附近之上川電白澳門。而電白尤盛。後乃移於澳門。且租其地爲根據。（嘉靖三十二年）清室入關。又請締約。迄無效果。然中國貿易。頗爲葡人所獨占。

（二）西班牙　西班牙自發見新大陸後。又航太平洋。占領菲律賓諸島。（嘉靖四十四年）以馬尼拉爲都會。遂遣教士馬丁拉達附船渡來締商約。（萬歷三年）爲葡人所阻。不得要領。清初亦然。

（三）荷蘭　亦爲萬歷間。經營東洋貿易。旋在爪畦建巴達維亞市。漸奪葡人之勢。嗣又占台灣。（天啟四年）求與我通商。亦爲葡人所阻。不甚發達。順治十二年。又求通商。清廷喜其恭順。許之。而有商船歲一至。員役無過百人之制限。旋在台灣者。爲鄭成功所逐。勢益衰。

（四）英吉利　英王於萬歷二十四年。曾遣使至明。請通商互市。未許。後因經略印度。戰敗葡人。得以出入澳門。清康熙三年。英船至澳門。旋至台灣互市。（時鄭氏占領台灣）十五年。英欲建商館於廈門。未許。十九年。英復來廈門。設立商館。旋棄去。建商館於廣州。四十年。東印度公司商人。率商船三艘來浙江貿易。他國商人亦多至者。乾隆二十年。西人商船漸有舍粤就浙之勢。清廷恐其蔓延日滋。令加重浙海關稅。以抑制之。西商復返廣州。五十七年。英政府遣正使馬加特尼。副使斯當東至中國。提議各款。乞定約通商。清廷優待其使。而駁斥其歎。卒未得要領而還。

自唐迄明各通商市埠廢興表清初四海關附

今地＼朝代	唐	宋	元	明	清初
膠州青島		密州板橋鎮			
揚州	揚州				
松江華亭及上海		秀州	上海		江海 雲台山
太倉				太倉黃渡	
杭州		杭州	杭州		

海鹽			澉浦		
寧波		明州	慶元	明州	浙海 定海
泉州 廈門	泉州	泉州	泉州	泉州	閩海 漳州
廣州	廣州	廣州	廣州	廣州	粵海 澳門
安南	交趾龍編			交趾	
雲南				雲南	

論曰。商人爲傳達文明之利器商人之往來愈繁。則文明之交換愈多。社會方面。有不期其進而自進者。且人類生活之範圍。愈擴而愈遠。國際間締約通商。本自然之趨勢。潮流激盪。

雖欲閉關自固。其誰許之哉。貨幣權量附後。

（甲）貨幣　貨幣約分三類。曰錢。（其質或銅或鐵）曰紙幣。曰銀塊。先言錢法。五代之世。承用唐錢。十國中間有鑄鐵錢者。（宋代亦有鐵錢）宋初鑄宋元通寶。輕重一準唐之開元通寶。太宗太平興國中。又鑄太平通寶。淳化中又鑄淳化元寶。（四字太宗親書眞行草三體）自後每改元必更鑄。以年號元寶爲文。成有宋一代通制。金源承用宋遼舊錢。正隆中始議鼓鑄。（錢文曰正隆通寶。輕重如宋小平錢。）然仍與舊錢通用。元代幾盡廢錢。武宗至大間。雖有行錢法之令。不久輒罷。明代凡百文以下之交易。例須用錢。鼓鑄不得不廣。（傅維鱗明書食貨志云。洪武時。天下共開錢爐三百二十五座。後代歷有增加。）洪武元年三月。命戶部及各行省鑄洪武通寶錢。自是遂爲一朝定例。嗣君改元則鑄錢。而以年號通寶爲文。（春明夢餘錄云。國初鼓鑄。專屬工部寶源局。天啟二年。又增設寶泉局。屬戶部。若是則司鼓鑄之政者。二部均有責焉。）其錢凡分五種。曰當十錢。當五錢。當三錢。折二錢。小錢。相經爲用。而前代舊錢。亦並行不廢。（日知錄云。太祖初鑄大中通寶。與歷代錢相兼行使。至嘉靖所鑄之錢。最爲精工。隆慶萬曆。加重半銖。而前代之錢通行不廢。予幼時見市錢多南宋年號。後至北方。見多汴宋年號。間有一二唐錢。）自天啟崇禎。廣置錢局。

捨古錢以充廢銅。而古錢遂廢。清自太祖太宗以來。即已鑄有錢文。入關而後。沿用明制。以寶泉寶源二局司鼓鑄之權。直省爐座。或設或停。隨時調劑。每文重一錢二分五厘。以年號通寶爲文。次言紙幣。就其性質言。又分二種。（一）宋代之交子。蓋原於唐之飛錢者也。起於四川。初蜀人以鐵錢重。私爲券。謂之交子。以便貿易。富民十六戶主之。後富民稍衰。不能償所負。爭訟數起。乃官爲置務。（仁宗時。置交子務於益州。）禁民私造。後又推行於陝西。南渡後猶沿用之。其類又有關子。（紹興初行於婺州）會子。（紹興三十年造。會子初行。止於兩浙。後通於浙淮湖北京西。）輕便利於商旅。故人喜用之。後以濫發之故。信用漸失。反以累民矣。（二）交鈔。即元明所行鈔法。而眞正之紙幣也。其源起於金。（海陵貞元二年始。）元人承用之。創始於太宗。其通行者實爲中統鈔。（計十文二十文三十文五十文一百文二百文三百文一貫文二貫文共九等。）至元鈔。（自二貫至十文凡十一等。）兩種而已。至其所以流通之故則有三焉。（一）各路立平準行用庫。爲金紙交換之所。（二）各路立回易庫。爲新舊鈔交換之所。（三）丁稅田賦。悉可用鈔完納。人民便之。故通行無阻。厥後回易庫閉。僞造充斥。而信用墜地。金融界乃大呈擾亂。明初人民。習於用鈔而不便用錢。洪武七年九月。設寶鈔提舉司。造大明寶鈔。其等凡六。曰一貫。曰五百文。

四百文。三百文。二百文。一百文。每鈔一貫。準錢千文。銀一兩。四貫準黃金一兩。禁民間不得以金銀物貨交易。凡商稅課程。錢鈔兼收。錢三鈔七。百文以下專用錢。爲一代通制。至其所以維持之者。亦以行用庫之設置。及租稅之收納也。淸代論者。謂鈔法以虛代實。民不寶貴。順治中雖暫用之。旋即停止。故淸初無紙幣可言。銀塊金銀之用爲貨幣。由來蓋久。（古代之黃金。新莽之金貨銀貨。）至鑄銀爲錠。實始金元。金史食貨志。載舊例銀每錠五十兩。改鑄銀名承安寶貨。一兩至十兩分五等。此後曰元寶中錠之名。所由始也。元世祖至元三年。始鑄元寶。重五十兩。從諸路交鈔都提舉楊湜請也，其重量亦有出入。（至元十三年鑄造之揚州元寶。重五十兩。十四年鑄者四十九兩。十五年者四十八兩。）迄明淸仍沿用之。總以上情形觀之。知貨幣日趨輕利。蓋人類生活之範圍既廣。而貨幣以便於攜帶爲第一條件也。

（乙）度量衡　宋太祖太宗起自民間。知官府出納之弊。乃定用稱之儀。却立平視。而不得抑按。而天平法焉。則謹修於明代。凡此皆好治之主。愛民之至意也。至其輕重大小之差。則明尺大於宋。考宋尺凡四種。而布帛尺（一名省尺）最通用。當周尺一尺三寸四分。而明尺比周尺大六寸。比宋之布帛尺大三寸弱。元量大於宋。宋初造量。精考古式。每一斗當漢之一斗七升。而元量七斗當宋一石。權衡以古稱爲準。亦可考其異同。沉括筆談云。古稱一斤。當今四兩三分兩之一。律學新說。謂古稱一斤。當天平九兩六錢。今之平稱一斤。是古稱一斤十兩三分兩之二云。清代權量。大抵仍明之舊。度曰營造尺。曰律尺。曰裁尺。以營造尺爲官尺。比明官尺長一寸九分。而營造尺一尺。當律尺一尺二寸三分四厘。裁尺九寸。量基度法而定。順治五年。頒木斛於各省。康熙間復釐定之。權据戶部所定。其別有三。則權衡秤戥是也。而秤之爲用最廣。然民間權度輕重各異。此市儈之所以售其欺也。劃一之制。企予望之矣。

第三章 團體之組織

自近古以來。人類生活。較之中古無急遽之變更。故團體組織。悉仍前規。猶是家族鄉里。國家三者而已。

第一節 家族組織

家族團體。仍占社會中重要位置。其組織亦無以異於前代。惟風俗日漓。父子兄弟。別籍異財。甚者或各樹黨援。互相詆毀。(日知錄謂江南之俗然。)故自宋而後。仁德之主。諄諄誥諭。(宋太祖太宗眞宗遼聖宗等)以同居爲美。凡數世共居。則奢爲美談。特旌異之。用爲世勸焉。

第二節　鄉里組織

村里連絡之目的。不外勸農防盜供役而已。其組織之方法凡有二種。（一）組織由於上命者。如宋之保甲法。（宋神宗熙寧三年十二月詔。行保甲法。畿內之民。十家爲一保。保長一人。五十家爲一大保。大保長一人。十大保爲一都保。都保正副各一人。應主客戶。兩丁以上選一人爲保丁。兵器非禁者聽習。每一大保。夜輪五人警盜。）元之社法。（見前）明之里甲法。（洪武十四年。詔天下府州縣設里長。以一百一十戶爲里。推丁多者十人爲長。餘百戶爲甲。甲凡十人。歲役。里長一人管攝一里之事。城中曰坊。近城曰廂。鄉都曰里。各有長。而每甲亦有甲首一人。）清之保甲法。（順治元年。置州縣甲長總甲之法。各府州縣所屬鄉都。十家置一甲長。百家置一總甲。凡遇盜賊逃人姦宄竊發事件。鄰佑報知甲長。甲長報知總甲。總甲報知府州縣衞。以究治之。是蓋因古法而變通之者也。）（二）組織由於自動者。惟宋爲盛。有弓箭社。則民間保境禦敵之組織。（宋史兵志云。弓箭社。河北舊有之。神宗熙寧三年。知定州滕甫言其可用。哲宗元祐八年。知定州蘇軾詳言其組織法。）也。有鄉兵巡社。（建炎元年。募鄉民爲之。每十人爲一甲。有甲長。有隊長。四隊爲一部。

有部長。五部爲一社。有社長。五社爲一都。有都正。）有壯丁民社。（乾道四年楚州置。）凡此皆由於人民自動之組織。聲勢稍著。而國家即利用之或箝制之者也。淸之鄉團亦此類。

第三節 民衆之組織

民衆團結之含有宗教性者。俟宗教章述之。茲特就以報復爲目的者。言其概況焉此類民衆團體有二。

（甲）三合會。亦曰三點會。（亦曰天地會）其發生之期。多謂始於康熙甲寅。原因則以少林寺僧之被官焚殺。志在復讐耳。會規有三十六誓。二十一則。十禁。十刑等。而三十六誓尤爲重要。（事詳清稗類抄會黨門。）以珠江流域爲其活動區域。（南洋羣島三合會徒亦甚多。）其起事之最著而最早者。爲台灣之林爽文。（乾隆丁未）嘉道間南嶺一帶苗猺之亂。亦悉三合會所煽動。若太平軍中之羅大綱。（世多以洪秀全爲三合會首領。而呼髮匪爲三合賊實誤。太平軍中有三合會分子則無疑。）興漢會中之鄭弼臣。皆三合會首領也。其支派之著者有淸水會七首會雙刀會小刀會小紅旗會等。

（乙）哥老會。亦云哥弟會。其創始約在乾隆年間。或謂起於淸初。蓋滿族入關。殘酷特甚。

漢人苦其虐。密謀抗拒。粵中有某姓者。創爲斯會。會中以弟兄義氣爲不易之箴言。而階級（會中稱曰門）特嚴。凡分五門。以仁義禮智信爲別。每門各有沿襲之家法。初未甚盛。同治中太平軍滅。凡流亡之民。裁撤之卒。迫於生計。相率入會。而勢乃大昌。有清之末。幾蔓延全國矣。興漢會中之楊鴻鈞等。皆斯會頭目也。其支派表於後。

哥老會
- 紅幫—洪家（亦稱洪門）爲哥老會嫡系
  - 雙龍會
  - 九龍會
  - 十人會
  - 白布會
  - 平洋黨
  - 烏帶黨
  - 金錢黨等
- 青幫—道友會　即糧船帮也爲哥老會之別派
- 黑幫—江湖團
- 白幫—拐騙黨

三合會哥老會。大都發源於清初。爲明室遺民所組織。故同以排滿復明爲宗旨。沿及末流則多變更。

第四節　國家之組織

大率沿唐之舊制。而易其名稱。地理上不免有分割合併之出入。茲仍列表於後

朝代	地方最上級	次級	下級	說明
梁		州七八	縣未詳	五代之外。尚有十國。紛紛割據。唐代道區。已破裂無餘。故其所有。只以州計而已。
唐		州一二〇	仝	
晉		州一〇九	仝	
漢		州一〇六	仝	
周		州一一八	仝	

宋	路二三	京府四	監六三	悉依宋史地理志。至道分天下爲十五路。天聖析爲十八。元豐定爲二十三。宣和四年。又增置燕山府及雲中府兩路。然實未能有也
		府三〇	縣一二三四	。東南際海西盡巴僰。北極三關(白溝河)
		州二五四		
		軍四九		
南宋	路一六	府州軍一八七	監縣七〇六	依讀史方輿紀要東盡明越，西抵岷嶓，南斥瓊崖，北至淮漢，
遼	道五	府六	縣二〇九	遼以五京爲五道，亦曰五路，餘尚有部族五十二，屬國六十。
		州軍城一五〇六		南與宋以白溝河爲界，西跨金山，北臨臚朐河，東至海，

金	路一九	府州一七九	縣六八三	東極海，西逾積石，北過陰山，南抵淮漢。
元	省一二	路一八五 府三三	州三五九 縣一一三七	元有路府州縣四等，大率以路領州州領縣，而腹裏或有以路領府，府領州州領縣者，其府與州又有不隸路而直隸省者。東盡遼左，西極流沙，南越海表，北逾陰山，
明	省一五	府一四〇	縣一一三八	明之州有直隸川與散州之分，散州與縣等，不轄縣也，
		州一九三		東起朝鮮，西據土番，南包安南北距大磧。

論曰。家庭組織。仍循前規。而國家組織則代有變異。求其大凡。不過愈進步而等級愈多耳。秦以郡統縣。爲二級制。漢以州（亦曰部）統郡。郡統縣。漸變爲三級制。而州之權尙輕。唐以道統州。州統縣。宋易道爲路。元明又易路爲省。且道也路也省也各有定員。以重臣領之。而權愈隆。而三級之制愈固矣。

第四章　倫常之道

近古爲理學昌明時代。其於倫常之主張最爲嚴密。故貞節之婦。忠義之士。均視前代爲烈且多。至禮節教育。實沿前期之舊而無大異。

第一節　禮

（甲）昏禮中最堪注意者。則胡虜之同化也。攷之史。遼興宗定公主行婦禮於舅姑儀。金太宗禁繼父繼母之男女無相嫁娶。元順帝禁色目人勿妻其叔母。豈非以中國禮節之適乎人情而然哉。惟通婚一事。時有禁令耳。

（乙）喪禮中始有所謂火葬者。夷法也。（火葬之法。始於西羌。而其傳之中土。實因佛教。）（南宋之初。河東有之。（紹興二十七年。監登聞鼓院范同言之。）江南爲盛。吳縣尉黃震所謂化人亭是也。至於明而漸及杭城矣。顧炎武痛斥之。若康藏則以爲常俗矣。

（丙）祭禮中又增所謂城隍神。列在祀典。而各府州縣悉有之。攷城隍之名見於易。（泰卦。城復于隍。）城隍之祀始於堯。（禮郊特牲。伊耆氏始爲蜡。蜡祭八神。水庸居七。水則隍也。庸則城也。）春秋傳。宋鄭因災。祈於四墉。墉與庸古通用亦即其神。三國以來。其禮益著。（趙與時謂蕪湖城隍祠。建於吳赤烏二年。高齊慕容儼。梁武陵王。祀城隍神。

唐張九齡張說杜牧皆有祭城隍文。）迄趙宋而其祀遍天下。明太祖洪武二年。正城隍位號。封王者六。（京都。開封。臨濠。太平。和州。滁州。）餘或爲公。（府）或爲侯。（州）或爲伯。（縣）各定其品秩章服。三年又去封號。止稱某府州縣城隍之神。最爲得體云。清代信神。所祀尤夥。普通則關帝（正義之神主制服邪祟妖魔之災）龍王（主水旱之災）馬王（主牛馬之災）泰山行宮（司人家養育子女之事）土地祠（主收鬼魂及地方災祥）等神。幾於每村有之。特別者如工匠祀魯班。（公輸子也）醫家祀藥王。（或云章善俊或云韋慈藏俗多云皮場也。）商家祀財神。下至優伶娼妓莫不各有所祀。（優祀明皇妓祀管仲之類。）若北方之狐仙。南方之五通。湖廣之蛇神。則巫覡假以惑人。而鄰於拜物教矣。其爲上下所通行。祀之虔而事之謹者。實爲祠廟。蓋宗法社會以族系爲重。奉其所自出而羣焉祀之。亦勢所應爾。天子有太廟。品官有家廟。士庶之無家廟者。令節忌辰。或祭於寢堂。（寢之北爲龕以祭）或祭於墓。莫不兢兢焉。

（丁）昏喪祭禮之外。有所謂生日之禮。俗云祝壽。亦非禮之禮也。此禮古所未聞。齊梁之間。始有其說。唐明皇以生日宴百官。著爲典禮。厥風漸熾。以父母痛苦之日。爲自身宴飲之期。揆之古人。或不謂然。馮道仕晉。詔賜生辰器幣。此爲宰相生日有賜之始。宋時宰相生日。且有宴會。南渡後。宰相生日賜宴。爲國家定例。而親王等亦均有賜物。自宋以來。生日之禮。崇飾日奢。而壽言壽序之作。亦充斥於文人之集中矣。

第二節　教

中古時代學校教育。徒爲利祿之途。不知人格之訓練。迄近古理學出。而教育之面目一新。乃從事道德之修養。而痛斥利祿之營求爲可羞。及其卒也。廉恥道隆。而氣節比美東京焉。噫盛矣哉。茲縷列其教育狀況於下。

(一)學校。仍分中央地方兩種言之。中央學校。宋代有九。六因於唐。而特創者三。即武學醫學宗學是也。元有國子學。(即大學)但以人種紛雜。文字歧異。又有蒙古國子學回回國子學之設。置明承元制。亦稱國子學。旋改學爲監。設官司董其事。組織頗爲完密。惜自納粟例開。而流品漸濫耳。清沿明制。京師有太學。(即國子監)有宗學。官學(景山官學咸安宮官學八旗官學等。)凡爲旗人設也。地方學校。宋初惟兗州等處有之。未能普及也。仁宗時其制始廣。元代諸路州縣。雖亦立學。然遊牧民族。漠視讀書。困難與宋明比隆也。明洪武二年。詔天下府州縣皆立學。且也鄉社有學。(洪武八年)以育村氓。衛所有學。(洪武十七年)以教將卒。而教育廣被。規模弘遠矣。清初府州縣亦各有學。設教授教諭訓導等官。然不教士。士之入學。徒爲科祿之階而已。其他有私人所營之學校。而爲道學淵源所繫者則書院是也。攷書院之名。始於唐之麗正書院。然以處詞林之士。無與於教育。至宋有四大書院之稱。書院既屬私人經營。本教育之新潮。以德行道藝爲教。成績往往優於官立之學校。故爲士子所歸。而其名大著。元人先立太極書院。旋且詔諸路。凡先儒過化之地。名賢經行之所。好事之家。出粟贍學者。並立爲書院。而書院遍天下矣。明代亦各處多有書院。惟首善東林兩書院爲最著。而罹禍亦最酷。清代書院。初設於雍正十一年。始而省會。既而遍及於各府州縣。聚徒講學。操教育之實權。

（二）學規 近古以來。私人組織之書院及講舍。率揭示學規教條。爲學子求學之準。官立學校。往往取法焉。（如宋仁宗取胡瑗之法爲太學。及明太祖所定國子學之教法是也。）其最爲世所重者。爲朱子白鹿洞書院教條，錄於後。

父子有親 君臣有義 夫婦有別 長幼有序 朋友有信

右五教之目。堯舜使契爲司徒。敬敷五教。即此是也。學者學此而已。而其所以學之之序亦有五焉。其別如左

博學之。審問之。愼思之。明辨之。篤行之。

右爲學之序。學問思辨四者。所以窮理也。若夫篤行之事。則自修身以至處事接物。亦各有其要

言忠信。行篤敬。懲忿窒欲。遷善改過。

右修身之要。

正其誼不謀其利。明其道不計其功。

右處事之要。

己所不欲，勿施於人。行有不得。反求諸己。

右接物之要。

熹竊觀古昔聖賢所以敎人爲學之意。莫非使之講明義理。以修其身。然後推以及人。非徒欲其務記覽爲詞章。以釣聲名取利祿而已。又聖賢敎人之法。具存於經。有志之士。固當熟讀深思而問辨之。苟知其理之當然。而責其身以必然。則夫規矩禁防之具。豈待他人設之。而後有所持循哉。近世於學有規。其待學者爲已淺矣。而其法又未必古人之意也。故今不復施於堂。而特取凡聖賢所以敎人爲學之大端。條列如右。

他如程董學則。眞西山敎子齋規。方正學幼儀雜箴等。皆私人講舍之學規。而大體與白鹿洞

條規相出入。

論曰。近古之禮。與中古同。而近古之教。則迥不牟矣。中古教育目的在利祿。近古教育目的在修養。中古教育操之經生。近古教育操之理學。中古講經以章句訓詁爲要。近古說書以微言大義爲主。雖臆斷穿鑿。或貽人口實。而諄諄於身心名教。以嚴人禽之防。究非漢唐諸儒所能企及。

第五章　宗教

近古宗教。沿進步公例。新陳代謝。舊有之佛道漸微。而新興之耶回方張。豈非以東西溝通。人類之思想更新。信仰亦與之俱移乎。

第一節　舊有之教　道教

道教經晚唐之亂而漸衰。宋初太祖太宗與陳摶往來。賜號希夷先生。然重其人而非崇其教。至眞宗時。僞造天書。東封西祀。而道風復熾。且賜張道陵之裔正隨以貞靜之號。遂成一代之例。徽宗賜號更繁。且設道階。置道官。編道史。自稱道君皇帝。抑佛伸道。於古爲烈。及金源肆虐。徽宗被虜。而道教衰。元亦頗事崇奉。而宗派各別。明太祖以道陵四十二代孫張正常爲眞人。授二品秩。待遇頗優。然於其教固未深信也。至憲宗信奉漸篤。世宗嗜泥尤深。各處建醮。而道士邵元節陶仲文輩。妄釐威福。氣凌朝士矣。清代惟張眞人循例賜封而已。絕未崇信其教。其宗派統計凡六。列表於後。

宗派	宗義	代表人物	備攷
經典科教派	以搜訂典籍科儀有務	杜光庭 林靈素	馬貴與曰道家之術雜而多端蓋清淨一說也煉養一說也服食一說也經典科教又一說也俱欲冒老氏爲之宗以行其教則經典科教於道教中別樹一幟也久矣
全眞教	以修養性命長生不死爲主旨	邱處機	開此教者自王重陽始重陽本名中孚生宋徽宗政和二年後更名嘉東游海上得弟子七人邱其一也其教本無來源爲之說者以東華爲初祖正陽爲二
			祖純陽爲三祖重陽爲四祖其後有七眞

正乙教	以符籙爲事乃張氏正傳也	龍虎山張氏	元世祖命張道陵三十六代孫宗演主領江南道教仍賜銀印
眞大教	以苦節危行爲要不妄取於人不苟侈於己	酈希誠	此教始於金末道士劉德仁五傳至希誠憲宗賜以此名授希誠太玄眞人領教事
太乙教	傳太乙三元法籙之術	李居壽	此教創於金道士蕭抱眞五傳至李居壽元世祖以太一掌教宗師印賜之
齋醮派	以齋醮祈禳爲事	邵元節　陶仲文	祈禳本巫祝之術爲道教成分之一其所用之青詞猶是巫祝告天之文也

第二節　舊有之教二　佛教

佛教宏揚。唐爲最盛。唐末之亂。厥勢頓衰。及宋興而又振。求經有人。（太祖時遣僧行勤等百餘人。往印度尋求經論。）譯經有院。（太宗時。置譯經傳法院於東都。使西僧繙譯論。迄眞宗時譯書凡四百十餘卷。）而名僧又復輩出。故佛燄盛熾。然惟禪淨二宗。弘布最廣。南渡而後。勢漸衰替。明清以來。益成强弩之末。而有別支代興。則喇嘛教是也。玆復考其原委如下。

喇嘛教創於西藏。而以祈禱禁咒爲事者也。道源於佛教之密宗。而爲其旁支。考西藏之有佛教。實自棄宗弄讚始。棄宗弄讚之玄孫曰棄隸蹜讚。先遣使至印度。招善海大師來。旋用其言。又延請瑜珈派高僧巴特瑪薩巴巴來藏。巴特瑪薩巴巴遂以陀羅尼及秘密修法傳布藏地。歷演奇迹。民大驚服。有弟子二十五人。創建寺院。於佛教中別樹一幟。而所謂喇嘛教者成。藏語上曰。喇無曰嘛。合言之無上之意耳。初爲其教僧正之尊稱。習用既久。遂爲其教僧侶之通稱。並以稱其教焉。厥初衣帽色尙紅　故亦稱紅。此教既適合於藏人之習俗。信仰者衆。而勢日張。卒且左右國政矣。元憲宗命其弟忽必烈南征大理。道經吐番。當是時喇嘛扮底達威望隆盛。忽必烈與之和。而吐番王唆火脫遂降。扮底達猶子曰八思巴。年十五謁忽必烈。議論縱橫。大蒙優禮。及忽必烈即位。慮藏地險遠。而其人獷悍。思以喇嘛撫御之。乃封八思巴爲大寶法王。加以帝師徽號。俾掌西藏政教之權。統領諸國釋教。於是喇嘛教遂風靡一時。朱明崛起。仍襲用此策。國師法王之封。亦實繁有徒。及宗喀巴出。創喀爾哥叭派。而喇嘛教一變。宗喀巴甘肅省之西甯衛人也。生於明成祖永樂十五年。學於後藏札什倫布西之薩迦廟。目覩紅教喇嘛吞刀吐火諸幻術之無益於世。且非佛教眞傳。一日會衆。黃其衣帽。而告衆曰。教主世世以呼畢勒罕啓導人民。遂大受群衆信仰。而成改革之功。及其卒也。(宗喀巴于明成化十四年示寂)遺命其二弟子達賴班禪。以化身傳教。至達賴三世。時蒙古順義王俺答頗崇奉之。其教遂弘布於青海蒙古。而紅教之勢漸衰。其派別如左。

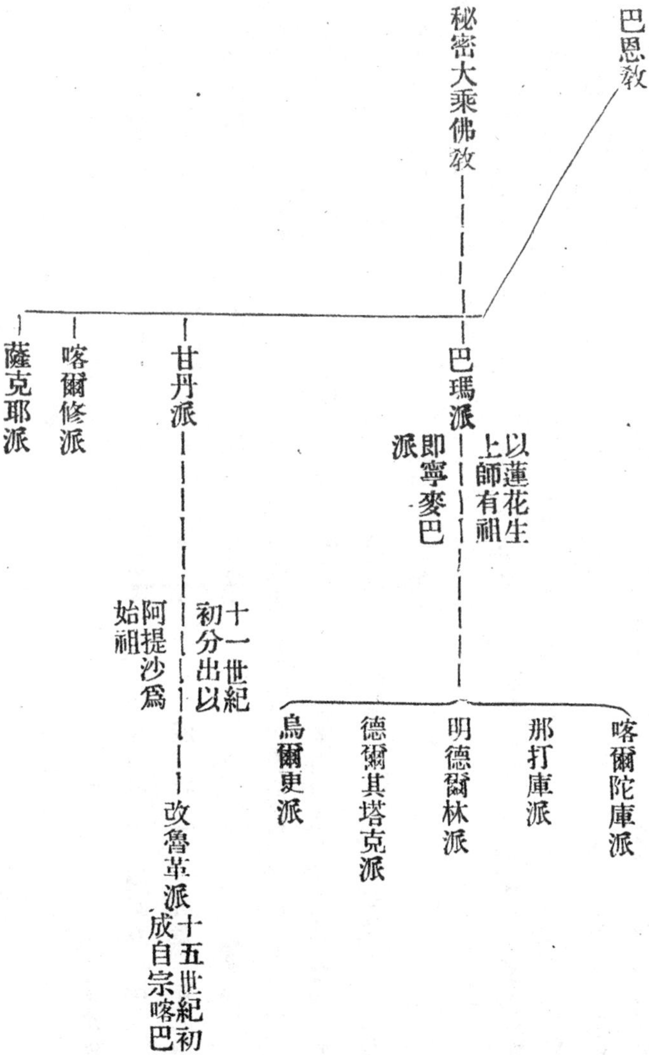
巴恩教
秘密大乘佛教
巴瑪派
以蓮花生上師有祖
即寧麥巴派
喀爾陀庫派
那打庫派
明德爾林派
德爾其塔克派
烏爾更派
甘丹派
十一世紀初分出以阿提沙爲始祖
改魯革派
十五世紀初成自宗喀巴
喀爾修派
薩克耶派

第三節　新興之教一　回教

唐代回教。曾入中國。而未盛行。唐末之亂。幾絕迹焉。宋初喀什噶爾酋。布格拉篤信回教。部下多崇奉之。於是天山南路佛教勢力。漸爲回教所奪。而東南海濱回教之由商船來者。頗事私布。（福建泉州前門外。有古回教淸淨寺。依碑刻所載攷之。是寺蓋創始於南宋。復修於元代。而東門外靈山又有先賢塚。或謂此山專爲回回人之葬地。此採之張星烺之泉州訪古記。）元代興而回教之勢愈昌。中國內地播布殆遍矣。蓋自成吉思汗以來。滅金攻宋。從軍者多回教徒。防守鎭戍兵之所至。教亦隨之。益以世祖優用西域人。而其教乃如旭日東升。普照神州焉。然與漢人相安。故元明兩代。回教之亂無聞。至於淸變亂迭起。計自乾隆中葉迄光緒之初。凡五起。蓋行政苛虐有以致之也。

第四節　新興之教二　基督教

元代基督教曰也里可溫。也里可溫者。爲蒙古人之音譯阿剌伯語。即景教碑之阿羅訶（上帝）也。（陳垣說）或謂乃唐代景教之緖餘。則大不然。景教來自波斯。也里可溫來自歐洲。其淵源固別。且也里可溫教徒之來華布教。率奉羅馬法王之使命。則也里可溫爲羅馬教。亦即所謂西教者也。與景教無關。胡元一代。播布甚廣。而政府之尊崇。亦與佛道無異。元末之亂。全歸息滅。有明中葉。歐亞之交通既開。而所謂天主教者亦附船而至。則利瑪竇龐迪我輩是也。明廷頗優禮之。賜第宅。許其建寺院。（天主教堂）於北京各地。一時頓呈盛況。而反對之者。亦緣是而起。明廷遂下驅逐之令。（一六一八年）未幾令弛。徐光啓李之藻輩又與之往來。而其教乃復盛。迄於明末。信徒數千中。有宗室十四人。內官十四人。顯官十四人。或云思宗皇帝。亦崇奉此教。淸初頗利用之。（湯若望南懷仁等）造砲治曆。成績昭著。即尼布楚議和。亦多賴教士徐日昇張誠匡助之力云。

論曰。吾國宗教。多自外來。然各有所攜。以促進吾國之文化。佛教之來。攜印度之哲學藝術。至影響於吾國之學術建築雕刻繪畫者甚大。回耶二教之來。攜其科學至。而吾國之曆算天文地輿之學。以及實用之製造。獲益亦匪淺鮮。嗚乎。世謂教士商人。為傳播文化之媒介。信哉斯言。

第六章　學術

吾國學術。至近古而成分愈雜。亦至近古而面目愈新。蓋印度文化與中國文化之調和。已臻成熟。而歐洲文化又復流入。東西兩大文化。接觸揉雜。學術界烏能不大放異彩。

第一節　文字

近古期中。文字頗有創作。惜行之不遠。其最通行之文字。仍爲漢文。而眞行草三體尤要。印刷之術則大進。厥中約分兩種。（一）鏤板印刷。初惟小本書耳。至五代而九經板成。（九經刻板始于後唐明宗長興三年。成於周太祖廣順三年。凡歷四朝七主二十四年。）是爲中國官本書籍之始。迄宋而益盛。太宗且頒行刻書之式於天下。用昭劃一。（蔡澄雞窗叢話云。嘗見骨董肆古銅。方二三寸。刻選詩杜詩或韓文一二句。字形反。不知何用。識者曰。此名書範。張卞來云此初刻本時。官頒是器。以爲雕刻模範者也）由是而監本（國子監所刻板本曰監本。宋元明清皆有之。）家塾本（即家藏本也。始於五代和凝。有集百餘卷。自鏤本行世。見五代史本傳。或謂家刻本。蜀相毋昭裔爲最早。）坊刻本。（書賈鏤板印賣者也。始於唐季。至宋而大盛。洞天清錄云。鏤板之地有三。吳越閩宋時書肆有牌子可攷者甚多。）紛然雜陳。而書籍皆板本矣。（二）活字印刷。其法創始於畢昇。（夢溪筆談。慶曆中有布衣畢昇者。爲活版法。用膠泥刻字。薄如錢唇。每字爲一印。火燒令堅。先設一鐵板。板上以松脂臘和紙灰之類冒之。欲印則以一鐵範置鐵板上。乃密布字印。滿鐵範爲一板。持就火煬之。藥稍鎔。則以平板按其面。字平如砥。若止印一二本。未爲簡易。若印數十百千本。則極爲神速。）宋元以後。應用漸廣。且迭經改作。益臻完美。初用泥字。繼而用瓦字。錫字。木字。（元王楨活字印書法云。後人別生技巧。以燒熟瓦字。排於行內。作活字印板。近世又鑄錫作字。但上項字樣。難於使墨。率多印壞。今又有巧便之法。造墨板作印盔。削竹片爲行。雕木板爲字。用小細鋸鏤開。各爲一字。排字成行。削竹片夾之。字皆不動。然後用墨刷印。）銅字。（明世無錫銅活字板有二家。蘭雪堂華氏與桂坡館安氏是也。）印刷愈巧便。而書籍之流傳愈廣。其嘉惠士林。良匪淺鮮。至巾箱本（袖珍本始于南齊衡王鈞。然抄本而非印本。至宋而印刷之巾籍本出。）朱墨本。（即套板。始于明之閔齊伋。）又印刷之奇者也。次之爲文房四寶。文房四寶製造。亦日趨精美。硯材自宋以來。競尚端歙。大抵端取細潤停水。歙取縝澀發墨。兼之爲上。然頗難得也。紙之爲類甚繁。而要分素紙彩箋兩種。五季南唐李後主造澄心堂紙。以桑皮爲質料。細薄光潤。爲一時最。自宋而後。蜀之麻紙寖廢。而竹紙盛行於時。紙質堅緻瑩潔。背面光澤如一。在明處望之無簾痕。爲宋人造紙之特色。其種類有烏絲欄。鄱陽白。黃白經箋。天台玉版等。皆甚著名。他如宣紙。以安徽宣城之產得名。唐宋以來。代有傳人。毛邊紙。相傳起于明汲古閣毛氏。又有連史紙。出于江西福建。凡此皆素紙。而爲社會所通用者也。彩箋之制始自唐。而硬黃紙最爲當時所重。宋元及明。逐漸進步。明時有灑金五色粉箋。印金五色花箋。而磁青紙尤爲有名。筆則宋以諸葛高爲最著。元明間海內筆工。惟湖州爲最得法。元之著者有馮應科。明則陸文寶王古用張天錫皆以善製筆馳名縉紳間。悉湖人也。墨名惟宋爲最多。而良工以潘谷（元祐間人）居首。元代造墨者尚朱萬初。明初方（正）邵（格之）羅（小華）三家爲製墨妙手。萬歷天啟間。新安方于魯（有墨譜一書）程君房（有墨苑一書）互角勝負。而製墨愈精。姜紹書韻石齋筆談云。昭代硯不及唐。箋不及宋。即筆亦無宣州毫之圓潤。惟墨之道超潘駕李。差足爲藝林吐氣。觀此數語。可以知其凡矣。滿清之初。湖筆徽墨。依然元明舊規。

第二節　文學

詩文規矱。悉依唐賢。宜無庸贅。惟各有旁支別派。亦不得不詳。（一）由詩而爲詞。由詞而成曲。詞盛于宋。而導源于唐。唐以詩爲樂。五七言詩皆可被之管絃。至玄肅間。乃一變而爲詞。李白之憶秦娥。張志和之漁歌子。其濫觴也。歷五代及宋而益昌。帝王將相。以及道學武夫。婦人女子。率皆精曉音律。能按譜填詞。然宋人爲詞。間用俚語。金元益甚。雅俗雜陳。而曲作矣。董解元（金章宗時人名未詳）作西廂記。（或云王實甫作未完關漢卿續成之。）爲北曲開山。高則誠作琵琶記。爲南曲創祖。二曲對峙。各有傳人。其歌也皆用絃索。明嘉隆間。崑山有魏良輔。又改南曲爲崑曲。而衆樂備舉矣。此詩之旁支也。（二）文之派則白話文與制藝是也。白話文原于釋家之語錄。宋儒講學。弟子集其言論。亦沿其體而襲其稱。厥風益熾。馴而記事之文。小說之體。悉易文言爲白話焉。制藝即世所痛詆之八比文也。導原于王安石之經義。而完成于元王充耘之書義矜式者也。其文有破題小講（謂之冒子）原題大講（即中比）後講（即後比）原經（使經文來歷明白）結尾（以已意斷傳註之是非）等法。明清兩代科舉之文。悉遵此式。

第三節　史學

史學雖無大進步。然截長補短。與中古較。亦無遜色。統分四類。以見其凡。（一）紀傳體。有舊唐書。（石晉時劉昫等奉詔撰）新唐書（宋仁宗以劉書多遺漏。命宋祁歐陽修更爲之。）舊五代史（宋初薛居正等奉詔撰）新五代史（歐陽修著）宋金遼三史（元順帝命脫脫等撰。）元史（明初宋濂等奉詔撰）明史。（自康熙十七年使博學宏詞諸儒分門纂述。至乾隆四年。全書告成。歷年六十有一。）總此九書。惟歐史明史爲上乘。宋史蕪蔓。元史草率。（兩次開局不及一年）爲世詬病。學者恒有改作之議。（二）編年體。以司馬光之資治通鑑爲最著。體大思精。爲秦漢以來未有之偉作。繼之者則畢沅之續資治通鑑也。（三）掌故體。承杜佑通典之例而變通之者。有鄭樵之通志。及馬貴與之通攷焉。合此三書名曰三通。攷典章者資焉。清代有續三通及皇朝三通等敕撰之書云。(四)紀事本末體。此乃於中古諸史體之外。別開生面者也。以事爲類。將其原委因果。條舉縷析。俾便于研究。裨益學子。良非淺鮮。其體創于袁樞之通鑑紀事本末。繼之者有陳邦瞻之宋史紀事本末。及元史紀事本末。明史紀事本末。(谷應泰著)左傳紀事本末(高士奇著)等。

第四節　哲學

儒與佛道相融洽。而理學出焉。近古哲學。惟此而已。而尤以宋代爲最盛。蓋宋儒眞知灼見人之心性與天地同流。故所言所行。多徹上徹下。有與陰陽合德日月並明之概。又豈彼硜硜于章句訓詁者所能企及哉。然其興也有淵源焉。有先導焉。有正傳與別宗焉。

(甲)淵源。理學正源。導于儒術。論孟學庸。其標指也。然其挹諸釋道者。亦復不少。唐以來佛教益密。而禪宗所謂以心傳心。直指心性等說。尤能導人從事心性之原。宋之大儒多與禪門往還。其討論性命。宜有相契者矣。況靜坐法門。又明明得之釋子乎。道士陳摶。精研性命之理。太極先天兩圖。傳于儒。遂爲宋學之根據焉。由此觀之。則理學淵源。固非純出一宗也。

(乙)先導。宋得國八十年。而孫(名復字明復平陽人隱居泰山。)石(名介字守道兗州人躬耕徂徠山下，學者稱徂徠先生。）胡（名瑗字翼之泰州人學者稱安定先生。）三先生出。講學授徒。以躬行實踐爲主。雖其說時若不純。然變訓詁之風。爲義理之學。闢荆斬棘之功。决不容沒。推爲理學先導。誰曰不宜。

（丙）正傳。理學正傳。端惟程朱一派。程子之學。以誠爲本。以聖爲師。而接待後學。以嚴毅爲宗。朱子則窮理以致其知。反躬以踐其實。而要皆以居敬爲主。程朱門下。多士濟濟。又足以宏師說而廣其傳。故在宋爲獨盛。茲列其統系于左。

周敦頤—程（顥頤）—楊時—羅從彥—李侗—朱熹

（丁）別宗　別宗凡二。（一）象山學派。陸子靜（九淵）與晦庵同時。而持論則適相反。（陸子云。學苟知道。六經皆我註腳。）世所以有朱陸異同之爭也。大要陸尊德性。朱道問學。陸言此心即理。朱在即物窮理。陸主直覺。朱重經驗。例之西哲。則朱爲實驗派。而陸爲純理派云。（二）浙東學派。宋儒大率主張動機論。唯此派持功利主義。蓋痛當時學者高談性命。膚廓無用。以致國勢凌夷。而爲之棒喝者也。以呂東萊（祖謙）陳同甫（亮）葉水心（適）爲創祖。其學由治史入手。最注意于古今治亂之原。而關于哲理之發明絕少。

以上宋代哲學之大綱。至于元。仍以程朱派爲盛。若許衡（字平仲號魯齋河內人）若劉因（字夢吉號靜修容城人）其卓卓者。皆恪守程朱之說。而不敢違。治陸學者。當推江西之陳靜明。（苑字立大上饒人）浙東之趙寶峯。（偕字子永慈溪人）然爲程朱派所抑。勢頗不振。而調和于朱陸之間者。則吳草廬鄭師山也。全祖望云。草廬（吳澄字幼清江西崇仁人）出於雙峯。（饒魯字伯輿）固朱學也。後又師程紹開。兼主陸學。繼草廬而和合朱陸之學者。則鄭師山（名玉字子美歙縣人）矣。明代理學流派最多。（俱見黃宗羲明儒學案）而要以河東姚江兩派爲大宗。河東派以薛瑄（字德溫山西河津人）爲主。仍紹程朱之業。姚江派以王守仁（字伯安浙江餘姚人）爲首。則宏象山之緒。陽明（少嘗築室會稽山之洞中。其後門人爲建陽明書院于紹興。因號陽明先生。）倡知行合一之說。而以致良知啟導生徒。嘉隆而後。王門弟子遍天下。其學大昌。而程朱派式微。有清一代哲學。最爲不振。蓋自宋明以來。理氣心性之論。已發揮無餘。程朱與陸王屹然對立。學者入主出奴。有是非之爭。而乏獨至之論矣。約言其概。則有近人甘蟄仙之言在。其言曰。清初黃梨洲孫夏峯李二曲號三大儒。均尊陽明。勵躬行。復鈎取洛閩之長以自廣。顧亭林與三先生皆有因緣。而篤守程朱。於姚江之學不甚謂然。有王船山（夫之）者。南荒長遯。厥名寂寂。平生痛詆世人標榜之習。其爲學也。務以漢儒爲門戶。以宋五子爲堂奥。而得力於橫渠。（張載其學最重禮）者尤多。若顏習齋李恕谷之倫。則又病宋賢無用。至謂破一分程朱。始入一分孔孟。（李塨著習齋先生年譜卷十）重作事不尙讀書。（李顏之學。明周禮六藝之教。宋明之學。皆所不許。卓然獨立。可爲豪傑之士矣。）其道大觳。卒以不昌。此數家者。治學之途雖或不同。要皆歸於經世致用。且時露其故國之思焉。康雍間反對王學最力者爲陸稼書。其造詣可肩隨元儒。以視陸桴亭（世儀）張楊園（履祥）尙遜一籌。乾嘉以來。漢學熾而宋學無光矣。

第五節　實用之學

一、曆算學。曆算之術。西法原較中法爲密。故西方學術流入益多。而中國曆算之術益進步。趙宋力不及遠。而曆算最爲疏略。（宋初用周顯德欽天舊曆。建隆二年。以推步疏。命王處訥等別造新法。賜名應天。未幾節候漸差。自是迭事更作。迄靖康丙子百六十年而八改。南渡之後。至德祐丙子百五十年。而又八改。蓋以算法多疏。故施行紛錯。）迄蒙古興。西亞東歐之人仕于朝。多携其天文數學及測天機械而來。而曆算之學。大著進步。其人則郭守敬（守敬作授時曆。上集古法之大成。旁採西法之新式。創作諸種測儀。推度較古爲密。析理既精。與天自合。足以匡中國三千年之謬誤。）李治（著有測圜海鏡一書。頗爲研究數學者所宗。）爲最著。而西法採用。明代尤盛。明初用大統曆。劉基所進也。太祖以西域人推測天象至精密。詔譯其書。兼置回回司天監。已不純用中法矣。萬歷中。利瑪竇來華。徐光啓從之譯幾何原本測量法義等書。後光啟又與龍華民鄧玉函輩合撰新法算書。與湯若望羅雅谷合作新歷。未及行而國亡。清順治二年。湯若望上書言新法有驗。並進西洋儀器。得旨試行。且令湯若望與南懷仁入爲欽天監官。至是歷局與欽天監始合爲一。依新法造時憲書。頒行直省。康熙二年。新安衛人楊光先上書禮部。攻擊新法。並指其推算之誤。而湯若望南懷仁俱論罪。光先爲欽天監正。復用舊歷。康熙六年。光先以推閏失實遣戍。復用南懷仁爲欽天監正。自是士大夫言曆算者。各分門戶。約其大凡。總爲三派。（一）中法派。楊光先閻若璩孔廣森諸公是也。（二）西法派。薛鳳祚。揭喧。李光地諸公是也。（三）西法調和派。王錫闡梅文鼎陳厚耀諸公是也。各有傳人。以延其緒。維新而後。歷算之學愈益發達。然西法盛而中法漸微。識者且議改中國數千年行用之陰歷爲陽歷矣。

（二）醫學。近古醫學發達。遠邁前古。蓋有醫學之設立。醫科之試程。時人重之。斯有趨之者矣。其著名國手有劉完素。（字守眞金河間人）是爲河間派。著素問元機原病式。宣明方論等書。持論多以寒凉之劑攻其有餘。有張元素（字潔古金易州人）是爲易水派。著病機氣宜保命集三卷。造詣深邃。自成一家。有李杲（字明之自號東垣老人金眞定人）是爲東垣派。（亦云眞定派）著內外傷寒辨惑論脾胃論等書。學出元素而名出元素上。卓爲醫家大宗。有朱震亨。（字彥修號丹溪元金華人）是爲丹溪派。著格致餘論局方發揮等書。大意主於滋陰。世人以比明之。幷稱朱李云。明代名醫輩出。亦多所發明。而尤以李時珍（字東壁蘄州人）爲最。時珍病本草繁雜。窮搜博採。別成一書。名曰本草綱目。後世醫家多宗之。元之時。有猶太人愛薛者。以泰西醫方輸入。又中國有西醫之始。有淸醫學亦頗發達。初推嘉言。喩昌字嘉言南昌人所至以醫術著名著有尙論篇及醫門法律等書）繼推靈胎。（徐大椿字靈胎吳江人著有蘭臺軌範等書）大抵主仲景而駁斥宋元諸醫。葉桂（字天士吳縣人）醫術鳴於乾隆間。惜生平無著述。故其說不昌。嘉道以來。若直隸之王清任。浙江之王士雄。江蘇之陳懋卿趙元益輩。亦其選也。

第六節　美學術

一音樂　後唐莊宗以好音樂著。然胡部鄭聲耳。不足預于雅樂之林。後周王朴。更推制雅樂。宋初襲用之。惟音律高低持論互異。故改作頻繁。自建隆迄崇寧凡六變）南渡之後。兵戈不定。未遑禮樂。元樂之備。則宋周臣王鏞諸子有力焉。明代樂統中絕。樂器雖設祇屬虛文。郊廟所用。皆襲前代之舊規。世所習而號爲國樂者。率俗樂也。淸聖祖天亶聰明。精曉聲律。親加指授。勅撰律呂正義五卷。（上篇二卷曰正律曰審音下篇二卷曰和聲曰定樂續篇一卷取西洋律呂而以古法攷訂之）首較尺度以定黃鐘之數。然樂律詳矣。其用於宗廟朝廷之樂章。猶付闕如。故高宗更撰律呂正義後篇百二十卷。（祭祀樂。朝會樂宴饗樂導迎樂行幸樂樂器攷。樂制攷。樂章攷。度量權衡攷。樂問。）以大成之。於是丹陛樂（皇帝升座時所奏）（導迎樂皇帝還宮時所奏）鐃歌樂（皇帝行幸時所奏）凱旋樂（皇帝親征凱旋時所奏）鼓吹樂（宴饗時所奏）等。相繼製定。皆所謂雅樂也。四夷朝聘。則奏番子樂。番部合奏樂。以及廓爾喀回部緬甸等樂。然皆無與於民庶。民庶所習。則鑼鼓笙笛三絃琵琶等。即所謂國樂者也。

二書畫　唐以來書家蔚造。宋初李宗諤宋綬以善書。士子宗之。號爲朝體。蘇米黃蔡繼之。號稱四大家。而蔡襄書法。姿格高逸。爲有宋第一。元以松雪爲最。明時以善書稱者千五百二十餘人。而最著有前有解縉。次有文徵。明後則董其昌乜香光之書。自謂過于趙孟頫云。清代書家推翁（方綱）劉（墉）梁（同書）王。（文治）而南田（惲格號工花卉而書法題語俱極精妙世稱南田三絕）子貞。（何紹基字子貞兼學篆隸鍾鼎晚年專習行草揮灑自如古拙之中別有丰韻說者推爲清代第一）亦各名家。繪畫五代以來。徐熙黃筌並興。各立門戶。後起濟美。遂成兩派。宋初徐派鳴高于院外。黃派肆餘于院內。（院畫院也）徐體沒骨渲染。旨趣雅淡。黃體鈎勒塡彩。旨趣濃豔。各有其特點。明代衍爲三宗。（一）宗黃體。姸麗工緻。以邊文進呂紀爲領袖。（二）爲寫意派。筆致雋逸。重意而不事工。由徐體化出者也。林良陳淳創之。（三）爲鈎花點葉體。合前二宗而成者也。以周之冕爲代表。而畫家別宗。又有墨戲一體。乃文人雅士之餘事。大抵始于唐而盛于宋。其題材爲蘭竹梅菊。所謂畫之四君子也。意趣尤爲高逸。清代畫家。首推四王。漁山南田。山水花鳥。各有創作。亦不在四王下。他若板橋之蘭竹。南蘋之花鳥。均稱絕品。指墨一派。高其佩創之。以指蘸墨。畫雨中烟樹人物花鳥。應手而得。無不精妙。更神乎其技矣。

論曰。近古學術。隨在施放異彩。有發達之新機。按之進化程序。固宜後來居上。亦以東西洋交通既開。西洋系之文化漸次輸入。有以補吾之短而助之長耳。近世新學發達。其萌芽實在于是。

第七章　社會狀況

五季之亂。踰于六朝。干戈饑饉。民不聊生。其始也骨肉不相保。而禮義日廢。恩愛日薄。加之椎埋屠狗之輩。乘運竊時。忝踞高位。庸軟無能之文士。又從而媚事之。由是廉恥道喪

○殘忍性成○禮防遂大潰○人倫多奇變矣○宋祖既興○褒獎忠義○以正風俗○固甚善也○惟其懲五代軍人跋扈之弊○崇文輕武○遂使怯懦之氣○深中乎人心○此國勢之所以不振也○元以兵力統一中國○視漢族爲仇敵○其所以壓抑之者○無不用其極○如分南人爲十等○「一官二吏七匠八倡九儒十丐」而儕儒于丐○意若曰○亡國文化○宜在摧毀之列○並以淡斯民愛戴祖國之心焉○民氣不申○莫此爲甚○明起逐元○民氣宜若可申矣○然一字之誤○罪至殺身○一語之失○刑或滅族○蓋猶是抑之之術也○夫以久柔極儒之人○又惕之以嚴刑峻法○惟有重足屏息○偷生苟活而已○民之不武○國以不競○而明社遂屋矣○雖然宋明之末○士氣丕揚○節義炳耀○不讓東漢○推求其故○蓋有二焉○則理學之灌輸○與種族之關係也○

別有社會惡俗○成立于近古○爲今世所痛詆者○女子纏足之風是也○茲採履園叢話之文○以誌其緣起○

婦女裹足之說○不載于經史○經史惟曰窈窕○曰美而艷○或言頷言齒言眉目○從未有言及足者○案太平御覽六○昔製履男子方頭○女子圓頭○唐六典內官尚服注○謂皇后太子妃○青襪舄○加金飾○開元時或著丈夫衣靴○則唐時尚未裹足也○杜牧詩鈿尺裁量減四分○韓偓詩云○六寸膚圓光緻緻○李白詩○履上足如霜○不著鴉頭襪○杜甫詩○羅襪紅蕖豔○乃青履紅襪

○非金蓮之謂也○即大唐新語國史補○亦祇云馬嵬店媼○收得楊妃錦靿一隻○並不言足之大小○然則裹足之事○始於何時○道山新聞云○李後主窈娘○以帛繞足○令纖小○屈如新月狀○唐縞有詩云○蓮中花更好○雲裏月常新○爲窈娘作也○是爲裹足之始○或言起於東昏侯○使潘妃以帛纏足○金蓮帖地行其上○謂之步步生蓮花○張邦基墨莊漫錄○謂弓足起於近世○則非始于潘妃明矣○然宋時有裹有不裹○湛淵靜語云○伊川先生家婦女不裹足○不貫耳○輟耕錄謂○札脚始于五代以來方爲之○熙寧元豐之間爲之者尚少○諸說皆在宋元之間○去五代未遠○必有所見○非臆說也○大約此風至金元時始盛○後遂相沿而成俗○

附

中古文字之制分作二系：

(甲)漢文系曰契丹字曰女眞字曰西夏字凡三種契丹自遼太祖時製有大小二體紀謂神册五年(西元九二〇年)製大字體以其年九月頒行字體以漢字爲基礎而損益其筆畫惟久經散佚無由知曉間有傳謂契丹字之石刻亦無人能解釋女眞字金史謂金人初無文字與鄰國交好用契丹字太祖始命完顏希尹撰國書希尹乃依仿漢人楷書因契丹字合本國語製女眞字天輔三年八月字成太祖大悅遂令頒行太宗時頒行女眞字書熙宗製謂之女眞小字世宗時以女眞大小

字譯尙書頒行諸路此字當時盛行及金滅而勢微然遼東一帶猶沿用之迄於淸初今獨存明四夷館所作之女眞漢字對照字

中古文字史

彙近年德意志八谷蘇白遂據此書而能獨解女眞字之文普西夏字約分三種（一）爲篆字宋所史謂李德明製番書十二卷如符篆是也（二）爲正楷字宋史云元昊製番書字體方正類八分而書頗重複者是也（三）草字西夏草字書法與西藏草字書法同蓋別有承授者也其造字原由則李德明娶契丹郡主爲婦知契丹有國字至元昊遂亦仍爲之于西元一〇三一七年製國字或謂西夏字乃元昊門人野利邁乞號仁榮此所造

（乙）梵文系曰唐古忒文曰蒙古文滿洲文唐古忒文蒙古源流載土伯特（卽圖伯特卽吐蕃）王妙普七汁之子特勒德蘇隆贊（卽棄宗弄贊）熱心佛敎遣太臣吐密等十六人赴額納特克珂國（一作甲喀爾在印度北境）採取經文以造番字（卽唐古忒文）吐密留學七年苦心研究遂以突哈那格之梵語爲藍本造西藏文字之字音三十四歸國後著西藏文典及聲明論八種頒行國中蒙古文元初用畏吾兒文（回回文太祖征乃蠻所得）世祖時命巴思八製蒙古新字（事詳元史釋老傳）至元六年詔頒行天下（卽西元一二六九年）其書法縱行自左而右蓋原以

畏吾兒字爲基礎而成者（畏吾兒字乃景敎僧依叙利亞文爲藍文而倣者故或謂蒙古文應屬叙利亞文系）然其說亦有可疑蓋蒙古文字處處存有西藏文字（唐古忒文）之痕迹焉東洋學者謂創造蒙古文字者爲西藏喇嘛昆加瓜扎共四十八字母韻十二字韻三十六元世祖時巴斯巴奉敕造字乃增補昆加瓜扎文字之殘遺以完成今日之蒙古文字云滿洲字淸祖初起公文（如上表明朝等文）用女眞字而以漢文爲對譯通常所用則蒙古文也頗感不便萬曆二十七年二月努爾哈赤命額爾德及噶盖等改制國書二人乃以蒙古字製十二字頭合滿洲語創製滿文頒行國中是爲滿文創製之始皇太極時又經達海之整理（於十二字頭加以圈點以五同形異音之區別）遂完成今日之滿洲文字。

總之漢文系之字多主形梵文系之字多主聲與泰

西文字有親屬之誼焉吾且爲之語曰漢文系者泰東文字之總號梵文系者泰西文文字之共名也。

第四編　近世文化史

文化變態。愈晚而愈速。其階段亦最明顯。自鴉片之役。喪師割地。海禁大開。歐美各國。挾其帝國主義。侵入神州。國人處强權壓迫之下。謀取法焉以圖富强。亦人情所必至。故學生之遺派。書籍之翻譯。咸汲汲焉不遑終日。是爲第一期。戊戌（光緒二十四年）變法而後。漸入試行時期。故政治有預備立憲之詔。教育有創建學堂之舉。餘如交通軍務莫不改紘更張。倣傚歐美。冀與同化。是爲第二期。民國以來。改建共和政體。一切取法外洋。破壞舊規。完全歐化矣。是謂第三期。政局之更易如是。而文化之變隨之矣。

第一章　生活要素

人生目的端在生活。至近世而其說益著惟是知識愈高。慾望愈奢。凡所以給其生活之欲者。愈必求精而求備。開關而後。赤髮藍睛之鬼。麕集中土。其生活需要之品製造之方與之俱至。吾國人士受種種影響。而生活亦別開生面焉。

第一節　飲食

飲食之需要。因時地不同而顯生差異。執一方以立言。不將召盲論之誚乎。玆就食料與食品述其不同之狀。

(一)食料中國疆域以長城爲界。顯分內外兩部。內爲本部。漢族所棲息。外爲藩部。滿蒙回藏諸族所繁殖。漢族以耕稼爲業食料以穀物爲主諸侯以牧獵爲生食料以肉類爲宗且本部同爲耕稼之民。北方多旱田其人主食麥南方多水田其人主食米亦有微殊此則食料之因地而異者也自洋人內渡。新食料如番薯咖啡甜菜糖等輸入增加。又古人所未嘗有也。此則食料之因時而異者也

(二)食品食品固亦多端。要其大別有二。則家常食品與宴會食品是也。家常食品即所謂家常飯也。南人之飯主要爲米。炊熟而顆粒完整者也。次則成糜之粥。(北人亦以粥爲常食惟以粟爲之耳)北人食品主要爲麥。(粟豆及高粱包穀等與麥並用)屑之爲饝(其類有餅饅頭包子等)次則成條之麵(其類有麵條餛飩麵片等)也。惟是地方不同。食性多偏。燕齊秦晉之人嗜葱蒜。滇黔湘蜀之人嗜辛辣。蘇人嗜甘。(江蘇人好食糖)浙人嗜腥。粵人嗜淡食。且火候不求甚深。此其大較也。蒙古之人一日三餐。兩乳茶一燔肉。藏人一日五餐。而以糌粑酥油爲大宗。嗜茶之風則蒙藏一也。回教徒之在內地者與漢人相似。住西域者與蒙人相同。惟不用猪肉猪油作食品爲猶異耳。宴會食品即俗所謂酒席也。宴會時用之。物品以海味及鷄

鴨魚肉爲宗。而名色則有以物品分者。有以器俱分者。以物品分者普通所尙曰燒烤席曰燕菜席曰魚翅席曰海參席曰三絲席（鷄絲火腿絲肉絲是爲三絲）曰蟶乾席等。至若全羊席全鱔席豚蹄席則一地方特別所有也。以器俱分者（以所用碟碗之多寡爲別也）曰十六碟（八大八小）曰十二碟（六大六小）曰八碟（四大四小）碟即古之餖飣也。今以置冷熱葷素及糖果乾鮮之類。海禁開通。又有所謂西餐者。以麵包及牛油糖醬爲必需品。飲料以咖啡汽水爲常。亦有酒類多種。吾國之設肆售西餐。始於上海福州路之一品香。既而海天春一家春江南春等。皆售番菜矣。初時人少趨之。今則宴客者以不用西餐爲陋矣。嗚乎吾國之同化性

第二節　衣服

冠服之制。近古以來變化最速。而區分亦最繁。蓋論種族則有滿漢之分。論階級則有貴賤之等。論國際則有中外之別。習俗不同而衣冠異制。茲爲便利分述如下

（甲）滿漢之分滿族崛起白山黑水之間。以射獵爲生。衣裝務求便捷。故襲用金元舊制。箭衣小袖。深鞋緊襪。即燕居無論男女均窄袖長袍。與漢族之寬衣大袖（崇禎末人民衣服寬大衣四尺袖二尺襪皆大統鞋必淺面）者迥異。至順治二年下薙髮之令。迫以嚴刑。且云衣帽裝束。悉從本朝制度。不得違異。由是悉炎黃華胄而盡著胡服矣。然人民相傳有生降死不降老降少

不降男降女不降之說。故生必從時服。死雖古服無禁。成童以上著時服。而嬰孩古服無禁。男子皆時服。女子猶襲明制。自清初迄今皆然也。

(乙)貴賤之等以冠服表貴賤。爲吾國勸懲之秘法。清仍承襲此意而詳爲區別。惟便服差別尚少。冠之類士庶燕居。初戴便帽。(製如暖帽而窄其簷頂用紅絨結)嘉慶道光之間氈帽(明制也清初人皆賤之爲農夫市販之服)盛行。踵事增華。而便帽之制反替矣。尤普通而至今未廢者。又有小帽色皆黑。六瓣合縫綴以簷如笛。創於明太祖。蓋取六合一統之意也。衣之類長者有袍有衫。短者有襖有褂。短者或用以作襯衣。而長衣之外則加馬褂或背心焉。履之類則鞋襪而已。總之便服形制無別。不過所用之料精粗不同耳。若禮服則區分特繁。關乎帝室者略而不述。蓋專制極盛之朝皇家冠服凡以表其奢華尊榮之心理而已無與於社會之文化也。茲將其關於階級者列表於後以示大凡。

爵級	冠頂	朝珠	端罩	補服	朝服	翎
親王	金龍二層飾東珠十上銜紅寶石	東珠之外隨所用縧金黃色	青狐爲之月白緞裏	石青色繡五爪金龍四團	蟒袍藍及石青色隨所用	

郡王	金龍二層飾東珠八上銜紅寶石	同上	同	色同繡五爪行龍四團	同	
貝勒	金龍二層飾東珠七上銜紅寶石	絲用石青色	同	前後繡四爪正蟒各一團	同	
貝子	飾東珠六餘同上	同	同	前後繡四爪行蟒各一團	同	三眼孔雀翎
鎮國公	飾東珠五餘同上	同	紫貂爲之裏同	前後繡四爪正蟒方補		雙眼孔雀翎
輔國公	飾東珠四餘同上	同	同	同	同	同
鎮國將軍	鏤花金座中飾東珠一上銜紅寶石	同	同	前後繡麒麟		
輔國將軍	鏤花金座中飾小紅寶石一上銜鏤花珊瑚			繡獅		
奉國將軍	餘同惟上銜藍寶石			繡豹		

奉恩將軍	鏤花金座中飾小藍寶石一上銜青金石			繡虎		

按翎頂之制滿清所創遼金元雖胡服未聞有此也以上旗人爵級

公	鏤花金座中飾東珠四上銜紅寶石	珊瑚青金綠松蜜珀隨所用絲用石青色	貂皮爲之藍緞裏	用石青色前後鏤四爪正蟒	藍及石青色隨所用	
侯	飾東珠三餘同					
伯	飾東珠二餘同					
子	飾東珠一餘同			前後繡麒麟		
男	鏤花金座中飾小紅寶石一上銜鏤花珊瑚			前後繡獅		

以上爲民爵漢人之有功者封之

品級		冠頂	朝珠	端罩	補服	朝服	備攷
一品	文	鏤花金座中飾東珠一上銜紅寶石	如公	如公	前後繡鶴	如公	文一品惟都御史繡獬豸除冠頂補服外悉同公
	武				麒麟		
二品	文	飾小紅寶石一上銜鏤花珊瑚			錦鷄		餘同一品
	武				獅		
三品	文	上銜藍寶石餘同二品		無	孔雀		武三品朝服無端罩
	武				豹		
四品	文	中飾藍石一上銜青金石		均無	雁		四品以下惟京堂翰詹科道得用端罩猞猁孫爲之
	武				虎		
五品	文	中飾小藍寶一上銜水晶	不得掛珠		白鷴		文五品武四品以上皆得掛珠
	武				熊		
六品	文	上銜硨磲餘同五品	均不得掛珠		鷺鷥		
	武				彪		
七品	文	中飾小水晶一上銜素金			鸂鶒		
	武				同六品		

八品	文	鏤花金座上銜花金				鷄鶒	石青雲緞無蟒
	武					犀牛	
九品	文	鏤花金座上銜花銀				練雀	同八品
	武					海馬	

以上所謂九流也。下此之微官則曰未入流。其冠服制度均視九品。

士庶禮服亦有別。凡會試中式貢士。朝服冠頂鏤花金座上銜金花三枝九葉吉服用素金頂。舉人朝服冠頂鏤花銀座上銜金雀袍青綢爲之藍緣。吉服亦素金頂。貢生吉服則鏤花金頂。監生吉服則素銀頂。餘悉如舉人。生員冠頂鏤花銀座上銜銀雀。袍用藍綢青緣。蓋猶是明制也。以上舉貢生監即所謂士也。其他雜項人等。均謂之庶民。服著青袍。以土布爲之。帽有暖涼之分。而無頂。綴紅纓而已。

(丙)中外之別海通而後。不特外人來華。而華人之留學營商或遊歷于各國者亦與年俱進。由是和服西裝紛陳于神州之社會。惟世界歐化。故西裝特盛。即所謂洋服也。吾國人士亦熱心改革。適滿清讓位。遂盡革翎頂之制而有大禮服常禮服普通服之規定矣。

第三節 宮室

普通建築仍以舊式爲常。而新式建築又分兩方面。
(一)房屋之建築。自海禁開放之後。闢商埠劃租界蕃客麕集。而洋式建築亦遂出現于中土。吾國士夫方醉心歐化。羣豔羨而爭效之。于是尖圓矗直之樓閣。隨在皆是。聳立雲際。高或十餘層。(二)交通之建築。則鐵道與電線最爲重要。鐵道鋪設。始于同治五年英商怡和洋行倡創之淞滬線。次則開平煤礦局所修之唐胥線。(光緒三年開工)實爲中國鐵路之權輿。甲午敗後。國人知鐵道之有裨于國。而京奉京漢次第修築。惟財力支絀。人才缺乏。不得不借資于外人耳。電線之設。始于同治十二年丹商(大北公司)所設淞滬陸線。(光緒三年以銀三千兩贖回)至光緒五年李鴻督直。始招丹人承辦天津通大沽北塘海口砲臺之電線。是爲中國創辦電報之始。電話之設。始于光緒七年。(英人創設于上海租界)至光緒二十九年盛宣懷始請自辦德律風。海底電線大約後于陸線五年。最初創設者爲徐口線。丹商大北公司承辦。至光緒二十六年政府借款安設滬煙沽正水線。(英商大東公司及丹商大北公司合同經營)是爲吾國有長距離海底線之始。後又有滬沽副水線之安置。此皆新式建築之可述者也。
論曰立國于世界大通之時。生存競爭，日演日烈。吾民生活若不能隨波逐流。與世界從同。必不克以自存。故改易服色。變更習俗。悉屬當今急務。固不得以變于夷之說自阻。然改革

過急往往激成一班人民之反感適以增改革之阻力故吾於改革也主漸進

第二章　工具

近世以來。泰西新式機器流入神州。工具方面頓改舊觀。巧捷便利。直出古人意想之外。分述如下

第一節　武器

近世戰具以火器爲主弓矢刀劍悉成廢物。中國自造之火器采舊式（如獵鎗鳥銃之類）不適用。而西人則以其科學知識製造殺人之具。故捷利無比。而戰禍益酷。吾國用泰西火器于軍隊。始自李鴻章之常勝軍厥後愈推愈廣。迄今無不用鎗砲之軍隊矣。然悉由外洋輸入。自製者鮮。即云自製。亦第倣造而已。其種類有步槍機關鎗迫擊砲野戰砲野戰重砲列車砲等。其他海軍空軍所需。又各有特別之利器。進步無已。列强且從事于化學戰之準備焉

第二節　交通用具

世愈進而事愈繁則交通之爲用愈要古之交通凡二。（陸路交通與水路交通）今之交通則三。（又加空中交通）交通之範圍既廣。則交通之器具必增。茲依類分述於下。

（一）陸路交通之具（甲）舊式惟車輿轎。京朝官初乘明制。多用肩輿。乾嘉間易以騾車。

自杜紫綸太史詔始也。然幃幔樸素。且少開門者。道光初京官復乘轎。同治間後檔車（開門于車旁移輪軸于車後也）大輿。而乘轎者又寡。光緒庚子而後。西式馬車盛行。而風氣又爲之一變。至其種類則轎有顯轎幃轎之分。顯轎者可露坐。上下左右無障而易見者也。亦曰明輿。幃轎有八轎。轎之四周幃以綠呢以八人舁之有四轎。幃以藍呢四人舁之有花轎。四周繪人物花鳥罩紅幃其上婚嫁所用也。車則轎車（即騾車也）敞車（農家所用）羊角車。（唐人謂之羊頭車子即俗所謂紅車也）（乙）新式無轎。而車之種類特多。有火車一云火輪車。有電車。凡三式（一）單線架空式（二）複線架空式（三）蓄電池式津埠所用。係第一式。吾國之有電車始于上海。（時在光緒戊申）有磨托車。俗稱汽車。日人稱自動車。磨托車之初運華也爲光緒丙午。鄞人周湘雲（名鴻蓀）首購之。是爲第一號。有腕車。一曰人力車。創始於倭而輸入我國。故俗又謂之東洋車。有脚踏車即自轉車也。

(二)水路交通之具　舊式舟楫。雖名色新奇。裝飾鮮豔。其製造形式實無以異于前代。新式船舶。厥爲汽船。俗稱火船一稱火輪船。以蒸氣爲原動力。用推進螺旋機以行於水面。最初航行者多外國船。我國自有之汽船。始于招商局之江通。次則彝陵次則固陵也。

(三)空中交通之具　航空事業。發明也晚。吾國至清季而始有所聞。宣統元年法國飛行家范龍在上海架雙葉飛機演術。二年俄國某飛行家在北京東交民巷駕駛單葉飛機。是爲吾國民知飛機運用之始。三年武漢起義。革命軍謀用飛機襲擊北京。始向奧國購哀特立希式單葉飛機兩架。民國元年運至上海。是爲吾國購買飛機創辦航空事業之始。近雖竭力提倡。大事擴充。然僅以備軍事之用。民用航空尚須有待也。

第二節 農具

吾國農民無識。泥古不化。故近古以來農具之新發明絕稀。即海通而後。與泰西往來。然農制不同。農具亦異。故耕耘之器輸入者亦寥寥焉。惟製粉機器（光緒二十三年張謇設大通麵廠于通州爲中國用製粉新機之始）碾米機（輸入年代不詳然上海元昌機器碾米工廠爲光緒二十四年所創其輸入年月當可推知）及各種紡織裁縫之機械爲與農家有關耳。

第三節 雜具

滿清以來。人家日常用具所謂桌凳牀椅者。仍襲舊制。不事改作。海通而後。外洋器具流入甚夥。（一）坐具若沙發之類。則西洋之品。（二）鋪具若花蓆之類。則東洋之貨。他若傘扇刀匕之以洋名者。不一而足。即眼鏡亦以玻璃製品代吾國舊有之水晶製品矣。嗚乎吾國日常用具。幾何共不相胥而爲洋也。

論曰近世用具。凡自造者皆手工製品其來自外洋者率機械製品機械製品式新而價廉。適合吾人之所好。其取手工製品而代之也必矣

第四章　生業

近世以來。人類生活。不特物質方面與古有殊。即心理方面固亦別具見解。則生業之經營。更改舊觀而另開新局。非好奇之表證實自然之結果也分述如下

第一節　農業

田制稅法。悉用舊法。茲不贅述惟自光緒戊戌變法以來，始有農校及試驗場之創設。雖士子空論。無大裨于實際。然農之有學。當自是始。擴而充之是在後人。

第二節　工業

世界文化。已達工商階級。潮流所及。無遠弗屆。吾國生業。勢不能守其卑抑工商之故態而不變。故此期工業有新舊兩式。

(甲)舊式工業即手工製造。自有史以來至近今漸次演進之工藝也。其著者織物則江浙蜀粵之絹織品(綾羅綢緞等)陝甘蒙古之毛織品(毡毯之類)湘贛之麻織品(夏布之類)以及棉織品(土布等以江蘇湖北爲盛)稿織品(草帽辮等以直隸山東爲著)等。器具則江西之瓷器福建

之漆器湖南之竹器廣東之紫檀木器及象牙雕刻器等。文具則徽州之墨湖州之筆端（端溪在廣東高要縣）歙（即徽州歙縣也）之硯。玩具如泥人等。皆精美可喜。惜工人不知改作以投外人之好。故銷售未能暢也。

（乙）新式工業即機械製造。海通而後。由泰西傳來之工藝也。其發達次序可分四期。第一官辦時期（由同治元年至光緒七年）爲曾左諸名臣所唱導。如江南造船廠同治四年曾國藩設。馬尾船政局同治五年左宗棠設。江南製造局同治六年李鴻章設。四川兵工廠光緒三年丁寶楨設。率政府所經營。而趨重于軍用製造故亦謂之軍用工業時期。第二期爲官督商辦時期。（自光緒八年至二十年）工業慣例。率由官辦而漸進于民業。光緒八年李鴻章創設上海機器織布局。十九年燬于火。是年張之洞在武昌設織紡局。漢陽鐵政局亦於此時成立。此皆官辦之工廠也。旋進而爲官商合辦。如盛宣懷之華盛紗廠是矣。惟是官辦工廠。率皆虧折。蓋因官習深而冗費多也第三期爲外人投資興業時期。（自光緒廿一年至二十八年）自馬關條約成立之後。許外人在各商埠自設工廠。（馬關條約第四條內云日本臣民在中國各通商口岸得自由從事各種製造業）由是日之東華公司英之怡和鴻昌德之瑞記相繼成立。從事製造。而利權之外溢者益夥。吾國士夫心焉傷之。乃起而提倡工廠之設立。急圖挽回。若大生紗廠（南通縣張謇創辦）商務印書館（夏粹芳所經營）等大規模工廠。亦紛紛成立焉。第四期爲政府獎勵工業時期（自光緒二十九年至今）庚子而後。吾國人士鑒于武力政策之失敗。乃轉而趨重工商。於是工商有部（光緒二十九年設）陳列所有（三十一年商部在京師設勸工陳列所）勸業有會（宣統二年端方在南京舉行勸業會）且也勳章之獎給（三十二年工商部奏訂獎給工商勳章章程三十三年又奏定華商辦理實業爵賞章程）學校之建設（三十一年工商部奏設各省高等實業學堂）凡所以誘掖而鼓勵之者。無不盡其極。民國以來。吾國工業之自動發展。蓋猶是清季之遺惠也。

第三節　商業

貿易事業。位乎生產與消費之間者也。吾國地大物博。工業日進。則生產豐富。而人口衆多。佔全世界總額四分之一。則消費亦弘。況現世已入商戰時期。一國經濟恒視商業之盈絀爲消長若是商業所關。顧不重乎。

清初對外貿易。北惟恰克圖南惟澳門爲最著。且因種種限制。（如對俄商往來路線及人數之規定廣州十三行之壟斷稅課之煩重等）營業頗感困難。歐洲各國雖迭派使臣。請締商約。迄未允許。直至南京條約成立後。海禁大開。始與各國正式通商矣。嗣是商約之締結。領事之遣派。口岸之開放。與年俱進。以迄今茲。就中狀況又可分爲三期。（一）國際貿易萌芽時代。道咸間外商初來華土。語言不通。情隔勢閡。加之華人使用外貨未成習慣。故洋貨之輸入無多。而進出口貨尚可相抵。（二）國外貿易興盛時代。自同治迄光緒十年間，歐美各國。均注全力于中國市場。而外商遂源源而來。每年輸入之數總在千萬元以上。輸出之數亦大致相同。且常有出超之時。（三）國外貿易失敗時代自光緒十年以後。輸出之數與輸入之數同時併增。惟以兩項相較。不特年年入超。且入超之數逐年增加。蓋以洋貨通行中國。而洋商在中國商業上之地位又復根蒂鞏固。設施周密。華商不能與之爭。遂不免處于劣敗地位矣。

項目／年次	輸入總數	輸出總數	兩項合計	出超或入超之數
同治三年	五一・二九三・五七八	五四・〇〇六・五〇九	一〇五・三〇〇・〇八七	出超　二・七一二・九三一
四年	六一・八四四・一五八	六〇・〇五四・六三四	一二一・八九八・七九二	入超　一・七八九・五二四
九年	六三・六九三・二六八	五五・二九四・八六六	一一八・九八八・一三四	入超　八・三九八・四〇二

光緒元年	六七•八〇二•二四七	六八•九一二•九二九	一三六•七一六•一六七	出超 一•一〇九•六八二
六年	七九•二九三•四五二	七七•八八三•五八七	一五七•一七七•〇三九	入超 一•四〇九•八六五
十一年	八八•二〇〇•〇一八	六五•〇〇五•七一一	一五三•二〇五•七二九	入超 二三•一九四•三〇七
十六年	一二七•〇九三•四八一	八七•一四四•四八〇	二一四•二三七•九六一	入超 三九•九四九•〇〇一
二十一年	一七一•六九六•七一五	一四三•二九三•二一一	三一四•九八九•九二六	入超 二八•四〇三•五〇四
二十六年	二一一•〇七〇•四二三	一五八•九九六•七五三	三七〇•〇六七•一七四	入超 五二•〇七三•六七〇
三十一年	四四七•一〇〇•七九一	二二七•八八八•一九七	六七四•九八八•九八八	入超 二一九•二一二•五九四
宣統二年	四六二•九六四•八九四	三八〇•八三三•三二八	八四三•七八九•二二二	入超 八二•一三一•五六六

（附註）同治七年以上海規元銀爲單位八年以降爲關平銀關平銀一百兩等於規元銀一百一十一兩四錢且自同治三年至宣統二年四十八年之間。出超者僅六年（同治三年十一年十二年十三年光緒元年二年）耳餘均爲入超。

年次	輸入總數	輸出總數	合計
同治四年	一〇〇・〇〇	一〇〇・〇〇	一〇〇・〇〇
九年	一三六・三〇	一三三・〇〇	一三五・九〇
光緒元年	一四四・九〇	一四二・二〇	一四五・七〇
六年	一六九・六〇	一六〇・七〇	一六六・三〇
十一年	一八八・六〇	一一四・一〇	一六二・一〇
十六年	二七一・八〇	一九七・八〇	二三六・七〇
二一年	三六七・二〇	二九五・四〇	三三二・七〇
二六年	四五一・四〇	三一八・〇〇	三九二・六〇
三一年	九五六・二〇	四七〇・一〇	七一四・一〇
宣統二年	九九〇・一〇	七八五・七〇	八九二・七〇

（注意）此表以同治四年爲標準用百分比例法表明清末歷年國際貿易之狀況計自同治四年以來四十八年之間輸入中國貨物總計約增十倍輸出總數約增七倍進步不可謂不大惟入超之數甚多漏巵日繁國家財政國民經濟均受其影響耳

商業情況已如上述。再言商政與商稅。海通而後。外患迭乘。德宗毅然變法。於是始有商政之設施。光緒三年設南洋大臣。九年設北洋大臣。管理通商之事。二十九年設立商部。旋以工部併入改稱農工商部而商務始有專官。三十三年五月改訂外省官制。各省添設勸業道。此皆國內之商政機關也。國外則有公使及領事之遣派。用以保護僑商推廣貿易。他若商法之編訂。（光緒二十九年編訂商律成卷首之商人通例及公司律一百三十一例又商部奏定商會簡明章程二十六條附則六條三十年編訂商標註册試辦章程二十八條）商會之創設。（光緒二十九年勸諭各業商務較鉅者先在京師倡設商會外省商人籌辦商會者幷責成地方官隨時報督撫咨部不得阻遏以順商情）凡所以振興商業者無不竭力爲之。冀收桑榆之效焉。次言商稅。種類凡二。（一）海關海通而後。新設之稅關也。其徵收稅規則悉明定于約章。吾國失其自主之權矣。（道光二十三年吾通商章程明定進出口貨正稅均爲値百抽五嗣是各國均依爲例）（二）子口稅。蓋爲免除商埠與內地間往來之外國貨物重重課稅而設者也。其律爲値百抽二五。（咸豐八年之中英天津條約所規定）

論曰鴉片戰爭以前。人民生活與古無異。自是而後。泰西之文化流入。製造則變手工而爲機器。貿易則化國內而爲國外。即農業之爲立國根本者。亦以農法之舊農具之拙羣起而倡革新之論。生業之形式既更。而社會生活又烏得不變乎。貨幣度量仍附于後（甲）貨幣。清代貨幣統爲三類。（一）銅製之幣曰制錢曰銅元。制錢即列朝鼓鑄之通寶錢也。始于太祖之天命通寶終于德宗之光緒通寶。又有所謂當十大錢者。咸豐（三年）光緒（二十五年）兩朝曾鑄造之。然止行于京師。未能如制錢之普及也。銅元惟粵省創造最早。（光緒二十六年）至明令鑄造銅元則始于光緒二十七年。先由沿江沿海各督撫籌款仿造。嗣以餘利甚饒。各省羣起鼓鑄。以致銅元充斥。價値低落矣。（二）銀製之幣曰紋銀曰銀元。紋銀即元明以來所謂元寶者也。普通以重五十兩者爲元寶。重十兩或五兩三兩爲中錠。惟聽民間自造。故質地分量形式不畫一耳。銀元乃舶商所輸入。始于明而盛于清。卒且仿其式而有自造之。銀元焉。乾隆五十七年戶部奏准西藏鼓鑄銀錢。（其式與今銀元同否莫考）內地無有也。中葉而後，江浙閩粵習用外洋銀錢。禁之不可。有識之士（林則徐等）乃請自造銀幣以挽利權。然時機未至。阻滯良多。迄光緒十三年粵督張之洞始奏准試造銀元。其文爲光緒元寶及廣東省造庫平七錢三分等字樣。是爲中國仿造銀元之初步。厥後各省陸續仿造。而成色分量各異。二十九年諭令明定畫一銀元式。而京師天津各有總廠之設立。（天津總廠後改稱戶部造幣總廠）並有整頓圜法章程之編定。是爲中國規定銀幣之始。然時有一兩及七錢二分兩說之爭。卒因行用之便。改鑄七錢二分之銀幣。（三十一年決用一兩銀幣三十三年改造七錢二分銀幣）每元折合七分二厘之小銀幣十角。小銀幣折合十文之銅幣十枚。宣統二年厘訂幣制。酌議則例。是爲中國第一完全貨幣法。原擬江鄂二省于三年開造。未及施行而清社屋矣。民國以來。悉仍清制。惟易光緒通寶爲人頭像耳。（三）紙製之幣卽前期所謂鈔也。清初論者謂以虛代實。民不寶貴。國家錢貨充盈。無藉乎鈔法之用。故順治間（八年始造鈔十二萬八千一百七十二貫有奇自後歲以爲額至十八年卽行停止）雖暫用之。旋卽停止。故清初無紙幣。當時營存款放款及匯欵之業者惟錢莊及票號耳。而其所發之匯票及錢帖頗有紙幣之用。咸同而後商業盛而金融之運用煩。于是金融機關乃應時而出。各省先後立官銀錢號。以兌換鈔票及收存公欵爲重要營業。光宣之間商業愈盛。而官私銀行之設立漸多。（光緒三十年戶部奏請設立戶部銀行訂試辦銀行章程三十二條爲中國創設銀行之始其二十一條中有發行紙幣之規定）而銀元票銅元票乃充斥于市場矣。

（乙）度量衡自開禁而後。英量法尺。流行內地。學術上之記數多用之。一班社會悉仍舊制。

第三章　團體之組織

團體組織咸應時勢所需而生時移勢遷則團體之形式自異故近世期中團體組織有異于往古者焉

。

第一節 民衆之組織

民衆團結之含有宗敎性及報復性者已述于前茲特就以政治爲中心以生產爲目標者言之。(甲)以政治爲中心之民衆團體卽所謂革命黨也。以改革政治爲宗綱。派別凡三。(一)中國獨立協會唐才常奉康有爲之命而組織者也。以恢復光緒皇帝政權爲目的。才常結哥老會謀起事于漢口。旋爲湖廣總督張之洞所知。捕才常等殺之。康有爲旣經此敗。深自晦抑。不復作革命生活矣。(二)愛國學社章炳麟及蔡元培吳敬恒等所創立。以著書刊報宣傳革命之學說傾覆清室爲事。留學日本之青年學子多從之。兩江總督魏光燾聞之。捕炳麟鄒容入獄。元培等及學生均逃避。而愛國學社遂瓦解。(三)興中會卽孫文與其黨陸皓東楊衢雲等所創立。而爲革命黨之大宗者也。旋與三合會哥老會連結而成興漢會。當是時革命之說。瀰漫神洲。有志之士聲應氣求。率相結以滋事。如蔡元培之同志會(此會後與復古會合)徐錫麟陶成章之復古會(亦名光復會) 黃興馬福益之華興會(此會連合三合哥老及青幫白帮諸小會而成)紛紛並起。卒之連合締造爲大規模之經營。而所謂中國革命同盟會者出。勢愈積而愈厚。志彌厲而彌堅。武漢之義旗一麾而天下響應矣。

(乙)以生業爲標準之民衆團體即所謂農會工會商會者也。應世界潮流而生。政府提倡之規定之冀實業之發展以挽利權於喪敗之餘。民國後其勢始昌。

第二節　鄉里之組織

鄰里連結之目的仍不外防匪與供役。其著者有里社有鄉團

(一)里社法(順治十七年令民間設立里社各置長一人)爲編定賦役設也。其名稱或曰圖或和保。(皇朝通攷南省地方以圖名者有圖長以保名者有保長)則因地方之習慣耳。無定規也。

(二)鄉團是即中國民兵之制也。始于川楚教匪之亂。咸同間髮匪捻匪回匪相繼起。焚殺擄掠無所不爲。而營兵腐敗不足恃。各省紳民乃辦團自衛。卒或改鄉團爲勇營以立功于國焉。如湘勇淮勇是矣。大約貧戶出丁。富家出貲。以時操演。巡邏防範。用保身家而已。其制則十餘家推一團長。(每團人數多少互殊)十團長推一團總。十團總推一團董。官督紳士治其事。

第三節　國家之組織

清之爲國合內部與外藩而成。而其組織各異。內部仍元明行省之制。分行政區爲四級。省爲上道次之府又次之廳州縣爲最下。其官級則縣上有府府上有道道上有司司上有督撫凡五等。是爲普通之行政區。此外若順天府及盛京吉林黑龍江新疆蒙古青海西藏等。爲特別之行政區

）普通行政區之組織詳密。特別行政區之組織簡略。其大較也。列表如下

地方行政區劃

- 普通行政區
  - 省（凡十有八）
    - 道
      - 府
        - 縣
        - 廳
        - 州
      - 直隸廳州
        - 縣
        - 廳
        - 州
  - 順天府
    - 州
    - 縣
  - 盛京 陪都
  - 吉林
  - 黑龍江
  - （盛京、吉林、黑龍江）後之東三省

備考　清代府廳州縣迭有更改，且清末放荒而增益者夥，故其數從略

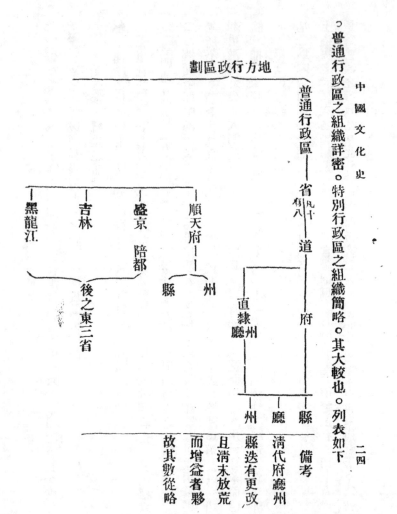

- 特別行政區
  - 藩部
    - 新疆　後改省
    - 蒙古
      - 內蒙古
      - 外蒙古
    - 西藩
      - 青海
      - 西藏
  - 土司　西南高地民族所謂苗猺者也

要之社會進化階級凡三。曰圖騰（部落）曰宗法曰軍國。圖騰社會尙矣。宗法社會之組合以家族爲單位軍國社會之組合以民衆爲主體有淸一代初期悉仍前朝舊規。猶是宗法社會也。海通而後受世界潮流之激蕩。漸入軍國社會。是以民衆團體。風起雲湧。遍布六合。嗚呼可以觀世變矣。

附民國之國家組織表

中華民國
- 行省　二十八
  - 本部十八　縣治正在增設時期不贅
  - 滿洲　三
  - 新疆　一
  - 新設　六
- 直隸行政院之市五　南京　北平　上海　青島　漢口
- 地方自治區　二　蒙古　西藏

此係奠都南京所規定取消淸廷道府州三級行政較爲捷便爲可嘉耳

第四章　倫常之道（人生哲學）

倫理觀念與社會組織相爲表裏。近世以來社會組織與前不同。倫理思想亦不能不隨之而變。

第一節　禮

（甲）婚禮有新舊之別。即舊禮亦因種族不同。禮各異致。今以載在通禮者言其概而已。漢官自七品以上禮別爲九。一議婚二納采（即俗所謂合婚之禮）三納幣（俗謂之換大書各有壓書禮物）四請期五親迎六婦見舅姑七婦盥饋舅姑饗婦八廟見（新婦三日行廟見禮無宗廟則拜墓）九婿見婦父母。（俗謂回門）士庶視此則簡。是沿古六禮而成者。所謂舊式婚禮也。新禮即所謂文明結婚矣。淸末始有之。較舊禮爲簡。大率於公園會館飯莊等處行之。其定婚也以交換戒指爲證物。（此乃歐美通行之禮）其結婚以夫婦行交拜禮儐相誦贊美詞爲儀式。迄民國而大盛。

（乙）喪禮亦分新舊。凡官員喪禮。有疾居正寢女居內寢。自初終至拜掃別儀爲二十有六。（一）初終（二）襲（人死更衣停屍于牀闔家舉哀）（三）小斂（四）大斂（置屍于柩）（五）成服（六）朝夕奠（七）初祭大祭（八）親朋弔賻（九）親臨賜奠（十）賜䘏致奠（上二條惟貴官有之）（十一）扶喪（十二）奔喪（十三）治葬具（十四）開兆祀土神（十五）遷柩朝祖（十六）祖奠（祖道之祭）（十七）遣奠發行（俗謂發引或曰出殯）（十八）窆（十九）祀土神題主（二十）反哭虞（二十一）卒哭祔（付主于廟也）（二十二）小祥（二十三）大祥（二十四）禫（二十五）忌日奠（二十六）拜掃。士庶喪禮節目較簡。然于禮之可爲者無不競競焉。此一朝定制之載于通禮者也。若焚楮鏹燒紙馬唪經祝福則社會之迷俗。而火葬天葬風葬水葬又異族之殊制也。新禮仿傚西風。不誦經。不燒紙。以花圈爲弔唁之資。用紙花（白菊花形）爲綴孝之文。他亦與舊禮無異。

（丙）祭禮郊社山川之祀。猶循古禮然。無與於民衆。所祀又有普通特別之分。普通則關帝（正義之神主制服邪祟妖魔之災）龍王（主水旱之災）馬王（主牛馬之災）泰山行宮（司人家養育子女之事）土地祠（主收鬼魂及地方災祥）等神。幾於無村無之。特別者如工匠祀魯班。(公輸子也)醫家祀藥王。(或云章善俊或云韋慈藏俗多云皮場也)商家祀財神。下至優伶娼妓莫不各有所祀。(優祀明皇妓祀管仲之類)若北方之狐仙。南方之五通。湖廣之蛇神。則巫覡假以惑人而鄰於拜物教矣。其爲上下所通行祀之虔而事之謹者。實爲祖廟。蓋宗法社會以族系爲重。奉其所自出而羣焉祀之。亦勢所應爾也。天子有太廟。品官有家廟。士庶之無家廟者。令節忌辰或祭於寢。(寢堂之北爲龕以祭)或祭於墓。莫不競(競焉。)

第二節　教

淸初仿明代爲科舉時代之教育。已述于前期。次言維新時代之教育。其動機實始于南京條約。(道光二十二年)此約成立之後。耶教徒紛紛東渡。廣設學校以宣傳其教義。此爲中國有新式學校之始。然建之者悉外人。入之者率耶徒。無關於中國教育也。吾國自營之新式學校。則自京師之同文館始。(同治元年設立以培植繙譯人材者也)既而上海廣東亦設之。由是而機器學堂(同治六年曾國藩建附屬于上海之江南製造局內)而電報學堂(光緒五年政府設置于天津)而北洋大學堂(光緒十五年李鴻創議至中日戰後始成立)水師學堂(光緒十六年設立於南京)軍醫學堂(十七年設於天津)相繼設立。湖廣總督張之洞且有改革學堂之議。以期輸入西方文化矣。光緒二十七年上諭令將各省所有書院在省城者改設大學堂或高等學堂。在府廳直隸州者改設中學堂。在州縣者改設高等小學堂。又令於坊廂鄉鎭多設蒙養學堂。以

立兒童教育之基。是實爲中國教育之大革命。而民國教育之淵源云。其學堂系統如左表

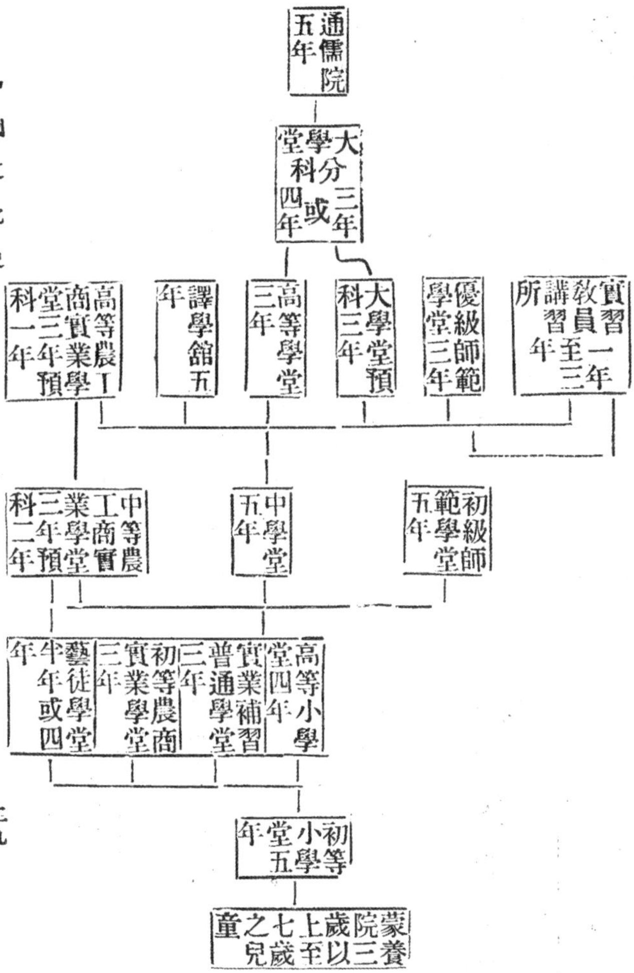

現行學校系統表

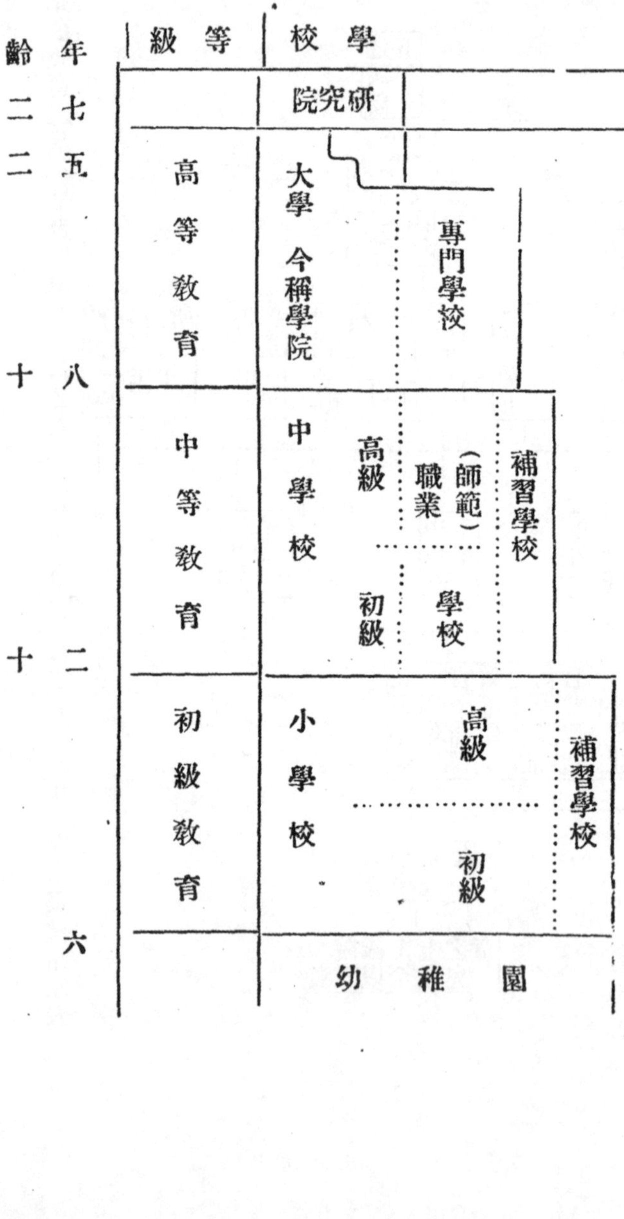
年齡
等級
學校
二十七
二十五
十八
十二
六
研究院
高等教育
大學 今稱學院
專門學校
中等教育
中學校
高級
初級
職業(師範)學校
補習學校
初級教育
小學校
高級
初級
補習學校
幼稚園

論曰近世以來。全球大通。各民族之接觸多而關係密切。倫理觀念之日即於同也固勢所必至。中華民族豈能獨異乎。故禮節教育之革故鼎新。亦與世界從同焉耳。否則難乎生存矣。

第五章　宗教

近世以來。佛道二教衰微不振。回教亦多所摧抑。惟喇嘛教有政治作用。基督教爲勢力關係。爲獨盛耳。而白蓮天理等教。雖卑汙瑣屑。而與治安關係甚鉅。亦連類及之。

（一）道教　清於道教不甚崇信。龍虎山張眞人循例勅封而已。京師有白雲觀爲全眞派之宗依。藏道書三千卷最爲著名

（二）佛教　其勢爲喇嘛教所奪。禪淨諸宗略存典型而已。乾隆五年詔各省禁立新寺院。幷禁寺中藏匿兵器。三十九年又詔凡民間獨子不許出家。男子年十六以上四十以下除爲父母大病舍身及無告孤兒外。亦不許出家。而佛教益衰微矣。

（三）喇嘛教　清代崛起東土。當太宗時西藏達賴班禪及青海固始汗皆奉書獻方物。而清亦遣使報之。是爲清朝與喇嘛教生關係之始。世祖初又來獻金佛念珠頌揚功德。清乃迎達賴至京師。授印册封。禮遇優渥。頗事崇奉矣。高宗時以其爭繼嗣而迭肇亂端。特創掣籤法頒金奔巴瓶二。（一）貯西藏大招寺（二）貯京師雍和宮凡遇達賴班禪及各地胡圖克圖（再來人之意）轉

生有爭議。則書名於籤納諸瓶而掣之。以定其眞僞。此則因迷信而寓統馭之術焉。其教盛行於蒙藏青海。內地甚尠也。清代之尊崇喇嘛教殆猶是元明之故智歟

(四)回教　回教自元明以來。已遍及全國。而西北之陝甘新疆西南之雲南及東南濱海諸省均以當輸入之衝。播佈尤密。其宗派大率素尼教也。惟滿人遇之虐。故變亂迭起。計自乾隆中葉迄光緒初相距不過百年。而回教徒之滋事者凡五。(一)蘇四十三之亂乾隆四十六年二馬明心之亂乾隆四十九年三張格爾之亂嘉慶二十五年至道光九年四杜汶秀之亂咸豐五年至光緒五年柯古柏之亂咸豐五年至光緒十四年)雖謂乾嘉道咸同光六朝無一朝無回教徒之亂可也。乃編回教徒於八旗以絡籠之。(乾隆年間)卒無效果。惟其保守舊俗不與異教徒通婚。同化力弱。而於社會思想無大影響耳。

(五)耶教　即基督教也。又分新舊兩派。(甲)舊教自明末至清之中葉傳播中國者皆舊教也。吾國謂之天主教。其教士(天主教謂之神甫)多法意兩國人。清初用以治。歷頗著成效。厥後一再禁其傳教。(康熙乾隆間)道光中教緒中絕者凡七載。(其故由舊教各派之互相嫉視及羅馬法王之教命與清帝主張之衝突)迨鴉片戰爭之後。形勢一變。道光二十四年經法使噶羅之要求。始許傳教於通商之地。咸豐八年天津條約成。復承認其傳教於中國全部。而其勢

乃如江河之決。浩浩乎不可遏矣。一八七九年（光緒五年）羅馬宗教總會乃劃中國傳教區域爲五。直隸及滿蒙爲第一區。魯豫秦晉及甘肅爲第二區。兩湖兩江及浙江爲第三區。川藏雲貴爲第四區。兩廣福建及香港爲第五區。傳教之外。並建醫院立學校作種種慈善事業。故信徒廣。惟是袒護教民。干預政治。而我政府又以失敗之餘。每優容之。於是普通人民冤抑痛憤肆行仇教。而案教乃所在蠭起。此庚子（光緒二十六年）排外暴動之所由起也（乙）新教即所謂耶穌教也。其教士（該教謂之牧師）多英美二國人。態度較舊教爲公直。而努力於慈善教育。中國士夫多歡迎之。故傳來不逾百年。而勢已與舊教埒。今且過之矣。

（六）雜教大抵明代遺民所組合之秘密團體。懷種族之見篤報復之情傳之久而漸失其意者也。其關於社會之治安也甚大。因略述其概（一）白蓮教起於宋元之際。元順帝至正十年欒城有韓山童者煽動其祖父所立之白蓮會。焚香惑衆。河南及江淮間愚民多信奉之。卒亂天下。所謂紅巾賊是。明天啟間之徐鴻儒王好賢等亦其類也。至清代中葉川楚教匪。擾攘幾及十年。僅乃克之。而餘孽潛伏。伺機竊發。迄清末而未已。茲列其系統於下

- 太平道、黃巾……白蓮教
  - 天理教卽八卦教
    - 震卦教—山東荷澤王中所傳……李文成
    - 坎卦教—山東　孔萬休所傳……林清
    - 離卦教—河南商邱郜文生所傳
      - 大乘教
      - 義和門……義和拳一名梅花拳
      - 如意門
    - 清門教—山東兗州王姓所傳
    - 白陽教—直隸清縣邊二所傳
  - 白羽會
  - 三香會
  - 在理教一名白衣道教蔓延于大河南北及山東滿洲一帶其教之起在清初始祖曰楊萊如字仁臣山東卽墨縣人明萬曆進士明亡後從勞山程楊旺學道三年有所悟遂說法燕齊間得弟子八人而創在理教言在儒佛道三教之理中也或曰其教祖姓尹清嘉道間人墓卽在津

（二）大成教倡之者爲道咸間之周太谷。太谷名星垣一稱空同子石埭人僑揚州。講學授徒。以心息相依爲宗旨。卽陽明子良知良能之說也。意謂有心無息有息無心皆爲小成。必心息相依而後始爲大成也。世或謂之太谷學派。亦混合儒佛道三教而成者也。

（三）上帝教竊基督教之緒餘以立說。創之者粵人朱九濤也。洪秀全馮雲山實師事之。九濤死而秀全爲教主。太平軍于是起矣。

論曰近世宗教最足令人注意者用二。秘密之雜教多與晚來之耶教盛是也。推原其故。蓋滿清入主。種族之界已生畛域。且也屠戮城池。摧殘士氣。明末遺民心焉傷之。於痛恨之餘爲報復之計惟假宗教儀式以潛行團結最爲適宜秘敎之多豈偶然哉耶敎之盛。則自西力東漸。勢力文明皆出中國上。炎黃子孫畏而慕之。羣思棄其舊以圖新。於其敎之來有不釋然迎之者乎。

第六章　學術

薪之積也後來居上。即文化進步亦何獨不然。故讓清一朝中學集歷代之成。西學開後世之基。五光十色。燦然盈目焉。略依前例分述如下

第一節　文字

漢文之外有清書焉。即所謂滿洲字也。清祖初起。公文（如上表明朝等文）用女眞字。（創千金代金之亡也已漸失其勢力）而以漢文爲對譯。通常所用則蒙古文也。頗感不便。萬曆二十七年二月努爾哈赤命額爾德及噶蓋等改制國書。二人乃以蒙古字製十二字頭合滿洲語創製滿文。頒行國中。是爲滿文創製之始。皇太極時又經達海之整理。（於十二字頭加以圈點以立同形異言之區別）遂完成今日之滿洲文字。印刷之術視元明益進。官刊本（孫毓修中國雕板源流考云自同治己巳江寧蘇州杭州武昌同時設局後淮南南昌長沙福州廣東濟南成都繼起所刊四部書亦復不少矣）家刻本（如歙縣鮑廷博之知不足齋廣州伍崇曜之粵雅堂均以私家之力刻書數百種其刻至數十種者更數見不鮮北方若定縣王文泉之刻畿輔叢書亦其選也）坊刻本（清代

書坊刻書之多莫過蘇州席氏之掃葉山房湘贛及閩以刻工紙墨價廉坊肆聚焉北方則以山東東昌爲最著）固浩博矣。而活字板爲用更廣。康熙間編纂古今圖書集成。刻銅字爲活板。排印畢工。貯之武英殿。歷年既久。銅字或被竊缺少。司事懼干咎。適值乾隆初年京師錢貴。請毀銅字供鑄。從之。殊爲可惜。至乾隆三十八年詔求天下遺書復出內府秘籍及散見永樂大典而世罕傳本者爲四庫全書。擇其尤雅。刊布宇內。以嘉惠士林。時金簡以活字板請。得旨俞允。所輯一百二十三種計四萬三千六百餘頁賜名曰武英殿聚珍板。蓋以活字板之名不雅馴也。其取材雕字以及庋置排類之法。金簡詳辭奏明。爲圖十有六爲說十有九刻木字[illegible]五萬個。印刷武英殿聚珍板叢書。洵爲吾國活字印刷之巨觀。然木板銅板法沿舊規。實無大進步也。自西法來而印刷術乃入改進時期矣。嘉慶十二年（一八〇七年）春倫敦佈道會遣馬禮遜來華傳教。而馬氏即爲起首努力于改革中國印刷之人。事雖屢敗。卒收得刻工蔡高爲教徒。使與助手米憐同往馬剌甲設立印刷所。印刷書報。華文之用歐式活字印刷。此其第一聲也。厥後迭經改造。卒底于成。然營之者皆歐人。華人尙未採用也。道光三十年（一八五〇年）始有粵人某氏仿鑄金屬活字。大小凡二種。共計十五萬餘枚。專印闈札。而書報印刷仍未備。雖屢經改良。迄未大行。（鉛印之用民國以來始見擴大）以上所言與中國活字板同。不過字模有更造耳。皆所謂凸面板印刷術也此外又有平面印刷術及照像製板術焉平面印刷術即石印之術也。發軔于上海徐家匯之土山灣印刷所。乃法人所經營。專印天主教之宣傳品而已。石印書籍之開始。當以上海點石齋石印書局爲先英人美查所設。倡其議者實贛人陳華庚也。繼之者有粵人徐裕子（名鴻復）所設之同文書局。（購備石印機十二架雇用職工五百名專事翻印古之善本）甬人所設之拜石山房。三家鼎立。領袖一時。照像製板術初期爲珂羅板。（土山灣印刷所首用此術繼起者爲有正書局）次爲照像網目銅板及照像梓板。（無網目而耐用過銅板）二種。亦土山灣印刷所首先採用。該所安相公傳其術於華人顧掌全（光緒三十二年入中國圖書公司製造銅板梓板）及許進才。（光緒三十四年入商務印書館製照像銅梓板）此皆單色印板。清末民初之交商務印書館聘美人施塔福改良照像銅板梓板之製造法。而施氏並仿製彩色照像網目銅板。（即三色板也）頗著成效。惟此板製法複雜。故仿造者少。又有所謂影印板影寫板。（亦名四面印刷術乃印刷發明之最新而最精者也）者。則民國以來始有之。若文具則湖筆徽墨硯材悉仍元明舊規。惟鉛筆鋼筆及墨水洋紙等爲新輸入之品。而應用日廣。

第二節　文學

近世文學於古爲盛。茲仍分無韻之文與有韻之文言之。（甲）無韻之文又分駢散。先言散文。

清初爲古文辭者以侯方域魏禧汪琬三家爲最著。侯之文宗法韓歐。才雖高而造詣未深。魏爲文主識議。深喜左傳及蘇洵之作。皆明室遺民時露其亡國遺民之恨焉。汪之文出入廬陵震川間。而才氣或未逮也。康熙之末，方苞之名漸著。其論文主義法。禰震川而祖南豐。爲桐城派之先河。苞以其法授之同邑劉大櫆再傳而得姚鼐。桐城派之根基遂固。梅曾亮吳德旋輩皆其高足也。當是時天下文章必曰桐城然末流空疏。漸爲世譏。道咸而後曾國藩吳敏樹起而振之。雖尋其聲貌略不相襲。而神理之不合者寡矣。曾之門人張裕釗黎庶昌更不拘拘於桐城格局焉。後起之秀曰吳汝綸爲桐城領袖。執文學界牛耳者三十年。流風餘韻。[illegible]猶未息。與桐城同源而別出者有陽湖派。惲敬張皋文爲開山創祖。其文得力於左史。雖謹嚴不逮桐城。而雄肆過之矣。李兆洛鮑桂星皆陽湖派鉅子。近來文學浸染歐風。大事改革。將白話體推倒古人矣。次言駢文自唐中葉迄於明世。駢儷之文。久無聲色。迨讓清經學家起。士子以淵博爲務。辭旨富麗而駢文丕振。初以迦陵（陳維崧字其年宜興人）爲最。繼起者胡天游也。前有八家（吳鼎嘗合邵齊燾袁枚劉星煒吳錫麒孔廣森曾燠孫星衍洪亮吉爲八家）後有十家（王先謙又合劉開梅曾亮董基誠祐誠方履籛傅桐周壽昌趙銘西王闓運李慈銘爲十家）均辭旨淵雅。不愧作者。若孫同康之清雅。繆荃孫之朗潤。皮錫瑞之流暢。王先謙之簡潔。則一代之後勁矣。（乙）有韻之文（一）詩清初詩人推江左三家。（錢謙益吳偉業龔鼎孳）而虞山（錢謙益字收齋常熟人）得名最多。繼起者雖有海內八家（宋琬施潤章王士祿士禎程可則汪琬沈荃曹爾堪也（之目。屹然分立南北詩壇者惟新城（王漁陽士禎字阮亭）秀水（朱錫鬯名彝尊號竹垞）兩宗耳。而一代正宗羣推阮亭阮亭論詩大抵本嚴羽妙悟之說。以神韻爲宗。乾嘉以來。派別漸多。標性靈爲宗者有袁枚。以格律爲教者有沈德潛。持肌理爲說者有翁方綱。（病新城一派之流爲空調也特拈肌理二字以救之）而詩傳之廣詩名之盛要必以歸愚（德潛號）爲大宗後之以詩鳴者莫不受其影響云。（二）詞凡以詩文鳴者。亦率長於詞。故有清一代詞學亦視宋人無愧。前則朱竹垞陳迦陵二家。籠罩一切。（康乾之際言詞者莫不爲二家所籠罩）後則常州詞派（陽湖張皋文兄弟也）闡明意內言外之旨。宛轉纏綿。視朱陳又加進矣。而其傳亦最廣。（三）曲清初沿明代遺風。作者輩出。孔尚任（有桃花扇傳奇）洪昉思（有長生殿傳奇）蔣士銓（有香祖樓九種曲）最爲傑出。中世而後。斯道漸衰。近來言文章革命者又有白話詩之倡導。

第三節　史學

近世史學之盛超軼前古。即其性質可分兩類。（甲）沿舊體而成之史紀傳體則以明史爲第一偉著。（自康熙十七年使博學宏詞諸臣分門纂述至乾隆四年全書始告成歷年六十有一）他若吳任臣之十國春秋柯劭忞之新元史（其書以魏源之元史爲藍本而精傳詳確尤稱傑構）亦其選也。編年體有徐乾學之資治通鑑後編及畢沅之續資治通鑑而畢氏之書最爲精確。世稱其足以繼武司馬。他若陳鶴之明紀夏燮之明鑑蔣良騏之東華錄亦多有可觀。傳記體若李元度之國朝先正事略近人署名沃丘子者之近代名人小傳當代名人小傳等。皆簡明可取。紀事本末體則谷應泰之明史紀事本末高士奇之左傳紀事本末與馬驌之左傳事緯魏源之聖武記等。皆是。掌故之書則有續通典通志通攷及皇朝通典通志通攷悉勅撰之書。而號稱宏博者也。（乙）創新格而作之史。（一）考訂考異同訂遺誤清儒之貢獻於史學者厥功甚偉。其最精要之書有錢大昕之二十一史攷異王鳴盛之十七史商榷趙翼之二十二史劄記三書。各有獨到之處。而錢書尤爲世所推重。（二）增補表志爲史之筋幹。而諸史多缺。清儒往往竭畢生精力以從事於此。如萬斯同之歷代史表沈炳震之二十一史四譜其總補者也。餘或志疆域（如洪亮吉補三國疆域志等）志藝文（如康君謨之補三國藝文志等）表官職（如洪飴孫之三國職官表等）表紀年（如周嘉猷之三國紀年表等）以補各史之缺者。著作累累指不勝屈。（可參攷梁起超所著清代學者整理舊學之成績第六章史學）至研究義例以繼劉知幾鄭樵之規者，則章學誠也。（著有文史通義）故論近世史學家。前推黃（黃宗羲）萬。（萬斯同）後推實齋。黃梨洲明儒學案一書。實爲中國學術史之開山。民國以來研究中國社會史者文化史者實繁有徒。然依傍西人自闢蹊徑者少。

第四節　哲學　（考證之學附後）

有清一代哲學最爲不振。蓋自宋明以來。理氣心性之論。已發揮無餘。程朱與陸王然屹對立。學者入主出奴。有是非之爭而乏獨至之論矣約言其概則有近人甘蟄仙之言在。其言曰清初黃梨洲（宗羲）孫夏峯（奇逢）李二曲（顒）號三大儒。均尊陽明。敦勵躬行。頗復酌取洛閩之長以自廣。顧亭林與三先生皆有因緣。而篤守程朱。於姚江之學不甚爲然。有王船山（夫之）者南荒長遯。厥名寂寂。平生痛詆當時人標榜之習。其爲學也務以漢儒爲[illegible]戶。以宋五子爲堂奧。而得力於橫渠（張載其學重禮）者尤多。若顏習齋李恕谷之倫。則又病宋賢無用。至謂破一分程朱始入一分孔孟。（李塨著習齋先生年譜卷十）重作事不尙讀書。（李顏之學明周禮六藝之敎宋明之學皆所不許卓然獨立可爲豪傑之士矣）惟其道大觳。卒以不昌。此數家者治學之途雖或不同　。要皆歸於經世致用。且時露其故國之思焉。康雍之間反對王學最力者爲陸稼書。其造詣可肩隨元儒。以視陸桴亭（世儀）張楊園（履祥）尙遜一籌。乾嘉以來漢學熾而宋學無光。道光間常州學派出。欲於乾嘉考證學基礎之上建設順康間經世政用之學經學詞章兼顧。而龔定庵（自珍）魏默深（源）實爲其重要代表。迄咸同之交而學風又變。則宋學之復活是也。曾文正羅羅山（澤南）輩。以宋學相砥礪。而能應用於事功。其於乾嘉諸子亦頗不沒其長。曾氏於清儒首推亭林。同時唐鏡海（鑑）則瓣香稼書。悉程朱派也。光緒間朱次琦出。思想界又爲之一變。其學尊陸王。而尤好言歷史法制得失。朱氏高弟首推南海康氏。再傳弟子則新會梁啟超也。近二十餘年來中國思想界之驟變。朱氏與有力焉。（詳甘蟄仙最近二十年來中國學蠡測甘即梁氏弟子）

考證之學。專主治經而取材多極於漢。故世以漢學目之。而彼亦喜以漢學自命。用與宋學對抗也。其蛻變也約分三期。第一漢宋兼采時期。自顧炎武鑑於晚明空疏之弊。而以經學即理學之言相號召。一時學風漸趨樸實。若閻若璩胡渭毛奇齡萬斯大輩。莫不殫其一生精力。專意於經。然經濟思想朱陸緒餘時雜其中。故成績雖多而精核者少。然乾嘉學風實醞釀胚胎於斯時。第二漢學全盛時期。乾嘉道三朝經學鼎盛。成爲一尊。諸大師互相師友。不喜門戶。原無嚴密之界限可言。惟就其治學之方。大抵可分吳皖兩派。吳派始於惠棟。承其學者有江聲余蕭客江藩等。張惠言亦與此派接近。大抵好博尊聞（以信古爲標幟）崇奉漢儒說者謂之純漢學。皖派始於戴震。承其學者有段玉裁王念孫王引之等。焦循（循與汪中亦稱揚州派）

亦與此派接近。別擇是非（以求是爲標幟）深刻斷制而立說一以徵驗爲主成績優良實出吳派之上說者謂之考證學其餘尙有浙東學派而全祖望章學誠其代表也。治學與吳皖兩派稍異。第三今文學運動與東西洋文化輸入時期。乾嘉學派研究之對象不外古書範圍狹而方法拘。穎達之士漸不饜其所爲。而別闢領域以事活動。於是今文學之問題漸興。而與吳皖之古文學相爭。迄於清季。再採錢基博之言明之。其言曰清代稽古。漢學是崇。而今古學之爭爲最烈。古學盛於皖南。江永戴震爲之先師今學振於常州。莊存與劉申受導其前路由是今古學之爭不聞於唐宋。而極讙於晚清。餘勢未己。流及季末。寶應有劉台拱寶楠恭冕。儀徵有劉文淇，毓崧，壽曾，師培。並稱揚州二劉。父子祖孫。家學相禪。德清有俞樾。定海有黃以周，瑞安有孫貽讓餘杭有章炳麟並通經學古。而炳麟師俞樾。亦問學以周貽讓。明習周禮。善聲韻訓詁之學。卓然當代古學大師矣。由是浙江稱古學之淵藪。而與揚州之今文學並稱焉。湘潭王闓運治今文學。有聲同光間。而善化皮錫瑞晚出。亦治今文學。而今文學昌於湖南。既王闓運主講蜀中。其弟子有井研廖平能大其學。而今文學衍於四川。南海有康有爲敷說公羊改制以言變法。（有爲嘗作孔子改制攷謂六經皆孔子所作堯舜悉孔子依託而先秦諸子亦罔不託古改制此種見解實吾國思想界一大解放）其弟子梁啟超益推而大之至於無垠。康有爲實現世今學大師。而今學又盛於粵東。」今古文之爭起。學者厭之。兼以國步艱難。致用之思想漸盛。適値東西交通日啟。學者遂移其心目於東西洋之文化。而科學研究有以奪經學之席矣。歐西哲學之輸入自嚴復始。嚴氏爲最初之留美學生。而中學造詣又極深邃。故所譯之天演論(英人赫胥黎著)羣學肄言(英人斯賓塞爾著)法意(法人孟德斯鳩著)等書。皆宏暢典雅。爲一班學子所歡迎。而泰西哲學遂播布中土。厥後馬君武(譯有達爾文物種原始盧梭民約論等書)蔡元培(深究哲學譯著甚多)輩多從事繙譯而哲學書之流入者益盛。

第五節　實用之學

實用之學即所謂科學者也。西歐研究遠勝東土。雖其輸入自明以來。若夫發達實始近世。清聖祖潛心學問。常召耶教徒演講其科學及機械之用。故精能通歷算格致之學。而朝臣多間業焉。迨乎末葉變法維新。一班士夫咸曉然於科學知識科學方法爲實業上必要之方法。自小學以至大學。純以科學爲教材。務求實用以立物質文明之基。而科學乃愈盛。然門類繁夥。不能備述。仍依前例述歷算及醫學

(一)歷算學科學採用。唯歷算最早。明末作新歷未及行而國亡。清順治二年湯若望上書言法有驗。並進西洋儀器。得旨試行。且令湯若望與南懷仁入爲欽天監官。至是歷局與欽

欽天監始合爲一。依新法造時憲書頒行直省。康熙三年新安衛人楊光先上書禮部攻擊新法。並指其推算之誤。而湯若望南懷仁俱論罪。光先爲欽天監正。復用舊歷。康熙六年光先以推閏失實遣戍。復用南懷仁爲欽天監正。自是士大夫言歷算者各分門戶。約其大凡總爲三派。（一）中法派楊光先閻若璩孔廣森諸公是也。（二）西法派薛鳳祚。揭暄。李光地諸公是也。（三）中西法調和派王錫闡梅文鼎陳厚耀諸公是也。各有傳人以延其緒。維新而後。歷算之學愈益發達。然西法盛而中法漸微。近且改中國數千年行用之陰歷爲陽歷矣。

（二）醫學近世醫學亦頗發達。初推嘉言。（喻昌字嘉言南昌人所至以醫術著名著有尙論篇及醫門法律等書）繼惟靈胎。（徐大椿字靈胎吳江人著有蘭臺軌範等書）大抵[illegible]京而駁元諸醫。葉桂（字天士吳縣人）醫術鳴於乾隆間。惜生平無著述。故其說不昌。嘉道直隸之王清任浙江之王士雄，江蘇之陳懋卿趙元益輩。亦其選也。開港而後西醫先繼來。（到處設醫院）切實精妙。別放異彩。吾政府且設學分科。以事研究。則醫學艾也。

第六節 美術學

（一）音樂 明以來古樂失傳。世所習而號爲國樂者率俗樂也。清聖祖天亶聰明。

親加指授。勅撰律呂正義五卷（上篇二卷曰正律曰審音下篇二卷曰和聲曰定樂器洋律呂而以古法考訂之）首較尺度以定黃鐘之數。然樂律詳矣。其用於宗廟朝廷闕如。故高宗更撰律呂正義後篇百二十卷（祭祀樂朝會樂宴饗樂導迎樂行幸樂樂章考度量權衡考樂問）以大成之。於是丹陛樂（皇帝升座時所奏）導迎樂（皇帝奏）鐃歌樂（皇帝行幸時所奏）凱旋樂（皇帝親征凱旋時所奏）鼓吹樂（宴饗時所繼製定。皆所謂雅樂也。四夷朝聘則奏番子樂番部合奏樂以及廓爾喀回部緬甸等樂於民庶。民庶所習則鑼鼓笙笛三絃琵琶等。即所謂國樂者也。自西洋音樂流[illegible]學校列教。以為陶冶性情之用。而國樂又將不競矣。

（二）書畫　清代書家推翁（方綱）劉（墉）梁（同書）王（文治）。而南田（惲恪號工花卉而書法題語俱極精妙世稱南田三絕）子貞（何紹基字子貞兼學篆隸鍾鼎晚年專習行草揮灑自如古拙之中別有丰韻說者推為清代第一）亦自名家。他若伊秉綬之隸書鄧石如之篆書以及近世之張祖翼（端方幕客工漢隸行楷篆書亦佳）張裕釗（其書遍採晉魏諸帖自成一體）皆書學中錚錚者。約之近世書學大抵鄙棄唐宋而宗法秦漢晉魏。殆亦蒙考古家之影響歟畫家首推四王（王時敏烟客王鑑湘碧王翬石谷王原祁麓臺也）吳歷（漁山）惲恪（南田）山水花鳥各有創作。（吳擅設色山水於南宗一派創新描法惲晚習花卉創沒骨體）亦不在四王下。他若板橋（鄭燮）之蘭竹南蘋（沈銓字南蘋其畫法巧緻精麗盛行於日本）之花鳥均稱絕品。指墨一派高其佩創之。以指蘸墨畫雨中烟樹人物花鳥應手而得無不精妙更神乎其技矣。清末之以畫著者。惟李瑞清作墨梅蒼古有致署款清道人。至西洋之畫。由來已久。康熙間耶穌會教士郎世寧（伊大利人）曾入內廷繪準噶爾貢馬圖及阿玉錫持矛盪寇圖。厥後艾啓蒙（奧地利人）彼高宗召令遍繪內廷動物。寫生一派。遂開生面。海通而後輸入益多而圖案畫擦筆畫油畫漆畫之法。遂大興。卒且西洋畫與中國畫分壇樹幟。互角勝負焉。

論曰中國文明是靜的故士夫思想趨重上達泰西文明是動的故士夫思想注意下達[illegible]學事也。物質文明依為基礎上達之學拓境高妙。而寡裨實用。開港而後。兩相對比[illegible]矣。雖然物質文明絕非極軌必與精神文明調和適宜而後人類社會方臻至善之境[illegible]國文明接觸正物質文明與精神文明調和之良機也人有恆言曰理論者事實之母（[illegible]論之倉儲也。吾願儕身學界者知所從事焉。

第七章　社會狀況

清之代明而帝中原也。士氣丕揚。義不臣虜志士仁人所在起兵。滿政府有鑑制抗拒之舉。興獄文字以消革命之心。而猶未也以科舉愚之。以法律繩之。而氣弱。用以鞏固其帝王萬世之尊。抑知人心不死。潛行團結。(如三合會其排滿之運動。外患陡來。禦之以知愚氣弱之民而敗。割地賠款適予排滿者奔走號呼而革命之師起矣且也沿海諸省。受互市之賜。開化早而生活易。故十省交通阻而見聞少故憚于改革而偏重守舊思想殊異則政見不合卒因朋黨傾軋釀朝野糜爛不可收拾亦滿清滅亡之一因今民國成立。爲統一之計建設鐵道以利交通和。其庶幾乎。

今之世乃物質文明昌熾之會物質文明者提倡慾望之文明也。欲望高而能力不克附之則生活有不滿足之感且也慾望以享受爲主旨勞動其所惡也惡勞動則懶惰之性成以懶惰之人而欲滿足其慾望此世人之所以多軌外行動也負治國之責者其將何以救之。

近世文化史終

津師同學臨時鉛印會一九三六，六，一，